〈領域化〉する空間
多文化フランスを記述する

Paris, Genève, Méditerranée : l'espace ludique et ses territoires multiculturels

滝波章弘
Akihiro TAKINAMI

九州大学出版会
Kyushu University Press 2014

口絵 1-1　メニルモントンの若者

口絵 1-2　シャトー=ルージュの肉屋

口絵 1-3　オベルヴィリエの町

口絵 2-1　3000 団地のメインストリート

口絵 2-2　壁のグラフィティ

口絵 2-3　シャッターのグラフィティ

口絵 2-4　ガリオンの朝市

口絵 2-5　雪の夜のベトン

口絵 3-1　セヨンとブドウ畑

口絵 3-2　赤褐色の丸瓦の家

口絵 3-3　城館下の通り

口絵 4-1　ジェネラル=デュラン河岸

口絵 4-2　アスピラン=エルベール河岸

口絵 4-3　レオン=ブルム広場

口絵 4-4　カルチエ=オーのアトリエ

口絵 4-5　ロゴと観光案内所

口絵 4-6　旧港のカラフルな網

口絵 5-1　モワルシュラ国境税関

口絵 5-2　ジュネーヴから見るサレーヴ山

口絵 5-3　カラのリベルテ広場

口絵 6-1　ホテル〝ボーリヴァージュ〟

口絵 6-2　レストラン〝シャ・ボテ〟

目　次

序　章 ……………………………………………………………… 1
　Ⅰ　多文化と観光・余暇　2
　　　□ 崩れる「六角形」　□ 観光・余暇の研究　□ 空間的不連続
　Ⅱ　領域性から〈領域化〉へ　9
　　　□ 1980年代の領域性概念　□ 2000年代の領域性概念
　Ⅲ　領域に関わる視点　13
　　　□ 領域アイデンティティ　□ 越境行為と領域側の反応
　　　□ 領域内での雰囲気　□ 領域の地理的呼称
　Ⅳ　地域を記述する意義　20
　　　□ 地域の描き方　□ パリ，ミディ，ジュヌヴォワ

第一章　パリの場末と郊外の差 ……………………………………… 29
　Ⅰ　日常に現われる〈領域化〉　30
　　　□ メニルモントン広場で　□ ペリフェリックは境界か？
　Ⅱ　ギド・ブルー＆ギド・ルタール　37
　　　□ 周縁性への志向　□ 場末と郊外の空間表象
　Ⅲ　諸ガイドが描く場末と郊外　47
　　　□ ベルヴィルの映像　□ エスニックガイド
　　　□ イヴリィの社会地誌　□ ビューポイント　□ ケバブ
　Ⅳ　オーセンティシティ　65
　　　□ 他者性の限界としての場末　□ 変わるギド・ブルーの姿勢

第二章　オルネ3000団地とサッカー ……………………… 73

 Ⅰ　「ブラック=ブラン=ブゥール」　74
  □「ラカイユが世界一を！」　□ オルネ=スゥ=ボワ
  □ ルモンド紙の目　□ 地元ブゥールの目

 Ⅱ　93県のシテ〝3keus〟　83
  □ 壁やシャッターの落書き　□ セフュが伝えるもの
  □ 子供達の見るシテ

 Ⅲ　ガリオン／朝市／カップ　93
  □ ボンディ・ブログの訪問　□ 催し物に参加して
  □ リリアン・テュラム

 Ⅳ　フット／ベトン／コセック　103
  □ シテ出身選手　□ ベトンの路上フット
  □ クラブと地理的スケール

 Ⅴ　郊外の〈領域化〉の力学　117
  □ 喜びの熱気，消される熱気　□ サッカーの意義

第三章　セヨン，南仏の丘の上の村 ……………………… 125

 Ⅰ　プロヴァンスの地形と居住　126
  □ 丘を上り下りする村　□ なぜ丘上立地は続く？

 Ⅱ　村はよみがえった！　128
  □ セヨンの丘上集落　□ 1960年代の社会変化
  □ 20世紀初めの水平移動

 Ⅲ　セヨンとミストラル　141
  □ 丘上と盆地の局地気候　□ 場所の対比
  □ 地方風ミストラルの作用　□ 集落と家屋の形

 Ⅳ　〈領域化〉する丘上集落　149
  □ 近代化と「澄んだ空気」　□ 村人が語るセヨン
  □ 外国人とセカンドハウス

第四章　地中海の港町セットと色彩 ………………………… 159
　Ⅰ　ラングドックの「真珠」　160
　　　□ 陸繋島，砂州，港　　□ セットは色の町か？
　Ⅱ　イタリア風の色彩と街並み　166
　　　□ ファサードの色　　□ 観光地区の色分布
　　　□ カルチエ＝オーの色彩分布　　□ 黄色いゲストハウス
　Ⅲ　カラフルな景観は創られた　178
　　　□「南＝色」のイメージ　　□ 1980年代後半の色彩計画
　Ⅳ　市と観光局の〈領域化〉戦略　182
　　　□ 島，色彩，イタリア…　　□ 市の公式ロゴ
　　　□ 観光パンフレットの配色　　□ 流布するカラフル
　Ⅴ　カラフルから「青」へ　194
　　　□ 多面的なカラフルさ　　□ イメージの膨張を止める

第五章　国境が結ぶジュヌヴォワ地域 ………………………… 205
　Ⅰ　同じ地形，同じ言語　206
　　　□ 二つの「孤島」と一つの地域　　□ 国境線画定の経緯
　Ⅱ　通貨レートの影響　209
　　　□ 隣国への買物　　□ フロンタリエの流動
　Ⅲ　国境の両側の非対称性　218
　　　□「別荘」は隣国に　　□ 越境する観光・余暇
　　　□ 非対称な国境景観
　Ⅳ　人々の領域アイデンティティ　231
　　　□〈領域化〉した意識と行動　　□ アンヌマス都市圏
　　　□ 国境に接するボセ村　　□ 国境にモスク？
　Ⅴ　境界線を越えるとき…　243
　　　□ ジュネーヴ人のサレーヴ山！　　□ カラ村を走る国境線
　　　□ ローヌ川左岸の旧市街

第六章　ジュネーヴ湖岸のホテル …………………………… 259
　Ⅰ　商品としての「雰囲気」　260
　　　□ 雰囲気を創ること　　□ 新しい空間経験
　Ⅱ　ジュネーヴのホテル　263
　　　□ ホテルを調べる　　□ ホテルを分ける
　Ⅲ　総支配人側の方針と姿勢　268
　　　□ 〝ボーリヴァージュ〟　□ 〝ノガ・ヒルトン〟　□ 〝シゴーニュ〟
　Ⅳ　場所の雰囲気と〈領域化〉　281
　　　□ 「ゲニウス・ロキ」　□ 賑わう「小さな町」
　　　□ 暖炉のある「家」　□ 雰囲気の巧妙な空間制御

終　章 ……………………………………………………………… 293
　　　□ 切り口としての〈領域化〉　□ パリ郊外からジュネーヴ国境まで
　　　□ 多文化と〈領域化〉

　仏語圏地名リスト　　305
　あとがき　　316

〈領域化〉する空間

多文化フランスを記述する

Paris, Genève, Méditerranée
l'espace ludique et ses territoires multiculturels

序　章

庶民的なカフェに来る多文化な人達

I 多文化と観光・余暇

□ 崩れる「六角形」

　フランスは欧州で唯一北海から地中海まで通じる多彩な国土を有し，モナコやアンドラまで含めれば，EU 中最多の八ヶ国と陸地で接する。観光・余暇大国フランスの人々は海や山のバカンスに出掛け，外国からの観光客は欧州の芸術や歴史を期待して来る。フランスの観光・余暇研究も，この点は取り上げるものの，多文化には触れようとしない。多文化と観光・余暇の関連を論じることは，フランスを把握する上で欠かせないが，なぜフランスの観光・余暇研究は多文化の問題に消極的なのだろうか。

　理由はおそらくフランスという国の在り方にある。自由・平等・博愛と政教分離に基づくフランスの共和国主義では，人々は出自に関係なく，フランスの言語・価値・制度を平等に共有することになっている。したがって，フランスが旧植民地の影響で現実に多文化社会であっても，多文化主義を表明することは難しい。それどころか，多文化主義は文化・民族・宗教が別個に存在する共同体主義として否定されてしまう。

　こうした姿勢は，事典類，教科書，概説書にも言える。トルコ由来のエスニックなケバブは，フランスでは今やハンバーガーに匹敵するファストフードだが，2008 年のラルース仏語事典にも，2009 年のパリの地図帳にも載っていない[1]。高校用の地理教科書を一冊開くと，排除，不平等，空間分化の場の例としてパリ北郊ラ＝クルヌーヴの郊外団地が挙げられ，経済的貧困，失業率の高さ，道路による町の分断が指摘される[2]。しかし，大型アパートを壊す爆破工事の写真は掲載されても，地区に住む多文化な人々の表情は見えない。そして，世界地理大系シリーズのフランスの巻は，地域政策，地域の経済構造や変動，地域間の流動・格差を主な内容とするものの，多文化の現実は素通りする[3]。

　もっとも，世界地理大系シリーズでもカナダの巻[4]は異なる。タイガやツンドラから構成されるカナダ北部がどのような地域になっているかを，先住民を中心とする北部人の抱える意識や矛盾，イギリス系やフランス系の南部

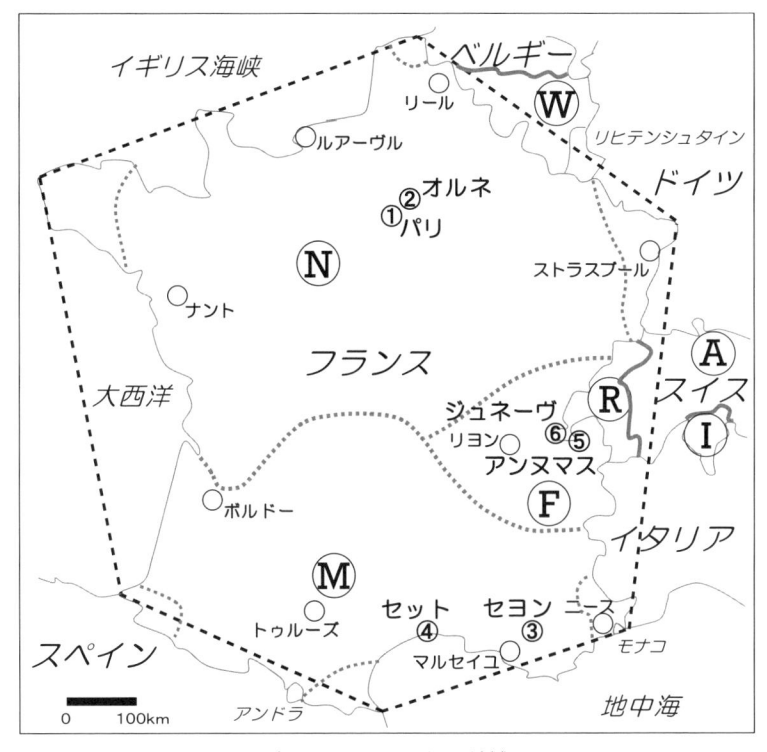

地図　フランス周辺の地域

\# ①〜⑥は各章の主な対象地で章番号に対応。他の○はフランスの主な町。細線は海岸線と国境線。歪な六角形はフランスの象徴「エグザゴンヌ」の基になる範囲。太点線はフランス内の言語文化境界，太実線はスイスとベルギー内の言語文化境界。細点線は本文で述べる異文化の範囲で，すべて六角形の角にある。Ⓝは旧オイル語地域の北仏ノール，Ⓜは旧オック語地域の南仏ミディ，Ⓕはアルプス中心の旧フランコ＝プロヴァンス語地域で，スイス仏語圏も含む範囲にほぼ相当。Ⓡはスイス・ロマンド（スイス仏語圏），Ⓐはスイス・アレマニック（スイス独語圏），Ⓘはスイス・イタリエンヌ（スイス伊語圏），Ⓦはベルギー・ワロン地域（ベルギー仏語圏）。

\#\# 旧フランコ＝プロヴァンス語地域のリヨンは，言葉のアクセントでは北仏に近く，屋根の形態では南仏に近い。当該地域は北仏に含められることもあるが，それは積極的に北仏だからではなく，「南仏ではない」という意味が大きい。

カナダ人による資源開発や芸術表現，そして両者の価値観や経済的利害の衝突に触れながら，「北部性」として明らかにしている。したがって，フランスの巻に多文化のテーマが見られないのは，フランスの地理学というより，やはりフランス自体にその原因が認められる。

多文化に対する距離を置いた姿勢は、フランスの象徴にも見られる。すなわち、国土の形を連想させる六角形「エグザゴンヌ」だ（地図参照）。普仏戦争でプロイセンに敗れてアルザスを失った1870年代、フランスの学校教科書や地理概説書は、領土意識を高めるため、アルザスを含めて国土の角を直線で結んだ六角形を載せた[5]。つまり、六角形の右上の角は、ドイツ語方言のアルザス地方という異文化の地域だったのだ。実は他の五つの角も、オランダ系フラマン語地域、イタリア語が公用語だった旧ニース伯領、スペイン・カタルーニャの影響の濃い地域、独自の文化を有するバスク地方、ケルト文化やブルトン語が残るブルターニュ地方というように異文化の地域が並ぶ。六角形の象徴は、多文化性を隠すことで成り立っていると考えていい。

ところが現在、この六角形は崩れている。右横の一辺にはスイス・ジュネーヴ州が鋭く食い込み、郊外には「移民系」の集住する地区が点在し、EUの成長で地中海地域など国を超えた空間の重要度が増している。さらに、フランスはパリが突出するが、ローカルには欧州でも非常に多い36,000もの市町村があり、国境地域では隣国の行政体との協力関係が見られる。本書では、「多文化」を、多様な文化が混在し、外の文化の影響が次々に入って来る現実という広い意味で使いたい。

多文化な状態は、地域の中や外に無数の境界が出現し、空間が〈領域化〉した状況と言える。〈領域化〉について、詳しくは後述するが、簡単に言えば、空間が境界で区切られることで、周囲と異なる特徴的な場所が出来ることを指す。観光・余暇に関わる人々は、〈領域化〉する多文化なフランス周辺で、何に価値や意味を見出し、どんな行動や態度を取っているのだろうか。

□ 観光・余暇の研究

仏語圏では、すでに1960～1970年代から、人々の行動や社会の価値観を扱う観光・余暇研究の流れがあった。人々の行動に関しては、バカンス移動の大規模な調査、ライン川地域の余暇行動の把握、フランス＝ベルギー国境間の観光流動の分析などがなされた[6]。社会の価値観に関しては、バカンス広告での太陽の象徴性の指摘、ミシュランの星付きレストランの不均質な分布の地図化、第三世界に対する観光イメージの神話性の抽出などが挙げられ

る[7]。

　1980〜1990年代には，グルノーブル大学を中心に，アルプス地域の観光・余暇研究が盛んになった。例えば，12のスキーセンターのパンフレットと99名の別荘滞在者の記述を対象に，雪とスキーに関するフレーズ間の内容的な近さを計量化し，類似性の高いフレーズ同士を結んで関係図を作るもの，広告に使われるアルプスの山の図像の意味を分析するもの，高さに見合わず信仰や伝説を欠く山だったモンブランが，1786年の初登頂以降，自然を克服する科学・近代性・個人主義の象徴として名所化したことを論じるものなど，表象を扱う傾向が強まった[8]。

　2000〜2010年代になると，観光・余暇研究グループ MIT: Mobilité, Itinéraire, Territoires が論文集を次々に刊行する[9]。その中心成果は，南仏ニースやサントロペの海浜地，スイス・ダヴォスや仏サヴォワ地方の大型スキーセンターをはじめ，世界各地の観光地が，美的志向，社会規範，法律体系，経済状況，技術革新，それに専門家・文化人・開発者・自治体・観光客といった行為者によって，社会的・歴史的に構築されていく過程を具体的に示したことだった。

　そもそも観光・余暇では，扱われる商品が物品ではなく経験であるため，客の側が試し買いすることも，売る側が試供品を提供することもできない。その結果として，商品はイメージに左右されやすくなる。この点を踏まえ，観光・余暇研究は早くから，意識や経験，価値観や想像力に関心を寄せてきた。そして今では，個人の観光経験が社会に規定されること，観光地にとって表象の生産が不可欠なこと，観光メディアにイデオロギーが溢れることが共通理解となっている[10]。

　ツーリストの観光経験については，かつては旅行記やインタビューをもとに，観光地でのコムニタスの様子（日常の社会階層が消え，人々が一時的に平等化する無礼講のような状況）や観光先に対する真正性の追求（近代的な日常生活で失われたものを，旅先に探し求めること）を見出す試みが主流だった。ところが，最近ではツーリストのアイデンティティを探る方向や，偽物を偽物と知って観光するポストツーリスト的な経験を取り上げる方向に変わってきた[11]。受け入れ側地域については，時代や社会の中で観光地の人々がど

のように地域文化を創出し，そこに真正性を付与してきたかの研究が多い[12]。また，ツーリストと観光地を繋ぐメディアに関しては，地域や文化に対する言説がツーリズムの価値観を流布するものとして繰り返し指摘されるとともに，ツーリストの行動を現場で左右するメディアの影響も分析されるようになった[13]。

　近年では新しい動向も現われ，先進諸国のエスニック界隈を対象とする研究が増えている。例えばケイ・アンダーソンは，欧州系移民が主導する社会において負の存在だったカナダ・バンクーバーのチャイナタウンの変遷を追う[14]。カナダ政府が1967年に移民政策を変えると，香港系中国人が資本とともにチャイナタウンへ流入し，1971年に多文化主義の方針が示されると，多様性を支援する政策が始まった。チャイナタウン側も，観光の経済効果やアイデンティティのため，行政主導のエスニックな表象を受け入れた。そして1970年代を通じ，市によって整備が進められたチャイナタウンは，歴史的，文化的，建築的に中国性を保つ場所，つまりカナダの多文化主義を具現化する場所となっていった。

　またティム・クレスウェルは，米国・ニューヨークの落書きを取り上げる[15]。1971年，一人のギリシャ人の若者が街で始めた落書きは，壁や道路や地下鉄への落書きを行なうグループを数多く生み出した。最初，それらは公共空間に不適切な野蛮さや無秩序として，行政府から否定された。やがてポップアートとみなす動きが現われると，今度は美術ホールの空間に適するものとされ，アフリカ系やヒスパニック系の素朴な民族芸術として展示されるようになった。こうしてマイノリティの落書きがマジョリティの枠づける文化に取り込まれた。

　さらにジョン・イードは，ロンドン東部のスピタルフィールズの問題を指摘する[16]。スピタルフィールズは，ロンドンの真正な庶民街として注目を集め，アーティストなどによるジェントリフィケーション（荒廃した庶民地区に，再開発で中流階層が流入すること）や，イスラム教徒のバングラデシュ人の集住化が見られる地区となっている。その結果，純粋に歴史的なガイドツアーであっても，それがユダヤ系アメリカ人のツアーでユダヤの歴史を巡る場合には，地元のバングラデシュ人の若者の反発を受ける。アメリカ対イ

スラムというグローバルな対立が, ローカルな観光の場にまで持ち込まれている。

カナダ, アメリカ, イギリスの例を見ると, エスニックな界隈が国の整備の対象になったり, マイノリティの文化がマジョリティの意向に取り込まれたり, 多文化な界隈へのツアーがマイノリティの反発を買う現実が起こっている。一方, フランスでは, 観光・余暇の視点からマイノリティやエスニックに切り込む姿勢は少ない。ベルヴィルやグット=ドールといったパリの界隈をコスモポリタンな性格で評価するものもあるが[17], 現状の報告に留まる。

□ 空間的不連続

フランスの地理学が地域を記述してきた跡を辿ってみよう。以前から, 空間を不連続とする見方が根強い。フランスを代表するロジェ・ブリュネは, 1973年に「コレーム」の地理学を提唱した[18]。手塚章が解説しているが, コレームとは「分割」,「結合的配置」,「引力」,「接触」,「向性」,「空間動態」,「階層性」など, 地域構造, 経済的影響, 産業の成長・停滞を示す要素のことで, これらが地図に矢印・線分・領分で表わされる[19]。フランスならば, 正六角形の地図に, 二大貿易港ルアーヴルとマルセイユを結ぶ中心軸, ライン川沿いの発展軸, パリの影響圏, 近代化の遅れた中央山地, 閉ざされたピレネー国境, 観光化の進む南仏などが図形表現で描かれる。

もう少し詳細なものとしては, 大陸に囲まれた海域のコレームがあり, ブリュネは地中海を変形させた六つの構造図で説明している[20]。一つ目は閉じられた空間の働きで, 地中海が沿岸地域の交易の中心になる。二つ目は地中海が文明の拠点となって他へ影響する働きだが, これは海のため一大中心地が出来ず, ローマとビザンティンのような二極体制になる。三つ目は海峡的な働きで, 例えばスエズ－ジブラルタル航路が盛んになれば, それ以外の沿岸地域の恩恵は減じる。四つ目は大陸を結ぶ働きで, 対岸への渡航が困難でないため, 不法取引もしやすい。五つ目は対岸間の成長の差で, 場合によって一方が他方の植民地化に至る。六つ目は障壁としての働きで, 水域のため, 地域間に対比が生じるが, 文明の自立も保たれる。

ところが，コレームの地理学は機械的なモデルで地域を表わすために，イヴ・ラコストの批判を受けた。批判の中心は，多国籍企業が展開する障壁のない空間が前提とされ，国家の関与が無視される点，経済が主で，政治・文化・自然が軽視される点，法則至上主義に陥り，現実の矛盾に注意が向けられない点などだった[21]。

コレームが提起されたのと同じ頃，人々の意識や行動に関心を持つ動きも現われた。アルマン・フレモンの「生きられた空間」研究の一部を紹介してみたい[22]。

ある一人の建築職人にとって，ルアーヴル市内の日々暮らす界隈が「我が家」そのものだった。しかし市全域となると，その職人が知っている場所と知らない場所が生じた。さらに市外になると，空間は田園として理想化された。そして遠方には，戦時や旅行で行っただけの地方が広がっていた。職人の「生きられた空間」は同心円状に整っていた。また，カン近郊の村に生まれたある青年は，カン北郊の大型団地に住み，南の町外れの工場で働き，買物は住居と職場近くのコマーシャルセンター（ショッピングアーケードのような小規模のものから，ショッピングセンターとショッピングモールを足したような大規模なものまである）で済ませた。車で動く青年に街を散策する余裕はなく，団地では「我が家」の意識も消えた。旅行の機会も少なく，青年にとっての外国は，店で買うチーズのオランダ，雑誌で読む南仏のサントロペ，映画で見る米国のシカゴを意味した。青年の「生きられた空間」は分断されていた。

「生きられた空間」は，1980年代には関心を呼ばなくなった。人々の意識にまで迫れなかったからだろう。人々の意識は，1980年代以降，表象という形で取り上げられる。例えばミシェル・マソンは，山間部や平地部の子供を対象に，山について，「恐いか，人を守るか」，「上るものか，下るものか」，「天国か，地獄か」などの質問をし，その理由を聞くことで，意識や表象にまで踏み込み，山との生活上の関係やメディアの作用がどの程度あるかを考察した[23]。

次に，空間的不連続論を深めたジャン=クリストフ・ゲの1990年代の仕事を見たい。ゲは，ブリュネの流れを引くが，コレームには基づかずに，

政治・社会・文化が作る空間的不連続を世界各地に見出している[24]。例えば，カビリアでは太陽が入るのを象徴的に妨げないため家の敷居に座ってはいけなかったこと，ムソリーニ時代のイタリア側国境駅は国の入口にふさわしく豪華にされたこと，フランスでは個々の自治体の権限が強いと自治体間にまたがるスキーリフトの敷設が難しくなること，パリを取り巻くイル＝ド＝フランス地域圏には定期券カルト・オランジュが有効になる駅まで毎朝車で来る人々がいるが，カルト・オランジュ圏外の行政体はベッドタウン化を嫌ってカルト・オランジュの範囲拡大に否定的なことなど，事例は多彩で豊富だ。

またゲェは，スポーツでのミクロな空間的不連続も取り上げる[25]。競技場は，神殿のように聖域化され，試合中は選手と審判だけの場となり，コートへ入る際に信仰的な身振りをする選手もいる。また，諸競技を見ても，選手の身体接触を防ぐネット，試合のルールを決めるライン，陸上のハードルなど，多種多様な境界が設けられ，近代社会で人々を規律化・文明化する役目を担っている。このように，ゲェの記述は興味深いが，境界論に留まる感もある。

多文化なフランスに無数の境界がある以上，空間は不連続に違いない。しかし，多文化な空間は単に不連続なのではなく，境界が領域を創り出し，対立や協力，葛藤や融和をもたらす状況を示す。しかも，多文化が直接に表出するとは限らない。地域の対比性や場所の多様性として一般化されることもある。いずれにしても，領域をめぐる対立や協力，葛藤や融和を，本書では力学や動態として考えてみたい。領域の力学や動態は関係的で流動的なので，空間を不連続とするだけの見方では捉えられない。そこで，近年関心の高まっている領域論に注目する。

Ⅱ 領域性から〈領域化〉へ

□ 1980年代の領域性概念

フランスの地理学は，例えばエッフェル塔という「場所 lieu」がフランス

という「領域 territoire」を表象し[26]，観光客には通過「場所」にすぎない駅がホームレスにとっては生活実践の「領域」になると言う[27]。一方，イギリスの地理学は，地域の人間関係や社会制度のモザイクを「場所 place」，管理や排除のため境界で囲んだ範囲を「領域 territory」[28]，あるいは社会的ネットワークで外へ開かれていれば「場所」，境界線で閉じられていれば「領域」とみなす[29]。このように地理学は領域をさまざまに定義するが，枠組みとして注目されているのは，支配・制御・統制といった領域の性質を捉えようとする次の二つの領域性概念に絞られる。

　より広く知られている方の領域性概念は，米国のロバート・サックが提示している[30]。人々を限定して制約を掛けたり，個別の行為ごとに規制を設けるのではなく，対象の空間を囲い込み，そこでの行為と出入りを一括管理することをサックは領域性と言う。例えば，サック自身が述べているが，書斎や台所の中で子供に触れさせたくないものがある場合，子供にその一つひとつを指摘するよりも，子供が書斎や台所へ入ること自体を禁止する方が効果的だろう。しかし，何が禁止かを子供に説明しない点では欺瞞的でもあるとされる。こうしたサックの領域性概念では，上田元や山﨑孝史が論じるように[31]，分類，伝達，制御の三つが主な特徴になっている。分類は種別でなく区域による区別，伝達は領域を明示するための境界，制御は領域への接近に対する管理を指す。

　もう一つの領域性概念は，スイス仏語圏のクロード・ラフェスタンが提起している[32]。ラフェスタンによれば，空間は原料で，社会がそこに労働・資源・情報を投入して領域が成立するという。つまり領域性とは，支配側が被支配側に，学校・メディア・宗教組織などを介して規則・システム・イデオロギーを伝える権力関係を意味する。遠城明雄も，ラフェスタンの議論を紹介する中で，古典的地理学の主題だった景観概念と新しいパラダイムとしての領域性概念の差に言及している。すなわち，前者は16世紀以降の西欧で優勢となった視覚に基づき，支配層の意識や無意識を特権化するが，後者は被支配者の体験や認識に配慮し，権力や秩序が隠すものを暴くという[33]。

　サックは，空間に領域が設けられることで生じる非対称な関係を指摘し，ラフェスタンは非対称な関係が作る領域という場に注目する。しかしどちら

も，空間は社会や政治の影響を受け，人々の認識や行為から独立できないという関係主義の立場に依拠している。

□ 2000年代の領域性概念

1980年代の領域性研究は演繹主義の面が強かった。しかし，21世紀に入ると，現代の諸事例を取り上げ，個々の状況を重視する経験主義的な分析に変わってきた。

高木彰彦は，いわゆる9.11後，当時の米国大統領ブッシュが一般教書演説において，どのような図式でアメリカ対イスラムというポピュリズム的な善悪論を持ち出し，政治姿勢や軍事行動の正当化に使ったかを説明している[34]。アメリカやイスラムが，個々人や個別の行動ではなく，一括した存在で示される点に，領域的思考を見出せる。デヴィッド・ストレーが言うように，領域とは，空間をめぐる権力，支配，排除，抵抗の場であり，領域の顕在化には地図も関わってくる[35]。このことは，パリ・マレ地区の再開発のレトリックを分析した荒又美陽の著書からも分かる[36]。

またニール・スミスや山﨑孝史は，縮尺比で示されるような地図的スケールや，マクロに見るかミクロに見るかという方法的スケールではなく，社会的に構築される家庭・コミュニティ・国などの地理的スケールを重視する。そして，複数の地理的スケール間にずれ・掏り替え・ジャンピングが見られ，かつその多くが言説を伴う点を強調する[37]。実際，行政府やメディアのレトリックによって，一地域の事件がナショナルな外交問題に拡大解釈されたり，逆にナショナルで扱うべき深刻な出来事がローカルな問題として矮小化されることは少なくない。

さらにデヴィッド・デラニーは，領域を支配戦略に限らず，思考や知識を作るものと考える[38]。そのため，事例編で分離壁・バイパス道路・チェックポイントといったパレスチナを抑圧するイスラエルの占領システムを細かく追いつつ，理論編では幅広い事象を把握するための領域論を示す。例えば米国では，警察官が農地に入って大麻を見つけた際の捜査法をめぐり，どこまでが立入禁止の私有地で，どこからが共有地的な場所かが法廷で争われた。一つの場所に州と連邦の二つの法律が関与することから，デラニーは複

数のスケールが作用する領域の現実を認める。この他，デラニーはレトリックにも注目し，領域は社会的な空間であり，壁や柵などの物理的境界だけでなく，「芝生に立入禁止」や「ようこそケベックへ」といった言語標識でも表わされると言う。

2000年代以降は，スケールやレトリック以外に，さらに新しい視点が現われてきた。そのうちの一つはイタリアのポストコロニアルな境界についての北川眞也の報告[39]，もう一つは観光でのパレスチナ人の抵抗に関する飛奈裕美の報告だ[40]。

北川によれば，イタリアは移民を制御するため，チュニジアやリビアなどと協力して，欧州の外側で未然に防ぐ「境界の外部化」を進めているという。つまり，境界内部の統制だけが領域性の行使とはならない。イタリア最南端のランペドゥーザ島は，イタリア本土よりアフリカ大陸に近く，地中海南岸を出発した移民が船で最初に辿り着く。イタリア政府は，この国境の島で，移民を受入可能な政治難民や受入不可能な経済難民に振り分ける。島では区域でなく種別による分類が行なわれ，国境は境界線というよりも制御の空間となり，領域接近の規制以上に領域内での管理が求められる。ポストコロニアルな国境は，入域を拒否する線ではなく，移民の分類手続きを踏み，かつ外側へ伸びて他国と共同管理する場と言える。

飛奈の報告からは，エルサレム旧市街の領域性が観光にまで及ぶことが分かる。ユダヤ系旅行会社は，ユダヤ地区の歴史遺産巡りと買物が中心になるように旧市街ツアーを組み，ガイドは，生活の雰囲気しかないムスリム地区は観光に適さないと説明して，エルサレムがユダヤ中心であることを印象づける。一方，ムスリム地区の商店は，観光客にエルサレムがアラブ的な町であることを示すため，ヘブライ語に加えてアラビア語の看板を設置し，旧市街のユダヤ化に対抗する。ともに，相手の文化に対して差異を設け，自文化を強調している。ちなみに，ツアーで雰囲気より歴史遺産が価値づけられること，多言語併記の看板が多文化を表わすものというより抵抗の印と解釈されることは，現代フランスの傾向とは違って，占領下の観光を意識させられる。

新しい面を見出せても，領域性は支配，制御，統制を分析する政治的な概

念であり，観光・余暇にそのまま使うことは慎まなければいけない。そこで本書では，空間の〈領域化〉という言い方で観光・余暇の現象を把握する。そして，観光・余暇が領域の強弱の変化をもたらす実態，領域が観光・余暇の保持や活性化に利用される様子，領域をめぐって観光・余暇を実践する人々が交流したり対立する背景などに焦点を当てる。以下，本書が考える〈領域化〉の視点を示したい。

Ⅲ　領域に関わる視点

□　領域アイデンティティ

　第一は，領域をめぐるアイデンティティの問題だ。エドワード・レルフは，「場所のアイデンティティ」と「場所に対するアイデンティティ」を論じた[41]。前者は場所の個性のことで，古い村や大聖堂といった共同体の中心はアイデンティティが深く，ル・コルビュジエの近代住宅や観光地の大型高層貸別荘はアイデンティティが薄いとされる。しかし，これはアイデンティティというより，分析者の価値判断だろう。後者は，人が場所に根付いていれば内側性，疎外されていれば外側性とされる。こちらは，場所に対する人間のアイデンティティとみなせる。もう一つ，場所をめぐるアイデンティティがある。フランスの飲食店の在り方で考えてみたい。

　ピエール・サンソが飲食店の差を説明している[42]。ビストロの客は，一つの新聞を皆で覗き込み，同じ記事について議論しあうことで連帯感を高める。しかしカフェの客は，新聞を自分の空間を守るために使い，新聞越しに他人を観察し，別のテーブルの人間が同じ記事を読んでいても，独立した自己像を強調してみせる。新聞が活躍する時間帯も違い，ビストロでは労働者が仕事を終えてワインを飲みに集まる夕刻，カフェでは出勤途中のコーヒーを飲む朝となる。これがサロン・ド・テになると，最初から新聞は読まれない。その代わり，集まった客は噂話を囁き合い，ニュースは耳から耳へ伝わる。サロン・ド・テには，時間に余裕のある層が紅茶や菓子や会話を楽しむ世界が広がっている。ビアホール起源のブラスリーは述べられないが，それ

は，サロン・ド・テとは別の理由で，新聞を読む行為が想像しにくいからだろう。しかしサンソは，タバコの煙が，ビストロでは店内に親密感を与え，カフェでは細い渦巻にしかならないのに対して，ブラスリーではただでさえ満員の店内をより混雑した感じに見せると書いている。

　ピエール・ブルデューの見方はどうだろう[43]。一般にカフェは，皆で一緒に飲み，親密な関係を結ぶ場とされる。それが，高級なカフェではテーブルごとに空間が作られ，大衆的なカフェでは仲間同士が集い，カウンターにいる店の主人を中心に冗談を語りあう。

　サンソはポエティック（想像や表現の形式），ブルデューはハビトゥス（慣習や嗜好の傾向）に基づくが，社会階層によって利用する飲食店が異なる点では一致する。また，サンソは人が場所に抱くイメージに関心を持ち，ブルデューはある集団が他集団から自分達を差異化する手段としての場所に注目するが，どちらもアイデンティティを論じている。というのも，特定の場所を訪れ，その場所に相応の所作と態度を示すことは，人々が自己のアイデンティティを保つための行動だからだ。そして，その行動が特定の場所で繰り返されるから，「場所でのアイデンティティ」という意味で，場所アイデンティティは有り得る。

　ところが社会には，特定の空間に対して一方的に場所イメージを押し付ける場合がある。エドワード・サイードは，西欧人が旅行記・文学作品・学術報告書を介して偏った視線でオリエント地域を描くことを「オリエンタリズム」と呼んだ[44]。しかも，オリエント側が西欧を描く書物が少ないことから，オリエンタリズムは不均衡な関係とされる。オリエントに対する西欧人の感情も，純粋な心の表われではなく，先行テクストに影響を受けたステレオタイプにほかならない。そして，この根本には西欧人の心象地理と領域分割がある[45]。西欧人は，「我々の土地」である西欧と「向こう側」のオリエントを，地理的・文化的・民族的な境界線で分け，オリエントを異質な閉じた領域として，誤解と誇張と偏見を含んだイメージで満たそうとする。

□　越境行為と領域側の反応

　第二は，領域を行き来する動きだ。観光・余暇は移動と切り離せない。し

かも，その移動は最終的には日常生活圏に戻るものであるため，日常と旅先という二つの領域間の差異に敏感になりやすい。観光研究でも，越境行為は観光経験の問題として考察されてきたが，分析対象の移動は，都市圏から農村部，先進国から途上国，西欧から非西欧の方向が多い。場所間の関係が複雑になった現代，実際にはさまざまな方向の越境行為があるはずだ。

また，越境行為は移動する側の問題に限定されない。領域外から進入する者は，肯定・否定・中立の別なく領域側に反応を起こさせる。パリ6区のサンジェルマン＝デ＝プレ界隈に有名なブラスリー〝リップ〟がある。店内は地上階（日本で言う一階）と一階（日本で言う二階）に分かれ，スタッフは，常連の著名人ならば外からよく見える地上階に通し，一般客ならば奥まった一階へ追いやる。進入者に関しては，自分自身も領域に入る一人だということを認識したい。したがって本書では，フィールドでの出来事，エピソード，コミュニケーションを積極的に組み込んでいく。

領域側の反応は小さな空間ほど見やすい。ジャン＝ディディエ・ユルバンによれば，砂浜にビーチパラソルを一本立てることは，周囲にビニールシートを広げる権利を獲得し，他の人を入りにくくするので，領域の萌芽だという[46]。もちろんこれは本能的な縄張り行動ではない。もし立てるものが木の枝だったらどうか。〈領域化〉の行動には，領域に相応の振舞いが要る。

筆者が目にした出来事も示そう。パリのポンピドゥ広場には毎日観光客が集まり，それ目当ての大道芸人が小銭を稼いでいる。1987年秋のある土曜日，黒装束の大道芸人がいつものように大勢の人を集めていた。広場は緩傾斜で，観客が上から見下ろせるように位置取りする場合が多い中，この大道芸人だけは，最も平坦かつ壁のある所で，観客を四角形状に座らせ，その場から逃れにくくする状況を作っていた。大道芸人は，数人の観客を四角形の舞台へ連れ出し，妙な仕草をさせて，観衆を笑わせた。興が乗ってくると，即席の役者は進んで変な動作をする。が，その日は違った。若い男が四角形に入って手足を動かし，場を茶化し始めたのだ。大道芸人が男に戻るよう求めると，男は従ったが，大道芸人が背を向けると，また四角形の中に出てきて，意味不明な動きを始めた。何度か同じことが繰り返された後，大道芸人はすべてを中止し，四角形の隅から足早に立ち去った。大道芸人の領域が若

い男の侵入で壊されたのだ。

　越境行為は観光言説でも示されるが，その行為を観光客の視点だけで見てはいけない。1996年の観光情報紙に，チュニジア政府観光局の広告が載っていた。「異国情緒や旅の魔法は距離の多さと無関係。フランスからひと飛び，地中海に面したチュニジアがあなたを待っている。細かい砂の海岸，人の温かさ，生活様式を見に来てほしい。（中略）四駆や気球で砂漠を旅し，市場をぶらつき，迷路の旧市街を訪れ，世界で最も美しいモザイク画を見てほしい。歴史の大きな流れとカルタゴの子孫が交わるチュニジアは文化と宗教と技能が出会う国」(*L'Argus des Voyages*, no.46, 1996)。オリエンタルなチュニジアへの旅を表現しているものの，イスラム教に対する言及はない。

　領域と言説の関係を探るソニア・ジェディディによれば，2011年の崩壊まで政権を維持した大統領ベンアリは，イスラム教の勢力拡大を恐れ，国の領域を繰り返し言説化した[47]。すなわち，古代カルタゴと多神教の時代に始まるチュニジアは，キリスト教やユダヤ教の影響を受け，後にイスラム教が入ったという寛容さを備え，宗教や民族ではなく，欧州・アラブ・アフリカの十字路という地理的条件と地中海的性格こそが国のアイデンティティだと主張した。こうした政治言説は，フランス資本の導入を容易にするため，フランスの一般誌に掲載されるとともに，アフリカ諸国との協力関係を密にするため，アフリカ統一機構OAUでの演説にも使われた。したがって，上記の観光言説には，チュニジアの政治的な意図が隠されている。

□　領域内での雰囲気

　第三は，領域を満たす雰囲気だ。風船やボールが外側の膜だけでは形を保てないように，人間社会が作る領域も，内部を安定させる雰囲気が求められる。

　けれども，雰囲気は地理学において無視されてきた。1980年代末にアントワーヌ・バイイが，雰囲気を「感性や思い出が荒廃した建造物を美に変える」ものとしたが[48]，それ以上の分析は試みていない。2003年になって，斬新な仏語地理学辞典が出版され，そこでようやくパスカル・アンフゥが用語として取り上げた。アンフゥによれば，雰囲気は二面的な概念で，一方に

若さと現代性が作るムードや弾んだ感覚の現実があり，もう一方に時間と唯一性が作る情緒や風土の現実があるが，ムードや弾んだ感覚は表面を飾り立てる表象に変わり，情緒や風土もまた真正性，場所の魂，本質的建築のような神秘に変わるという[49]。

　雰囲気は，曰く言い難いもの，捉えどころのないものとされやすいが，不可視ではあっても，ムードや情緒として確かに存在する。その一方で，雰囲気は存在するか否かとは別に，言説化される場合が少なくない。そもそも，ある場所に雰囲気が醸し出されている状態というのは，何か具体的なものがあるわけでなく，そう言っているだけの面が強い。

　ジャン・ボードリヤールは，雰囲気を消費社会での記号体系，すなわち記号化した物と物が結ばれる体系と考えた[50]。例えば，現代のインテリアは，絨毯がホットな赤ならば壁布はクールな青というように，単調さを防ぐためだけに色調を組み合わせる。また，丸い小石型のライターは，点火しやすいからではなく，ライターはもともと火打ち石で，その石は海で拾われ，その海は自然の一部で，ということを消費者に連想させ，工業製品のイメージを薄めるために売り出された。実用性と関係なく観葉植物が置かれた応接間も，教会・図書館・映画館・ブティック・テニスコートなどが同居する大型コマーシャルセンターも，雰囲気の体系を意味するという。ボードリヤールは，雰囲気を徹底的に記号化されるもの，言説化されるものとした点が鋭い。

　またボードリヤールは，消費社会の特徴として，雰囲気とは別に，古い物の真正さへの欲求があると述べる[51]。イル＝ド＝フランス地方のある農家は，住まいを現代風に改築したが，三本の柱と二個の石だけは家の神話を守るために残した。現代人は，記号としての雰囲気だけでは不安なので，象徴として古い物の永続性を求めるのだという。こうして現代では，雰囲気の表象性と古い物の真正性が併存する。この古い物の真正性は，アンフゥの定義で言えば，表象化する雰囲気ではなく，神秘化する雰囲気に当たる。

　雰囲気の表象化と神秘化について，もう少し考えよう。「絵のような景色」，「賑やかな雰囲気」といった記述は観光言説に溢れる。ところが，観光地図にビューポイントはあっても，雰囲気の良さを示す印は載せられない。

なぜだろうか。雰囲気は時間で変わるから地図に表現できない，という説明は正しくない。景色も暗い夜には見えないからだ。むしろそれは，雰囲気に神秘性を与える現代人の慣習であって，生き生きした観光地図が求められる時代になれば，雰囲気の良い場所が独自の記号で地図上に示されるかもしれない。

　いずれにしても，雰囲気は神秘性と表象性の両方を備えているので，観光・余暇では空間の〈領域化〉に関与しやすい。音響と照明で飲食店の雰囲気は一変するし，前述したように，古い柱と石があるだけで古民家には雰囲気が醸し出される。

　それに加えて，ある集団にとって好ましい雰囲気が，別の集団にはそうでない可能性がある。あるいは，ある集団にとっての雰囲気が，別の集団からは異なって受け取られる場合もある。したがって，雰囲気が〈領域化〉をめぐる対立の元になることも認識しておかなければいけない。

□ 領域の地理的呼称

　第四は，領域に与えられる呼称だ。メディアに頻出する有名観光地の名称のように，領域を限定して作られる地域の呼称やイメージは，地域を活性化する。

　南仏に「コート＝ダジュール」という観光地があり，この呼称はブランド化している。意味は「紺碧の海岸」で，仏語の「コート côte」が「斜面」と「海岸」の意味を持つことから，19世紀末，ブルゴーニュワインの産地として名高い「黄金の斜面」の意の「コート＝ドール」からの連想で付けられた。もちろん命名の背景には，英国やロシアの貴族層の滞在によって，当該地域がすでに著名な避寒地になっていたことがある。

　コート＝ダジュール内部にもブランドになった地域呼称は多い。MIT は，アンティーヴにある松林の海浜地ジュアン＝レ＝パンが観光地化した過程を明らかにしている[52]。1860年にニース周辺がサヴォア＝サルディニア領からフランス領に移ると，アンティーヴはフランス最前線という戦略的役割を失った。1922年には米国人作曲家夫妻が岬の城館に滞在し，そこへ友人の米国人画家夫妻が合流した。翌年，画家夫妻が米国風の家を建てると，知人が定

期的に集まるようになった。当時，夏が観光シーズンになっていた大西洋岸と違い，夏の暑さが厳しい地中海岸はまだ冬の避寒地だった。しかし，この暑さは米国人には好ましく，すぐに日光浴の慣習が始まり，1925年にジュアン=レ=パンはコート=ダジュール最初の夏の海浜地となった。その後，米国のポピュラー音楽が持ち込まれたジュアン=レ=パンは，ジャズ・フェスティバル開催地としての名を高めていく。

コート=ダジュールの呼称は，19世紀末に成立しただけでなく，その後も動き続けている。セリーヌ・トリッツは，フランスのガイドブックであるギド・ヴェール・ミシュランを使って，1950年代から1990年代へと，観光地としてのコート=ダジュールの範囲が拡大していることを示した。とくに本来の海岸線とは関係なく，北の山間部にまで達している点が興味深い[53]。コート=ダジュールのブランド力は強く，海に沿って西へも伸び，トゥーロン付近で，同じようにブランド化し，農村や丘陵地のイメージを有するプロヴァンスとぶつかる。トゥーロン出身の地理学者ゲに聞くと，トゥーロンの海岸や砂浜はコート=ダジュールの呼称，トゥーロンの広場や朝市はプロヴァンスの呼称がふさわしいという。二つの強力な領域呼称が接する所では，両者の境界が細かく決まる。

領域の地理的呼称については，そこに連鎖する語も重要になる。パリの街は，セーヌ川を挟み，左岸と右岸に区分される。そして，この呼称にイメージが加えられ，「左岸の空気」，「右岸の活気」といった表現がなされる。左岸は，大学が集まるカルチエ=ラタンや，作家や芸術家が通ったモンパルナス界隈のカフェの軽やかさを，右岸は，銀行や証券所が立地し，シャンゼリゼ通りが作る活力を表わす。もちろん左岸には「空気」と縁遠い界隈，右岸には「活気」から外れる界隈が広がり，それらを無視する形で「空気」と「活気」のイメージは成立している。

当然だが，ここで言う地理的呼称は，社会的な狙い，戦略的な考え，愛着的な想いなどで付けられた名称を指す。したがって，商店や小路が集まるニース旧城壁内の古い地区に対して，「le vieux Nice（ニース旧市街）」という呼称があっても，地元の人々は「la Vieille Ville」（日本ならば，高知の「お街」や松山の「お城下」に近い言い方か）の呼称にこだわる，というような例

も含む。この他，呼称については，地理的スケールにも注意する必要がある。例えば，領域の地理的スケールと呼称の地理的スケールはどう異なるのか，なぜある領域は特定の地理的スケールの呼称だけにこだわるのかなど，注目点は多い。いずれにしても，呼称は空間の〈領域化〉を考える素材になる。

IV　地域を記述する意義

□　地域の描き方

　領域を関係的・流動的な視点で論じたいと書いたが，そのためには地域の記述法も工夫しなければならない。内藤正典や田辺裕は，それぞれの観点から，空間法則を求めるだけの地理学では，社会の期待に応えられないので，地域の記述法を見直す必要があると述べている[54]。

　例えば，ネパール・カトマンドゥにある1km四方の観光地タメルでの人々の姿勢や行動を描く森本泉の試みは興味深い[55]。村々を吟遊詩人として巡っていた楽士カースト集団「ガンダルバ」は，1980年代以降タメルに来て，四弦弓奏楽器の音色を路上で観光客に聴かせ始めた。そして，演奏できないガンダルバは楽器を売り，演奏できるガンダルバはレストランに雇われて収入を確保するようになった。文化の真正性の消失にも見えるが，ガンダルバはカトマンドゥでの仕事に楽しさと新しいアイデンティティを見出す。観光客はガンダルバにネパールらしさを求め，ガンダルバはそれを生きる手段に使うことで，両者はグローバル化の中で，ローカルな思惑を合致させている。

　デンマークの地理学者ミカエル・ハルドルップの手法も参考になる。ハルドルップは，海浜地を単に観光行動のための空間ではなく，人がツーリスト像を演じる舞台と考え，北海沿いのロマン主義的なビーチとマスツーリズム的なビーチの違いを明らかにしている。その際，矛盾を突くような質問をして，それにツーリストがどう答えるかに注目する。そして，観光に来ているのではなく，地元との繋がりがあることを強調するロマン主義的なツーリス

トと，砂浜の駐車場を埋め尽くす車さえも，家の代わりに使えて便利と肯定するようなマスツーリストとの差を描いている[56]。人々の反応を見るというのは，観光・余暇研究では重要な手法と思われる。

　本書でも，積極的に人々の態度・発言・姿勢・反応・様子に焦点を当ててみたい。場合によっては，人間が日常の場や何気ない瞬間に見せる言動も取り上げたい。一例を挙げよう。

　2007年6月28日，94県のクレテイユで，自動車のナンバープレート取得に必要なカルトグリーズ（登録証）を入手するため，筆者は朝7時に県庁へ行った。手続き開始は9時だが，フランスでは時間が来ると，行列が残っていても終了となるので，それを避ける必要があったのだ。県庁前には，まだ数人しかいなかったが，守衛の警官が門の外で待っているように指示していた。時間になって門が開くと，皆一斉に走り出した。しかし，建物の中の窓口で再び行列になった。そのとき，門の前で一番だった人が遅れ，それより後ろにいた人が先になったので，二人で口論が始まった。最初の人が朝6時半に来たから自分が一番だと言うと，もう一人は門の外の列は関係ないと反論する。すると最初の人は，門が開いていれば入れたと言い返す。再度もう一人の方は，列というのは建物の中での列を言うのだと主張する。議論はしばらく続き，やがて静かになった。

　こうした場面は一般的な地域記述と掛け離れているが，現実の一部には違いない。並んでいる人には移民系の労働者も多く，フランス人と同じように議論を好み，自分の理屈を押し通す。また，議論が境界の意義に関わる点もおもしろい。窓口の順序に大差がない以上，境界は論争の素材にすぎない。けれども，境界が対立を招き，やがて収束をもたらす一つの契機になっている点は注目に値する。日常の断面からも領域の諸相を把握することが可能ではないか。

　一つの事象，一つの出来事が，真実を示す場合は少なくない。数量的な多さだけで物事を判断すると，既成の体系を追認するだけになる。だからといって，例外的な行動や見解に焦点を当てればいいというものでもない。何が例外で，何が本質かを判断できるのは，見掛けの頻度や数量ではなく，自分自身が蓄積した体験や知識だ。それが専門であることの意義だろう。

□ パリ，ミディ，ジュヌヴォワ

　最後に，各章で扱う地域を説明しておきたい。対象は，パリ，ミディ，ジュヌヴォワの大きく三地域に分けられる（地図参照）。

　第一章のパリ圏は，市壁が次々と拡大されていった歴史を背景として中心・場末・郊外に領域区分され，中心と場末がパリ市内，郊外がパリ市外に位置する。したがって，領域間の境界は制度的と言っていい。また，中心と場末の間には旧フェルミエ・ジェネローの壁の跡に造られた環状並木通りが，場末と郊外の間には環状道ペリフェリックがあり，境界の性格は確かに物理的だが，そこには意識的な面も介在する。そしてこのことが，観光言説までを左右し，空間の〈領域化〉に影響を与える。

　次の第二章では，パリの北東郊外を例として，「シテ」と呼ばれる団地に焦点を当てる。そのなかでも，オルネ=スゥ=ボワの町にある「3000 地区」というシテを取り上げる。移民系の人々が多く住み，社会経済的な問題を抱えるシテは，フランス政府が「困難都市区域 ZUS: zone urbaine sensible」に指定して支援を行なっている。また，そうしたシテは，物理的にも周囲と隔絶している。その結果，意識的にも，制度的にも，移民系の領域として強調されることになる。当然，シテに住む人々の余暇活動も，〈領域化〉の問題と切り離せない。

　フランスには北仏「ノール」と南仏「ミディ」という領域区分がある。南仏は，政治の中心であるパリを含む北仏から，異なる風土とみなされ，イメージを与えられる側になる。また，独特の地形が多く，それが，北仏人によって「歌うような」と評される南仏アクセントとともに，ピトレスク，エキゾチズム，オリエンタリズムを掻き立てる。足を踏み入れにくい広大な湿地帯，平地や丘陵地に忽然と現われる残丘，砂州だけで大陸と繋がる陸繋島もそうだ。これらは周囲との明瞭な違いから領域となっているが，自然の産物であって，それだけでは〈領域化〉に達しない。多文化との関連性を保ちながら観光・余暇の場所になっていく中にこそ，〈領域化〉の過程を見出せる。

　具体的に言えば，第三章のプロヴァンス地方のセヨン村は，平均斜度 12 度の小丘上にあり，平地の地形との物理的な差が目に付く。もちろん余暇集

落化した村では，意識的な差も加わる。一方，第四章のラングドック地方の港町セットは，砂州の先の陸繋島なので，やはり物理的な境界が第一に指摘できる。しかし，観光化の影響で意識的な境界も無視できない。

サヴォワからレマン湖にかけてのジュヌヴォワ地域は領域的に興味深い。広く見れば，フランスとジュネーヴを隔てる国境が引かれ，狭く見れば，ジュネーヴ市街に敷居の高いホテルが集まっている。第五章のジュヌヴォワ地域では，国境が制度上の境界としてあり，その影響力は述べるまでもない。当該国境は税関や柵など物理的な境界もあるが，山稜や河川と一致しない国境なので，不連続な印象は薄い。しかしながら，国境の両側が同質ということはなく，歴史的にはプロテスタントとカトリック，今日的には文化・経済の中心地と土地・労働の供給地などの違いがある。さらに，2002年のスイス=EU二国間協定など，時代の動向によって領域間の意識的な乖離が強まることもある。ジュヌヴォワ地域のジュネーヴ郊外やフランス側の中心地アンヌマスなどを対象として，多文化な状況が作る〈領域化〉の実態を捉えてみたい。

第六章で扱うジュネーヴのホテルは，客でなければ入りにくいという意味では制度的な境界が目立ち，建物で仕切られているという意味では物理的な境界も無視できない。そして，世界各国からの客を集めるホテルの戦略では，境界がジュネーヴやフランス，コスモポリタニズムとの関わりで，意識的な性格を帯びる。ホテルは，ミクロな空間の〈領域化〉を知る恰好の対象だろう。

参考文献

1) ① Line KAROUBI, Patricia MAIRE et al. (2008): *Le petit Larousse illustré*. Larousse. ② Jean-Luc PINOL et Maurice GARDEN (2009): *Atlas des Parisiens: de la révolution à nos jours*. Parigramme, pp.166-167.

2) Rémy KNAFOU (2011): *France et Europe: dynamiques des territoires dans la mondialisation*. Belin, pp.122-125.

3) ドゥニーズ・ピュマン＆テレーズ・サン=ジュリアン (2012):『フランス』(牛場暁夫・田辺 裕編訳)，ベラン世界地理大系3，朝倉書店．

4) ジャン=ベルナール・ラシーヌ＆ポール・ヴィルヌーヴ (2009):『カナダ』(鳥居正文・

大嶽幸彦編訳），ベラン世界地理大系 18，朝倉書店.
 5) Marie-Claire ROBIC (1989): «Sur les formes de l'Hexagone». *Mappemonde*, no.4, pp.18-23.
 6) ① Françoise CRIBIER (1969): *La grande migration d'été des citadins en France*. CNRS. ② Gabriel WACKERMANN (1974): *Les loisirs dans l'espace rhénan: des Alpes à la frontière germano-néerlandaise, étude géographique d'un espace multinational, 1957-1972*. Les Cahiers du Tourisme, A-17, Centre des Hautes Études Touristiques. ③ Jean-Michel DEWAILLY (1977): «L'influence de la frontière franco-belge sur la circulation et l'aménagement touristiques». *Hommes et Terres du Nord*, no.2, pp.50-62.
 7) ① Alain LAURENT (1967): «Le thème du soleil dans la publicité des organismes de vacances». *Communications*, no.10, pp.35-50. ② Rolande BONNAIN-MOERDYK (1975): «L'espace gastronomique». *L'Espace Géographique*, 4-2, pp.113-126. ③ Georges CAZES (1976): *Le tiers-monde vu par les publicités touristiques: une image géographique mystifiante*. Les Cahiers du Tourisme, C-33, Centre des Hautes Études Touristiques.
 8) ① Hervé GUMUCHIAN (1983): *La neige dans les Alpes françaises du Nord. Une saison oubliée: l'hiver*. Cahiers de l'Alpe, pp.37-148. ② Jean-Paul BOZONNET (1991): «Homo montivagus saisi par la publicité». *Revue de Géographie Alpine*, 79-4, pp.105-117. ③ Bernard DEBARBIEUX (1993): «Du haut lieu en général et du mont Blanc en particulier». *L'Espace Géographique*, 22-1, pp.5-13.
 9) ① Équipe MIT (2005): *Tourismes 2: moments de lieux*. Belin. ② Équipe MIT (2008): *Tourismes 1: lieux communs*. Belin. ③ Équipe MIT (2011): *Tourismes 3: la révolution durable*. Belin.
 10) ①ジョン・アーリ (1995):『観光のまなざし—現代社会におけるレジャーと旅行』（加太宏邦訳），法政大学出版局. ②遠藤英樹 (2007):『観光社会学の歩き方—ガイドブック的！』，春風社. ③神田孝治 (2012):『観光空間の生産と地理的想像力』，ナカニシヤ出版.
 11) ① Luke DESFORGES (2000): «Traveling the world: identity and travel biography». *Annals of Tourism Research*, 27-4, pp.926-945. ② Anders SØRENSEN (2003): «Backpacker ethnography». *Annals of Tourism Research*, 30-4, pp.847-867. ③ Sally EVERETT (2009): «Beyond the visual gaze?: the pursuit of an embodied experience through food tourism». *Tourist Studies*, 8-3, pp.337-358.
 12) ①山下晋司編 (1996):『観光人類学』，新曜社，pp.104-122, pp.150-188. ②太田好信 (1998):『トランスポジションの思想—文化人類学の再想像』，世界思想社，pp.55-94. ③エドワード・ブルーナー (2007):『観光と文化—旅の民族誌』（安村克己・遠藤英樹・堀野正人・寺岡伸悟・高岡文章・鈴木涼太郎訳），学文社.
 13) ① Patricia ALBERS and William JAMES (1983): «Tourism and the changing photographic image of the Great Lakes Indians». *Annals of Tourism Research*, 10-1, pp.123-

148. ② Neil LEIPER (1990): «Tourist attraction systems». *Annals of Tourism Research*, 17-3, pp.367-384. ③ Andrew McGREGOR (2000): «Dynamic texts and tourist gaze: death, bones and buffalo». *Annals of Tourism Research*, 27-1, pp.27-50.

14） ① Kay ANDERSON (1991): *Vancouver's Chinatown: racial discourse in Canada, 1875-1980*. McGill-Queen's University Press.

15） Tim CRESSWELL (1996): *In place / out of place: geography, ideology, and transgression*. University of Minnesota Press, pp.31-61.

16） John EADE (2008): «Adventure tourists and locals in a global city: resisting tourist performances in London's East End». (In) Simon COLEMAN & Mike CRANG, *Tourism: between place and performance*. Berghahn Books, pp.128-139.

17） ① Patrick SIMON (1997): «Les usages sociaux de la rue dans un quartier cosmopolite». *Espaces et Sociétés*, no.90/91, pp.43-68. ② Yankel FIJALKOW (2006): «Construction et usages de la notion de quartier-village: village de Charonne et Goutte d'Or à Paris». (In) Jean-Yves AUTHIER, Marie-Hélène BACQUÉ et France GUÉRIN-PACE, *Le quartier: enjeux scientifiques, actions politiques et pratiques sociales*. La Découverte, 2006, pp.75-85.

18） Roger BRUNET (1973): «Structure et dynamisme de l'espace français: schéma d'un système». *L'Espace Géographique*, 2-4, pp.249-254.

19） 手塚 章 (1996):「フランスにおけるコレーム地理学の展開とその問題点」, 地誌研年報 5, pp.21-34.

20） Roger BRUNET (1995): «Modèles de méditerranées». *L'Espace Géographique*, 24-3, pp.200-202.

21） ① Yves LACOSTE (1993): «Chorématique et géopolitique». *Hérodote*, no.69/70, pp.224-257. ② Yves LACOSTE (1995): «Les géographes, la science et l'illusion». *Hérodote*, no.76, pp.3-21.

22） Armand FRÉMONT (1972): «La région, essai sur l'espace vécu». (In) *La pensée géographique française contemporaine*. Presses Universitaires de Bretagne, pp.663-678.

23） Michel MASSON (1995): *L'enfant et la montagne: savoirs géographiques et représentations spatiales sur la montagne*. Anthropos, pp.11-23.

24） Jean-Christophe GAY (1995): *Les discontinuités spatiales*. Economica.

25） Jean-Christophe GAY (1997): «Le sport: une mise en limites de l'activité physique». *L'Espace Géographique*, 26-4, pp.327-340.

26） Bernard DEBARBIEUX (1995): «Le lieu, le territoire et trois figures de rhétorique». *L'Espace Géographique*, 24-2, pp.97-112.

27） Guy DI MÉO (2001): «Fête et construction symbolique du territoire». (In) Guy DI MÉO, *La géographie en fêtes*. Ophrys, pp.45-66.

28） ロン・ジョンストン (2002):『場所をめぐる問題—人文地理学の再構築のために』(竹内

啓一監訳），古今書院，pp.75-107, pp.190-225.

29) ドリーン・マッシー (2002):「権力の幾何学と進歩的な場所感覚」(加藤政洋訳)，思想 933, pp.32-44.

30) ① Robert SACK (1983): «Human territoriality: a theory». *Annals of the Association of American Geographers*, 73-1, pp.55-74. ② Robert SACK (1986): *Human territoriality: its theory and history*. Cambridge University Press.

31) ①上田 元 (1986):「領域性概念と帰属意識―諸概念の展開とそのメタ地理学的反省」，人文地理 38-3, pp.193-211. ②山﨑孝史 (2010):『政治・空間・場所―「政治の地理学」にむけて』，ナカニシヤ出版，pp.39-46.

32) ① Claude RAFFESTIN (1980): *Pour une géographie du pouvoir*. Librairies Techniques, pp.129-147. ② Claude RAFFESTIN (1982): «Remarques sur les notions d'espace, de territoire et de territorialité». *Espaces et Sociétés*, no.41, pp.167-171.

33) 遠城明雄 (1993):「「領域性」に関する研究ノート」，史淵 130, pp.31-69.

34) 高木彰彦 (2005):「地政学と言説」，水内俊雄編『空間の政治地理』，朝倉書店，pp.1-23.

35) David STOREY (2012): *Territories: the claiming of space*. 2nd ed., Routledge.

36) 荒又美陽 (2011):『パリ神話と都市景観―マレ保全地区における浄化と排除の論理』，明石書店，pp.134-156.

37) ① Neil SMITH (2000): «Scale». (In) Ron JOHNSTON et al., *The dictionary of human geography*. 4th ed., Blackwell, pp.724-727. ②前掲 31) ②の山﨑 (2010), pp.111-140.

38) David DELANEY (2005): *Territory: a short introduction*. Blackwell, pp.1-33, pp.70-145.

39) 北川眞也 (2012):「ヨーロッパ・地中海を揺れ動くポストコロニアルな境界―イタリア・ランペドゥーザ島における移民の「閉じ込め」の諸形態」，境界研究 3, pp.15-44.

40) 飛奈裕美 (2008):「エルサレム旧市街のパレスチナ社会における占領下の諸問題と抵抗―商店街の事例から」，アジア・アフリカ地域研究 7-2, pp.214-237.

41) エドワード・レルフ (1999):『場所の現象学―没場所性を越えて』(高野岳彦・阿部隆・石山美也子訳)，ちくま学芸文庫，pp.117-250.

42) Pierre SANSOT (1988): *Poétique de la ville*. 4e tirage, Méridiens-Klincksieck, pp.26-27.

43) ピエール・ブルデュー (1990):『ディスタンクシオン (I)』(石井洋二郎訳)，藤原書店，pp.279-280.

44) エドワード・サイード (1993):『オリエンタリズム (下)』(今沢紀子訳)，平凡社，pp.11-63.

45) エドワード・サイード (1993):『オリエンタリズム (上)』(今沢紀子訳)，平凡社，pp.120-173.

46) Jean-Didier URBAIN (1995): *Sur la plage: mœurs et coutumes balnéaires*. Payot, pp.262-267.

47) Sonia JEDIDI (2003): «Le discours de l'État tunisien sur l'identité de la nation: une

construction culturelle ancrée sur le territoire». (In) Frédéric LASSERRE et Aline LACHAUME, *Le territoire pensé: géographie des représentations territoriales*. Presses de l'Université du Québec, pp.119-133.

48) Antoine BAILLY (1989): «L'imaginaire spatial: plaidoyer pour la géographie des représentations». *Espaces Temps*, no.40/41, pp.53-58.

49) Pascal AMPHOUX (2003): «Ambiance architecturale et urbaine». (In) Jacques LÉVY et Michel LUSSAULT, *Dictionnaire de la géographie et de l'espace des sociétés*. Belin, p.60.

50) ①ジャン・ボードリヤール (1980):『物の体系―記号の消費』(宇波 彰訳), 法政大学出版局, pp.34-85. ②ジャン・ボードリヤール (1995):『消費社会の神話と構造』(今村仁司・塚原 史訳), 紀伊國屋書店, pp.15-20, pp.245-263.

51) 前掲50) ①のボードリヤール (1980), pp.89-104.

52) 前掲9) ①の MIT (2005), pp.133-138.

53) Céline TRITZ (1998): «La Côte d'Azur d'hier et d'aujourd'hui ou la naissance d'un arrière-pays touristique». *Études Vauclusiennes*, no.59, pp.7-13.

54) ①内藤正典 (1990):「地理学における地域研究の方向」, 地理35-4, pp.33-42. ②田辺 裕 (1997):「大学における地理学教育の未来に向けて―特集に寄せて」, 地学雑誌 106-6, pp.767-771.

55) 森本 泉 (2012):『ネパールにおけるツーリズム空間の創出―カトマンドゥから描く地域像』, 古今書院, pp.193-241.

56) Michael HALDRUP (2004): «Staging the beach». (In) Jørgen Ole BÆRENHOLDT et al., *Performing tourist places*. Ashgate, pp.49-68.

第一章
パリの場末と郊外の差

メニルモントン界隈の壁画

I　日常に現われる〈領域化〉

□　メニルモントン広場で

　パリ地域は同心円状に，中心，場末，郊外と領域区分できる（図1-1）。さらに中心は，歴史的な1，2，3，4区，文化的な5，6区，裕福な7，8区，場末は，雑然とした9区（北東半分），10，11区，開発も進むが庶民的な12，13，14区，ブルジョワ的な15，16，17区（南西半分），移民系の多い18，19，20区に細分化できる。また郊外は，パリに接する近郊のオー=ド=セーヌ/92県，セーヌ=サンドニ/93県，ヴァル=ド=マルヌ/94県が「第一の輪/小さな輪」，パリに接しない遠郊のセーヌ=エ=マルヌ/77県，イヴリンヌ/78県，エソンヌ/91県，ヴァル=ドワーズ/95県が「第二の輪/大きな輪」と呼ばれる。

　こうした領域区分は確かにあるが，領域の同心円的な違いを把握するだけでは形式的な理解に終わってしまう。むしろ，中心と場末の差，あるいは場末と郊外の差は何なのか，それらはどのような枠組みによって構築されるのか，そしてマイナスのイメージで捉えられる郊外がプラスの評価対象になるのはどういう場合なのか，といったことを明らかにする必要がある。

　まず，外部の人が写真を撮るという観光行為に対して，領域内の人がどう反応するかを，筆者のフィールド・メモから確かめてみたい。写真撮影に対する人々の反応を見ることで，場所がどう位置づけられるか，領域のアイデンティティがどこにあるかを探れるように思う。

　パリ20区のメニルモントン広場で2008年に撮った写真がある。小さな広場だが，三人の若者がサッカーをしているので，撮らせてくれないかと頼んでみた。最初は立ち姿で撮ったが，ボールが入らなかったので，しゃがんだ姿勢で写した（口絵1-1）。他にも何枚かボール回しの様子を撮って，彼らに見せた。そのうち，一緒にサッカーしないかというので，参加した。軽口を叩きながら，球を受けたり，蹴ったり。二度ほどボールが柵の向こうの教会に入った。一人が「あなたが来てからだ」と言う。パリ人はよく他人のせいにするが，冗談なので，気にすることはない。15分ほどやっていたが，「そ

第一章　パリの場末と郊外の差　　　　　　　　　　　　　　　　　　　　*31*

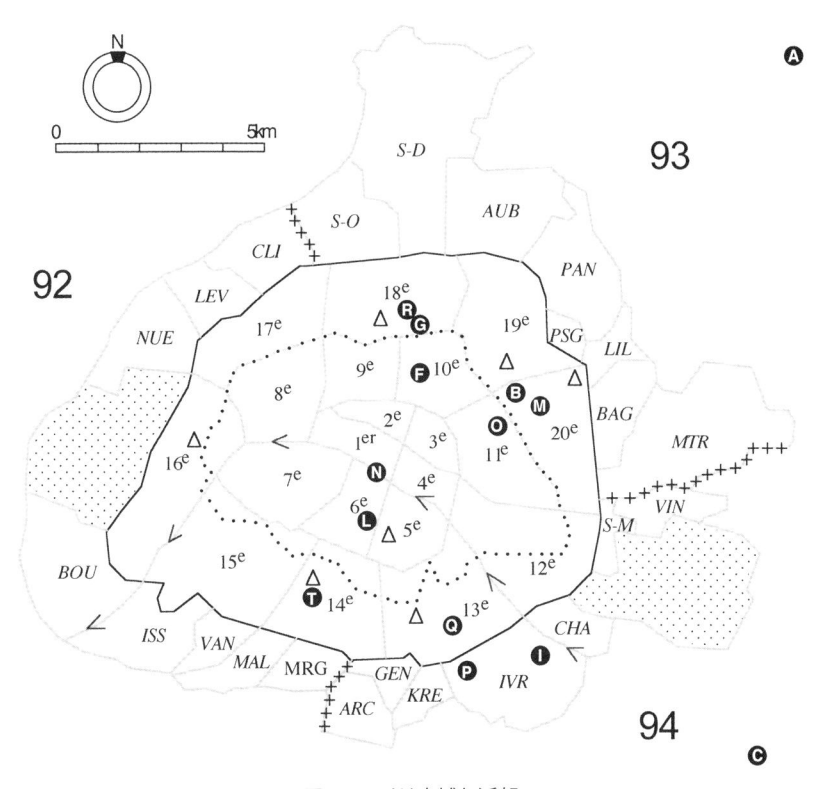

図1-1　パリ市域と近郊

\# 黒線が環状道ペリフェリックで、二つの大きな森を除き、パリ市の外枠に当たる。丸印線はフェルミエ・ジェネローの旧壁。右肩「e」の数字は区。網掛は東がヴァンセンヌの森、西がブローニュの森。十字印は県境で、矢印はセーヌ川の流れる方向。三角印は主な丘。大きな数字は県番号。

\## 町の記号は、S-O サントゥアン、S-D サンドニ、AUB オベルヴィリエ、PAN パンタン、PSG ル=プレ=サンジェルヴェ、LIL リラ、BAG バニョレ、MTR モントルゥイユ、VIN ヴァンセンヌ、S-M サンマンデ、CHA シャロントン=ル=ポン、IVR イヴリィ、KRE ル=クレムラン=ビセートル、GEN ジョンティイ、ARC アルクゥイユ、MRG モンルージュ、MAL マラコフ、VAN ヴァンヴ、ISS イシィ=レ=ムリノ、BOU ブローニュ=ビヨンクール、NEU ヌイイ=シュル=セーヌ、LEV ルヴァロワ=ペレ、CLI クリシィ=シュル=セーヌ。

\### 黒丸は、A オルネ=スゥ=ボワ、R シャトー=ルージュ、G グット=ドール、F フォブール=サンドニ通り、B ベルヴィル、M メニルモンタン広場、O オベルカンプフ通り160番地、N ヌフ橋、L リュクサンブール公園、T ゛トゥルコワーズ。、Q 13区イタリー広場の南東のチャイナタウン、P プティ=イヴリィ、I イヴリィ港湾、C クレテイユ。

ろそろ行かなくては」と言うと，さっきの一人が「もう疲れたの？」と訊く。そんなことはないが，割り込んだという意識があったので，引き時だと思ったのだ。とにかく「することがあるから」と応急の返事をした。そうしたら，相手も「じゃあまた今度」と言って，別れた。

　フランスで写真を撮影しようとして，注意されることはときどきある。しかし，理由が分からなかったのは初めてだった。オベルヴィリエ通りを撮っていると（図1-2），50 mほど離れた18区の方から二人の若者が「そこの人！」と叫ぶ。写真は駄目だという身振りだ。何枚か撮ってしまったので，もう遅い。肩をすくめて返事を返したが，写真はそこで止めた。前をスカーフの人が横切ったからなのか，それとも撮ってはいけないものがあったのか，今も分からない。単なるちょっかいだったかもしれない。ただ，多文化社会の問題が顕在化している地域では，写真を撮ることが住民の気分を害し，事件になることもある。なお，二人が地中海の北側の人間なのか，南側の人間なのかは，外見では判断できなかった。

　逆のこともあった。パリの中心，セーヌ川のヌフ橋のたもとで，対岸のサマリテーヌの古いデパートを入れて撮影しようとしたら，女の人が橋の上で立ち止まる。写真の邪魔になるので，待ってくれたのだと思い，お礼を言った。ところが，撮った画像を見ると，その人が目線をこちらに向けて写っている。被写体のつもりかは微妙だが，写真の枠に入らないように気を付けている姿勢ではない（図1-2）。撮る方としては，横切るのを遠慮してくれたと思ったので，デジカメの画面に入り込んでいることに気付かなかったのだ。お礼でなくて，「通って下さい」と言うべきだった。パリの観光地では撮影が当然で，そこに居る人もまた観光地の一部なのだということが分かる。

　これが，12月30日の観光中心地ともなれば，さらにはっきりする。パリでは，市の主導で2004年から「パリがパリを照らす」というテーマの冬のイルミネーションが始まった。シャンゼリゼの六差路に行くと，模造品で作った水辺の周りに，作り物の雪が積もったモミかトウヒが植わっていた。赤いコートの女の子と黒いジャンパーの男の子が，青や紫や黄色の光線に照らされた世界をかくれんぼするのが見えた。姉弟は，木々の間に現われては消え，消えては現われたが，目の前に出て来たのでカメラを向けると，並ん

第一章　パリの場末と郊外の差　　33

図 1-2　写真を撮ること
左上から右下の順に，オベルヴィリエ通り，ヌフ橋，シャンゼリゼ，3000 団地の体育館。右下の左側は成功した写真の一部，右側は失敗した写真の一部。

でポーズを取ってくれた（図 1-2）。

　多文化的な地区でも，写真が違和感を持たれない場合がある。アフリカ系の人々が多いシャトー＝ルージュ界隈でのこと，ドゥドヴィル通りやポワソニエ通りなどが作る五差路で，若い女の人が立派なカメラを抱えて写真を撮っていた。調査か取材のようだが，周囲の誰も気にしない。自分でもデジカメを出して，角の店々を撮ってみる。緑が象徴色の薬局は，濃い黄色も入って，派手だ。その向かいのハラールの肉屋は，アフリカ系の人ばかりが出入りしているが，ここも肉屋の象徴色の赤が看板にまで及び，押しの強い色使いになっている（口絵 1-2）。同じ 18 区なのに，オベルヴィリエ通りとは何が違うのか。簡単に言えば，シャトー＝ルージュはエスニックな界隈だが，オベルヴィリエ通りは特徴がない。

　写真の行為は状況にも左右される。パリ北東郊オルネ＝スゥ＝ボワにある体

育館でマリ系の人に話を聞いた時のこと，最後に写真をいっしょに撮ってもらおうと思い，床の掃除に来た女性に頼んだ。すると，レンズの無い方を被写体に向ける。聞くと，写真を撮ったことがないと言う。そこで，撮り方を説明して，再度お願いする。ところが，顔が写っていない（図1-2）。向きを修正すると，今度はピントが合っていない。何度も撮り直して，最後にはなんとかなったが（図1-2），カメラを買うお金がないのではなく，写真を撮る習慣がないのだ。もちろん郊外団地でも，若い人はスマートフォンで気軽に撮るので，世代の差は大きい。

撮影が適切か適切でないか，当然か当然でないかは，時期，地域，状況，世代が影響する。多文化が魅力のメニルモントン，何の変哲もないオベルヴィリエ通り，パリで最も古く美しいヌフ橋，大勢の人が集まるシャンゼリゼ，エスニックなシャトー＝ルージュ，そして部外者がいるはずのない郊外の体育館。それぞれの領域の性質で，撮影が可能になったり，難しくなったりする。

□ ペリフェリックは境界か？

パリと郊外の違いは，地理的なのだろうか，社会的なのだろうか。制度的には，環状道ペリフェリックがパリと郊外の境界になっている。しかし，人々の意識はそう単純ではない。

2007年，落ち着いた郊外の町シャロントン＝ル＝ポン（図1-1）のアパートに住んでいるとき，同じ94県のクレテイユに住みたいと思い，パリ第12大学の研究員パトリツィア・インガリナ氏に相談してみた。彼女は話好きのシチリア人女性だが，「クレテイユ」と聞いたとたん，きつい口調になって，「クレテイユなんて何もない。そんな所にいないで，パリなら，昼間に仕事をして，夕方には展覧会に行けるので，パリに住みなさい」と主張した。本人はパリ12区に住み，メトロでクレテイユに通ってくる。「知り合いの化学の先生がパリに家を持っているから，空いている間，借りられるか聞いてあげる」とまで言って，クレテイユに住むことに強く反対した（2007.7.2 メモ）。「郊外」の語を聞くと，相手が構えるのは何度も経験しているので，この問題がフランスで深刻なことは分かる。

図 1-3　パリ南郊ビュット=ルージュ団地（左）とパリ北郊 4000 団地（右）

　クレテイユのイメージが悪いのは，そのとおりだろう。コマーシャルセンターに入っている大型チェーン店も，町によって大きな差がある。クレテイユ・ソレイユ（94 県クレテイユ）のスーパー・カルフールでは，入店する客はアフリカ系の警備員から，すべての袋・カバン類をプラスチックの固い紐で厳重に固定される。けれども，ヴェリズィ 2（92 県ヴェリズィ=ヴィラクブレ）にあるスーパー・オーシャンに行けば，欧州系の警備員から何を言われることもなく，客はそのまま袋・カバン類を持って入ることができる。

　シャロントンのアパートの大家は，アジタ・サイディさんというアラブ系の女性だった。サイディさんは「シャロントンはパリに近くて便利だし，森があって空気がいい」とよく言っていた。実際，パリまで簡単に行けるし，隣接する広大なヴァンセンヌの森を散策することもできる。部屋を出るとき，郊外について聞いてみると，「郊外とはグランアンサンブルのことで，シャロントンのような町は違う」（2007.7.31 メモ）というものだった。

　大型集合団地を意味する「グランアンサンブル」は，1930 年代，パリ北東郊ドランシィのミュエット団地や，リヨン郊外ヴィルゥールバンヌの摩天楼地区が作られる時期に建築家が用いた語で，千戸程度以上の団地を指す[1]。中国系が多く住むパリ 13 区のオランピアード地区，92 県シャトネ=マラブリィの南端にあるビュット=ルージュ団地（図 1-3）もグランアンサンブルに違いないが，人々にとっては，95 県サルセルや 93 県ラ=クルヌーヴ（図 1-3）にあるような 1950 年代後半から 1970 年代初めに建設された郊外団地の方が意識に上りやすい。「グランアンサンブル」の語は，移民系の多い

図1-4　シャロントン=ル=ポンの歩道橋

パリ北郊・北東郊・南東郊と結び付けられやすいのだ。

　同じ年の8月に郊外の庶民的な町イヴリィ=シュル=セーヌ（図1-1）へ引っ越してから，郵便が来ているという電話があったので，シャロントンのアパートへ行った。すると，イヴリィとシャロントンの比較の話になり，大家は「（シャロントンは）生活水準が高いし，パリだから」（2007.8.25 メモ）とまで言った。この場合，パリは地理的に環状道の内側ではなく，居住環境の悪くない地域を指す。ただ，シャロントンについて，大家の意識にあるのは，カフェ=レストランが集まり，戸建てやマンションが並ぶパリ通り沿いを中心とした標高の高い地区であって，鉄道線路と高速道路に挟まれた標高の低い団地区ではない。同じシャロントンにありながら，両地区は長い歩道橋（図1-4）で結ばれているだけで，実質は分断されている。

　イヴリィで自分が住んだのは，工場や倉庫が点在するイヴリィ港湾地区近くの雑然とした通りだった。アパートの窓を全開にして，ラップ音楽を大音量で掛ける人も少なくなかった。大家は欧州系の女性で，マリアンヌ・フェライユさんという。「イヴリィはパリに近くて便利」と話すのだが，本人はアパートのある地区ではなく，イヴリィで最も戸建ての多いプティ=イヴリィに住み，「イヴリィ港湾地区には行ったことがない」（2007.9.19 メモ）そ

うだ。プティ=イヴリィに住むフェライユさんの視線はパリを向いている。

　また，イヴリィのアパートは築約 40 年で，建設時から住んでいる 80 歳の女性は，「住人は挨拶もせず，笑顔も無いので，感じが悪く，質も落ちた。（中略）昔は住民全員を知っていたが，今は借家人が多いので，ほとんど知らない」（2007.8.4 メモ）と不満をもらす。確かにシャロントンのアパートでは住人同士の挨拶があったが，イヴリィのアパートにはそれがなかった。地区が違えば，日常の些細な行為まで変わる。

　文字どおりには，郊外は地理的に環状道の外側を指し示す。けれども，郊外を社会的な範疇と考える人は少なくない。では，メディアにおいては，郊外はどのような形で現われるのだろうか。以下，パリの中心，場末，そしてパリに接する 23 の郊外コミュン（パリとの境から 500 m 以内の地点がある 2 コミュンを含む）を主な対象に（図 1-1），領域的な違い，境界としての環状道の意義，空間への多文化の投影などを，諸々の観光メディアを用いて明らかにしたい。

II　ギド・ブルー＆ギド・ルタール

□　周縁性への志向

　アシェット社のギド・ブルー *Guides bleus* は，フランスの代表的な旅行案内書で，1841 年にギド・ジョアンヌ *Guide Joanne* として誕生，1916 年に改名し，1828 年刊行のドイツのベデカに匹敵する歴史を持つ[2]。しかも，百科事典のように，細かい事実まで解説する。セルジュ・ブルギニョン監督の映画『シベールの日曜日』（1962 年）にも，このことを示す場面が出てくる。パリ西郊ヴィル=ダヴレで食事中，ある男が「ここはコローが絵を描きに来ていた。彼の森の絵の明暗には詩的な魅力がある」と言う。この説明を一人の女は「美術評論よ」と評する。すると別の女が「彼は昨日ギド・ブルーで読んだだけ」と皮肉る。それに対し男は「ギド・ブルーは教養だ」と反論する。

　ギド・ブルーを初めて分析したのはロラン・バルトで，歴史・美術・珍奇

さ・モニュメントを重視し，日常生活を軽視するのがギド・ブルーの神話だと見抜いた[3]。バルトを継承するジュール・グリッティも，単調で平坦な「移動空間」と，教会・絶景・モニュメントなどの「見学空間」の対比を見出した[4]。またベルナール・レリヴレは，記述の形容語や強調形・命令形の頻度を数え，バルトの考えを確かめた[5]。日本でも，竹内啓一がバルト的な分析を，西村孝彦がレリヴレとほぼ同じ分析を行ない，小倉孝誠は19世紀のギド・ジョアンヌの記述から，パリ中心の放射状ルートの設定，ピトレスクやパノラマの重視などを指摘した[6]。

けれどもギド・ブルーは，現在でも同じ価値観を保っているのだろうか。確かに観光対象に与えられる星ランク（3～0個までの星印）は，博物館やモニュメント，教会や歴史的建造物，起伏のある地形や壮大な眺望に付けられ，しかもパリの中心地区や観光地区に多い。こうした明瞭な指標は簡単には変えられない。ところが，指標化されない文章の部分を見ると，近年は日常生活や民衆地区への言及が増えている。

パリ版のうち，記述が大幅に改変されている1924，1952，1979，1990，2011年版（引用では「GB.P-xxxx」と略）を比べてみたい。リュクサンブール公園なら，開発で様変わりすることもないので，純粋に記述の変化を追えるだろう。1952年版までは，形がチュイルリー公園に比べて歪なこと，宮殿と庭園はサロモン・ド・ブロッスの作であること，泉や彫像があって美しいことなど，歴史的・美術的な解説が主になっている。それに対して1979年版以降は，学生，子供，芸術家，恋人達といった多様な人々が訪れる公園の日常が述べられる。実際の公園も，噴水では子供が遊び，砂利の地面に置かれたイスでは大人が日光浴をし，木陰の一角では老人が憩い，中央の空間では若者がバスケットをしている。

最も広くパリを網羅する1990年版のギド・ブルーを対象に，多変量解析の手法を使って空間言説を要約すると，非ブルジョワ的・非観光的な周縁性への志向を，オーセンティックな（真正な）ものとして価値づける図式が目立つ（図1-5）。具体的には，「観光産業が古い村の通りの姿を台無しにした。（中略）ここから離れる気があれば，本当の村の存在を発見できる」（18区モンマルトルの丘，GB.P-1990, p.367）のように，観光コースから離れて民衆地

区へ入っていくもの，「大通りから引っ込んだ魅力的なダゲール通りと商店街は，界隈の伝統生活が営まれる中心であり続け，それはコマーシャルセンターや大型スーパーが出来ても消えない」(14区ドンフェール界隈，GB.P-1990, p.224)のように，開発を否定して昔の生活を肯定するもの，そして「ほとんど無傷のサンブレーズ通りを散策する人は，イル=ド=フランスの小さな村にいるような魅力的な印象を抱ける」(20区シャロンヌ界隈，GB.P-1990, p.199)のように，パリにありながら戸建ての多い地方的な様相を評価する記述などが挙げられる。

　2011年版のギド・ブルーでも周縁性は強調されるが，そこには別の傾向が見出せる。すなわち，社会的混合やコスモポリタニズムへの言及で，庶民向けの有名なチェーン衣料品店タチ(図1-6)の写真を載せ，「パリはまさに多文化な街だ」というキャプションまで付けている(GB.P-2011, p.36)。しかし，コスモポリタニズムが「多文化」の語で示されることは稀で，ほとんどは「移民」，「外国人」，「アジア系」，「アフリカ系」，「マグレブ系」などの語で示される。他にも2011年版には，1990年版と異なる点があるが，それは本章の最後で改めて論じる。

□ 場末と郊外の空間表象

　郊外は「無限に広がる無の場所で，パリ人から無視され，住民自身からも軽蔑される[7]」という言い方から分かるように，郊外は場末よりも周縁的だが，ギド・ブルーはその郊外をどう語るのだろうか。実は，ギド・ブルーに郊外は実質上ない。パリ郊外はイル=ド=フランス地域圏に含まれるので，1994年のギド・ブルーのイル=ド=フランス版を開くと，田園地域が主な対象で，いわゆる郊外の町は短い辞書的な記述で終わっている。

　ギド・ブルーについては，パリ版が2011年に最新シリーズとなって登場したが，郊外を扱う版は2012年10月時点で刊行されていない。しかし，アシェット社には，郊外を積極的に書くシリーズがある。21世紀に入って，アシェット社の旅行案内書の主役になったギド・ルタール *Guide du routard* だ。「放浪者のガイド」を意味するだけあって，できるだけ地域の現状を描こうとしている。

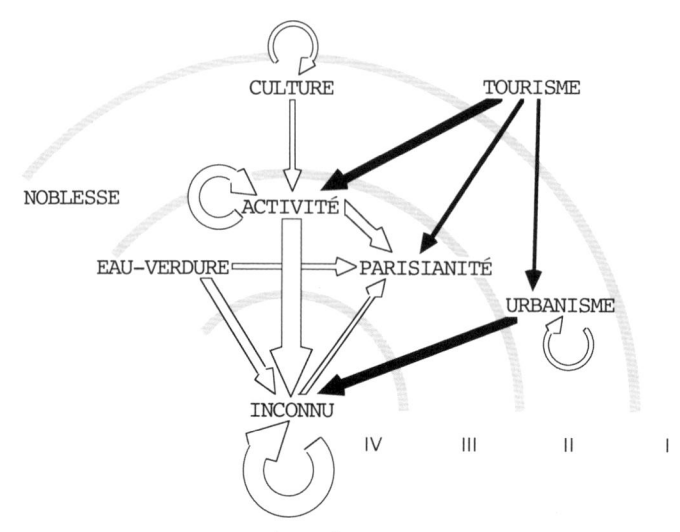

図1-5 ギド・ブルーの空間的図式

\# 記述には記述素，記述群，記述式と言えるものがある。記述素は記述の要素で，〈見事な〉や〈活気ある〉といった形容詞から，「観光用の絵葉書」や「土産物売り」などの語句まで含む。異なる語でも，同じ文脈なら同じ記述素になる。そのため，語句の検索では把握できず，テクストを繰り返し読み，66の主な記述素を見出した。

\#\# 記述素は相互に連鎖しやすいものと，そうでないものがある。例えば「木々や泉の魅力」と言うが，「活気ある銅像」とは言わない。「xでyのようなz」，「xとyとzは」，「xはyやzだ」などを連鎖と考え，行を連鎖，列を記述素とする1-0行列に因子分析を用いて記述素をグループ化すると，《建造美 URBANISME》，《文化度 CULTURE》，《無名性 INCONNU》，《活動性 ACTIVITÉ》，《パリ的 PARISIANITÉ》，《観光性 TOURISME》，《高貴さ NOBLESSE》，《水＆緑 EAU-VERDURE》の主な八記述群（U，Cなど語頭の大文字で記述群を表わし，u1，u2，c1，c2などの小文字で各記述群に属する記述素を示す）が抽出できる。これらが記述を形成する基本となる。

\#\#\# 次に，記述素がどの界隈の記述に多く使われるかを調べると，《観光性》の記述素は1区から8区までの内側の区に収まり，《建造美》と《文化度》と《高貴さ》の記述素はパリ中央から西のブルジョワ地区に多く，《活動性》と《パリ的》と《水＆緑》の記述素は内側と外側の区に分布し，《無名性》の記述素は外側の区に目立つ。図では，最も内側をI，最も外側をIVとして，各記述群を空間上に置いた。

\#\#\#\# さらに，「AがBを作る」，「AのおかげでBは存続」などを，AのBに対する「助長」（A ▷ B），「BはAによって壊された」，「BはAにかかわらず存続」などを，Bに対するAの「弊害」（B ◁ A）と考え，同一記述群間を含めた64の関係の頻度を比率化する。例えば，「ここを訪れると，新しい物がたくさん建てられているにもかかわらず，真正な村の表情を保ち続けてきた，そんなパリの古い活動的な界隈の一つをぶらつける（GB.P-1990, p.621）」という記述がある。これは，〈新しい〉物が〈真正〉な〈鄙びた〉〈表情〉を壊すが，〈古い〉〈活気のある〉界隈が〈真正〉な〈鄙びた〉〈表情〉を守ってきたと読める。したがって，記述式は「m1 ▶ (p3 + i2 + i5) ◁ (m8 + a4)」となり，記述群レベルに直せば，「M ▶ (P + I + I) ◁ (M + A)」で，二度続く「I」を一つとみなすと，「M ▶ (P + I) ◁ (M + A)」と整理できる。その結果，

第一章　パリの場末と郊外の差　　41

「P + I, M▶P, M▶I, P◁M, P◁A, I◁M, I◁A」の7個の関係が導ける。なお比率は，例として《建造美》で言うと，U▷Uが20，U▶Uが8あり，《建造美》に属する記述素数は17で，20と8を，17 + 17の34で割ると，《建造美》から《建造美》への「助長」は0.58，「弊害」は0.23の値となる。

　最後に，各記述群の分布を考えつつ，記述群間の関係を描く。その際，「助長」は，比率0.90以上を白の太矢印，0.70以上0.90未満を白の中矢印，0.50以上0.70未満を白の細矢印で，「弊害」は，0.50以上を黒の太矢印，0.40以上0.50未満を黒の中矢印，0.30以上0.40未満を黒の細矢印で示す。結果として五つの特徴が挙げられる。①最大の収束点は最周縁に位置する《無名性》で，「助長」の矢印が集中し，かつ《無名性》内部でも再帰的に生じ，さらに《建造美》から「弊害」の矢印が向かう。②第二の収束点は《パリ的》で，《活動性》と《自然度》から「助長」され，《観光性》から「弊害」を受ける。③中心の記述群と周縁の記述群の境界線を越える矢印の大半が「弊害」のため，「弊害」は前者が後者に与える作用と言える。④「弊害」の第一の発生点は，最も中心に位置する《観光性》で，《無名性》の対極にある。⑤「弊害」の第二の発生点は，《無名性》に「弊害」を及ぼす《建造美》とみなせる。

図1-6　モンパルナスのゲテ・コマーシャルセンターにあるタチ

　場末と郊外の記述の差を知るため，2007年の『ギド・ルタール・パリ』（引用では「GR.P-2007」と略）と，2006年の『ギド・ルタール・イル=ド=フランス』（引用では「GR.I-2006」と略）を取り上げ，各章の冒頭にある区・町の説明に注目しながら，周縁性の記述がどれくらいあるかを調べてみた。周縁性の記述とは，①多文化的・異文化的な要素を評価する記述，②民衆的・労働者街的な性格に言及する記述，③田舎的・地方的な様相を指摘する記

表1-1 ギド・ルタールの空間記述

パリの中心	1区		P						
	2区					A			
	3区		P						
	4区					A			
	5区								
	6区								
	7区								
	8区								
パリの場末	9区					A	N		
	10区	C	P					F	異国的空間への旅
	11区					A	N		
	12区	C	P	V					
	13区	C		V				F	タイムスリップ（未来）
	14区		P			A		F	タイムスリップ（過去）
	15区						N		
	16区							F	喧騒から離れる旅
	17区			V		A			
	18区	C	P				N	F	タイムスリップ（過去）
	19区	C				A		F	異国的空間への旅
	20区	C	P	V		A	N	F	異国的空間への旅
93県	サントゥアン								
	サンドニ								
	オベルヴィリエ	C							
	パンタン								
	ル=プレサンジェルヴェ			V				F	喧騒から離れる旅
	リラ			V					
	バニョレ			V					
	モントルゥイユ	C		V		P	A		
94県	ヴァンセンヌ								
	サンマンデ								
	シャロントン								
	イヴリィ				P				
	クレムラン						T		
	ジョンティイ			V	P				
	アルクゥイユ								
92県	モンルージュ				P	A	T		
	マラコフ			V	P			F	喧騒から離れる旅
	ヴァンヴ			V	P				
	イシィ			V					
	ブローニュ								
	ヌイイ								
	ルヴァロワ			V	P	A			
	クリシィ			V	P	A			

\# C：多文化や異文化の記述あり，P：民衆的，労働者街的地区の記述あり，V：田舎的，地方的様相の記述あり，A：色どりや雰囲気という漠然とした表現あり，N：非観光的な価値の指摘あり，F：別世界への移動の旅の記述あり。Fの具体的な内容は右端の欄に記載。

述，④空気・雰囲気・彩り・味わいなどの漠然とした事象を語る記述，⑤観光的な事物は少ないが別の部分に魅力があるとする記述，⑥境界を越えて別世界へ移動するような旅が可能という記述で，これらは場末に多い（表1-1）。反面，より周縁度が強まる郊外については，周縁性を強調する記述はほとんどない。

　区・町ごとに詳しく見てみよう。大学，植物園，カフェが集まり左岸の中心的な5，6区，エッフェル塔や凱旋門やシャンゼリゼのある観光地域の7，8区には，周縁性の言説はまったく無い。また周縁性の言説は，10，13，18，19，20区などの庶民的な場末では顕著で，15，16，17区といった裕福な地域では目立たない。ところが，ペリフェリックを越えると，庶民的な93県や94県よりも，ブルジョワ的な92県で周縁性の記述は増える。もちろん例外もある。かつてサルコジが市長を務めたことがあり，欧州系の金持ちが集まり，移民系から評判の悪いヌイイ゠シュル゠セーヌに対しては，周縁性の言説が皆無だし，多文化な性格を有しつつも，芸術家や中間層などの流入が見られるモントルゥイユについては，逆に周縁性の言説が多い。

　ところで，別世界への移動には，内容的に見て，空間的な移動，時間的な移動，状況的な移動の三つがある。移民系の多い地域は空間的な移動，庶民的な地域は時間的な移動，静かな住宅街の地域は状況的な移動，と明瞭に分かれている。具体的な記述も示しておこう。

> カイユの丘では，昔の魅力のままに入り組んだ小路が，パリ・コミューン時にはヴェルサイユに，その後は開発業者に抵抗した。風車小屋は消えたが，今も美しい風貌は残る。イタリー通りとイヴリィ通りの間はパリのチャイナタウンで，スーパーには世界中の野菜や果物が置かれ，アジア料理店ではごく一般的な品の横に甘美な品や香りの品が並ぶ。東の方は（中略），新しい大学の建物，シネマ・コンプレックスMK2，灯台船や水上プール（中略）に囲まれ，驚きの近未来に連れて行かれる。　　　　（13区，GR.P-2007, p.441）

> かつての野菜農家，田舎から出て来た労働者，イタリア・ポルトガル・スペイン・アルメニア・ユダヤ・トルコ・マグレブ・アフリカ・ユーゴスラビア・アジアの移民の波が重なっている。（中略）散策はささやかな驚きと思い

がけない発見に満ちる。雰囲気，彩り，風情…。まさに異国情緒だ。

（20区，GR.P-2007, p.632）

人々はこの16番目の区を好む。なによりブローニュの森——ここもパリだ——とセーヌ川に挟まれて，首都で最もエキゾチックな区の一つだからだ。ここの住人は，マリンブルーか緑色のコートという土地の装いで，おじいちゃんも一緒に日曜朝のミサに行った後，ケーキ屋へ向かう。

（16区，GR.P-2007, p.524）

　13区は民衆的，異国的，未来的な点が強調され，20区は労働者や移民が築いた界隈の性格が感覚的な言葉でまとめられる。しかし，パリのブルジョワ地域の代名詞になっている16区では，越境経験を示す語の使い方が異なる。「人々」はパリ市民一般でなく，カトリック教徒で裕福で安定した家族，「エキゾチック」は異国性ではなく，自然の豊かさを指す。

　残りの区については，10区が「メトロのシャトー=ヌフ駅周辺はアフリカ，プティット=エキュリ通りはトルコに来たようだ」，「共和国広場は数多くの民衆デモの出発地」（GR.P-2007, p.362），12区が「朝市では流行に敏感な都市の若い人やマグレブ系の主婦が買物」，「広場周辺は地方的で民衆的」（GR.P-2007, p.417），14区が「依然として民衆的なパリの空気が吸える」，「きっとタイムスリップする」（GR.P-2007, p.469），18区が「観光的なものだけではなく，多くの魅力がある」，「19世紀から不変に見えるパリの時間を越えた旅」（GR.P-2007, p.575），19区が「異国情緒の旅」，「さまざまな地域からの移民で界隈に彩りや味わいがある」（GR.P-2007, p.611）と記される。しかし郊外では，何かを越えて別世界に入るという移動の言説はほとんどない。

　逆に，場末に少なく，郊外の93県や94県に頻出する言説も存在する。近代性や現代性を肯定的に捉え，新住民，都市計画，文化経済活動，近代的工業遺産，企業の移転や新規立地を強調する図式だ。その数は，パリ中心1，パリ場末3，93県6，94県2，92県4となる。93県サンドニとオベルヴィリエ（口絵1-3），94県イヴリィ=シュル=セーヌの記述を挙げておく。

第一章　パリの場末と郊外の差　　　　　　　　　　　　　　　　　　　　　　　　　45

　低家賃住宅 HLM，高速道路，失業者。(中略) こうした負のものに囲まれた美しいバジリカ教会だけでなく，賑やかな中心街，すばらしい博物館，おいしい店などがある。(中略) 今は新しい活力が生じ，数十の企業が数年前からラ＝プレンヌ地区に投資している。(中略) そして，イギリス，スペイン，マグレブ，マリなどからの移民が自分達の町を愛し，分かち合っている。
　　　　　　　　　　　　　　　　　　　　　　　（93県サンドニ，GR.I-2006, p.42）

　労働者街の純粋な原型で，第二次大戦後は深刻な住宅危機に陥り，多くの住民が悲惨な生活条件下にあった。とくにモンテロ，ピアフ，フェレが歌う貧しい「オベルの子供」は長く町を象徴した。今はルネ・ゲウステの見事な都市建築，コミュン劇場，経済改革，文化活動がブランドイメージだ。
　　　　　　　　　　　　　　　　　　　　　（93県オベルヴィリエ，GR.I-2006, p.73）

　パリ近郊の工業と労働者の町を代表する一つだ。(中略) 近年の大工場の閉鎖にもかかわらず，イヴリィは依然として多くの企業の拠点だ。オベルヴィリエと同様，住宅事情の悪い時代が長かったので，社会住宅が際立って発達し，非常に刺激的な建築が生まれた。興味深い歴史的モニュメントが二つ，貴重な工業遺産が一つある。　　（94県イヴリィ＝シュル＝セーヌ，GR.I-2006, p.207）

　なお，モントルゥイユ (図1-7) は，93県で例外的に周縁性が評価される町だが，「新住民が好むのは (中略) 人間や文化の混淆性」，「多くの芸術家がこの町に身を落ち着けに来た」(GR.I-2006, p.118) と，現代性も重視される。こうした傾向は，パリに接しない町にも見出せるが，それでも郊外団地を否定する記述や文化・自然を肯定する記述の方が多い。例えば，93県ボビニーは，「HLM のベッドタウンの原型を思い浮かべる」人もいるが，有名な劇場のおかげで「長くボビニーを知っているパリ人は多い」(GR.I-2006, p.96)，94県クレテイユは，「ル＝パレ地区に社会住宅の歴史を示す〝遺産〟の〝キャベツ〟や〝トウモロコシの穂〟(と呼ばれる高層住宅) がある」が，それが嫌なら，「マルヌ川近くの旧市街や湖畔地区に行く方がいい」(GR.I-2006, p.192)，92県ソー (図1-8) は，「集合住宅は目立たず，贅沢な戸建てが緑に溶け込む」が，「カンヌ」のように下品にはならず (ヌイイと違うことを示唆)，学校が多くて「若々しく活動的」(GR.I-2006, p.411)，と書かれる。

図 1-7　モントルウイユの町

図 1-8　ソーの商店街

　近郊から離れて，緑豊かな遠郊に移ると，郊外団地の否定，田園環境の肯定の図式は徹底される。78 県メゾン=ラフィットは，「土地の人ジャン・コクトーが〝緑の楽園〟と呼んだやや地方的な雰囲気がある」町で，「惨めな郊外に程遠く」(GR.I-2006, p.495)，95 県アンギャン=レ=バンは，「保養地の

雰囲気と住宅街的な集落形態を保ってきた」町で，「ウインドーショッピング，カジノのパーティーやコンサート，芸術センターの展覧会」(GR.I-2006, p.513) が楽しめ，同県モンモランシィは，「中心の旧市街が良く保たれた住宅街」で，「北へ出ると（中略）チーズを作る農家がまだ残り，郊外には程遠い」(GR.I-2006, p.521) というように，田舎的・地方的様相が前面に出る。ただし，それは周縁性というより，ブルジョワ的要素としての役割がある。

こうして遠郊には，場末とも近郊とも異なるイメージが与えられる。もっとも，ギド・ルタールのイル=ド=フランス版は，移民系が多く住む北方向や南東方向の遠郊を最初から外しているので，結果として，「遠郊＝緑豊か＝ブルジョワ的」という表象が成り立つことを忘れてはいけない。

III　諸ガイドが描く場末と郊外

□　ベルヴィルの映像

パリプルミエール・FRP・ノヴィプロダクションは，パリのサウンドウォークというテーマで，DVD と CD からなるシリーズを 2007 年に発売した。サウンドウォークとは，街の音を拾いながら歩くことを言う。シリーズでは，サンジェルマン=デ=プレ，パレ=ロワイヤル，ピガール，マレといった観光地区と並んで，多文化で民衆的なベルヴィルも取り上げられた。

民衆的な場末が流行の場所になった例に，オベルカンプフ通りがある[8]。その通りに面する〝ヌヴォー・カジノ〟から，DVD『ベルヴィル』は始まる。ステージで演奏するカメルーン系ミュージシャンのスプリーンは旅に出ると言って，ヨーロッパ系女優のフロランス・ロワレ=カイユを誘う。フロランスは先に行ってかまわないと答えるが，気になってスプリーンを追い掛け，ベルヴィル界隈中（図1-9）を探し，それが結局ベルヴィルの紹介になる。

映像では，職人や労働者に共感的な欧州系，経済的な理由でやってきた中国系，亡命者のアルメニア系，チュニジアのユダヤ系などが，界隈の特徴や歴史を語る。フロランスが街の人々と会話する場面もある。そして，場所を

図1-9　ベルヴィル界隈のジュリアン=ラクロワ通り

　移動する間に，朝市（図1-10），カフェ，食料品店，衣料品店，ヘアサロン，ハンマームに加えて，太極拳をする中国系，スカーフ姿のマグレブ系，帽子を被ったユダヤ系，ラップを見せるアフリカ系の人々など，多文化な街の様子が挟まれる。

　ハンマームとはイスラム式公衆浴場のことで，筆者もオベルカンプフ通り160番地の中庭の奥にあるハンマーム（図1-11）を見たことがある。自身も長年使ってきたという番台の人は，「1887年からここは公衆浴場で，プールとシャワーと浴室がある。周辺のアパートはシャワーがないのが多いので，界隈の住民や学生がシャワーを浴びるために来る。今でもそうだ」（2007.7.22 メモ）と話していた。界隈の生活に根付いたハンマームの性格が分かる。

　サウンドウォークの訪問先を地図に落とすと，20区のデノワイエ通り周辺が多い（図1-12）。この狭い通りは荒れた家が多く，再開発の対象となっている。通りの空き地の横を通りながら，フロランスは，屋内プール建設のために取り壊された家と，そこから追い出された人に言及し，通り名の「デノワイエ」を「水に溺れた人（デ・ノワイエ）」に引っ掛けて，「溺れた人のプールだ。まったく」と言う。なお，プールは2009年4月に完成した。

　デノワイエ通りでは人々の存在も強く示される。通りにアーティスト協会

図 1-10　ベルヴィルの朝市

図 1-11　オベルカンプフ通りのハンマーム
\#　左は正面の入口。右は工事中の内部で，構造が分かりやすい。

フィッシェ・ヌ・ラ・ぺがあり，協会所属のポスター作家が通りの人をモデルにポスターを作り，見える所に貼り出す。

　映像の中には助け合いというテーマもある。〝カフェ・ブルー〟のマグレブ系女主人は，ラマダンには皆にスープを作り，金曜はお金のない人にクスクスを出し，料理を分かち合うのが喜びと話す。さらに「ベルヴィルは町でも，界隈でもなく，小さな村だと思う。皆が知り合いで，居心地が良く，疎外を感じない」と言う。中国系に関しても，移民として働きながら安定する

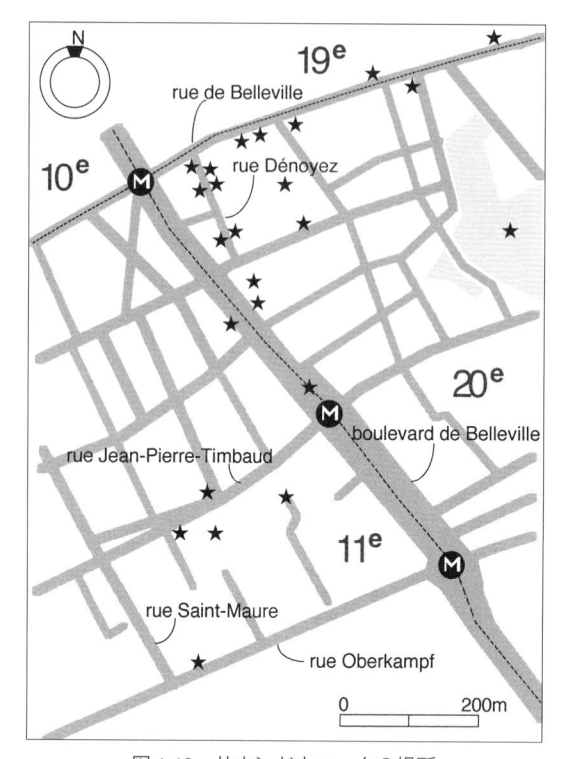

図1-12 サウンドウォークの場所
映像に10秒以上出てくる場所を星印で示した。Mはメトロの駅，薄い灰色の網掛は公園，rue Dénoyezはデノワイエ通り。

までの厳しさが，喫茶店ヴェンズゥの店主によって語られ，中国系の共同体が支えになっていることが示される。また，金属工の家「メゾン・デ・メタロ」の広報課長は，楽器製作工場，フランス労働総同盟，パリ東部の文化センターと，三世代にわたる建物の役割の変遷を解説する。すなわち，オスマン改革でパリ中心部を追い出された職人が住み着き，やがて諸外国から移民が来て労働者意識が高まり，現在では文化・芸術活動が盛んになったというベルヴィルの歴史のことだ。

多文化共存もこの映像のテーマになっている。例えば，本屋ジャンル・ユルバンの欧州系店主は，ベルヴィルでは中国人，アラブ人，ユダヤ人が空間

を支障なく共有していると述べる。

> 30年住んでいるが，ここには他にない界隈の生活がある。連帯感というより，公的空間を共有し，住民同士で会話し，民族が異なっても挨拶して知り合いになれる。だが，社会的混合のユートピアではない。確かに中国人，ユダヤ人，アラブ人ごとに生活しているが，公的空間や街路は共有できている。これが界隈の魅力だ。

一方，サハラ以南のアフリカ系の人々は，音楽との関係で登場する。ベナン系ミュージシャンのマルコ・プランスは，18区バルベス界隈の人だが，ベルヴィルのスタジオで働くようになってから，この界隈を知ったと話す。そして，街の社会的混合を次のように語る。

> あちこちにレストラン，キャバレー，バーがあり，無認可ホーム・レストラン（家で見知らぬ人同士を集める食事会）もある。（中略）ベルヴィルは音楽のメッカで，5年前まで市の意向で午後10時以降の音を消すように言われていた。（中略）バルベスはよく知っているが，ベルヴィルはもっと混じり合っている。（中略）この界隈で言えるのは，時間が経てば街の古い住民達に受け入れられることだ。（中略）やがて特別な人間関係ができて，大好きな本屋もある。果物を買ったら，リンゴを一つくれる。（中略）こういう界隈は多くない。

ベルヴィルの映像は，郊外と場末の差も示唆している。郊外ではなく，場末ゆえに，都市計画を否定的に捉え，民衆性や多文化性に価値を見出す構図が可能になる。しかも，その背景には，パリの場末がジェントリフィケーションによってブルジョワ化していることがある。民衆性を少し残しながら，ブルジョワ化した場所こそが，現代の新しい観光空間になっている。

□ エスニックガイド
　テーマ別のガイドシリーズがパリグラム社から刊行されている。その中にエスニック関連の『パリのアフリカ *L'Afrique à Paris*』（2006年），『パリのア

表1-2 エスニックガイドに見る空間分布

	西アフリカ (48ヶ所)	マグレブ諸国 (69ヶ所)	中国大陸 (89ヶ所)	アンティル (21ヶ所)	イベリア諸国 (60ヶ所)
パリ 1区		1	1	10	7○
パリ 2区	6	1	1○		2
パリ 3区	4	4	6ⓒ		3
パリ 4区	2	6	4		10
パリ 5区	6	12	6		7
パリ 6区	8	1	16	10	12
パリ 7区			4	5	3
パリ 8区	2		6		8○
パリ 9区	2	4	1		
パリ 10区	8	1	4	19	3
パリ 11区	6	14 M	3ⓒ	5	3
パリ 12区	2	3Ⓜ	3	5	2
パリ 13区	4○	3○	27 C		2
パリ 14区	2○	6○	2	14	3
パリ 15区	2	6			3 P
パリ 16区		1	3		10 Ⓟ
パリ 17区	4Ⓦ	3○	1	5	10 Ⓟ
パリ 18区	29 Ⓦ	10 Ⓜ	1	5 A	2
パリ 19区	4○	7○	6	5 A	3
パリ 20区	6○	13 Ⓜ	2ⓒ	10 A	5
93県 　サンドニ 　モントルゥイユ 　サルセル		1		5 A A	 2
94県 　アルフォールヴィル 　アルクゥイユ 　カション			1	 A A	
92県 　マラコフ 　ブローニュ				A 5	

\# 数字は%で，そのうちで一番数値の高いものを網掛している。博物館，美術館，図書館，それに特定の文化と関係しない総合的な施設は除き，文化センター，宗教施設，衣料・食材店，書籍・民芸品・音楽ディスク店，カフェ・レストランなどの箇所数をカウントした。

\#\# Wには西アフリカ系の多い界隈があること，Mにはマグレブ系の多い界隈と朝市があること，Cには中国系の多い界隈があること，Aにはアンティル系の多い界隈や地区があること，Pはポルトガル系の多い区であること，以上がエスニックガイドに記述されている。なお，例えばモントルゥイユにはマリ系が多いとされるなど，実態は複雑で，エスニックガイドの指摘は一面でしかない。また，○印は注9）の報告書で，各系統の外国人が多い地区があるとされるパリの区。

ジア L'Asie à Paris』(2007 年),『ラテン系とイベリアのパリ Paris Latino et ibérique』(2006 年)がある。この 3 冊から,西アフリカ諸国,マグレブ諸国,中国大陸,アンティル諸島,イベリア諸国を選び,関連施設がどこに多いかを調べてみた(表1-2)。すると,多文化的な事象が,郊外ではなく,パリと結び付けられていることが分かる。

次に,人口分布との関係を考えてみたい。フランスの国勢調査では,出自についての質問項目がない。そのため,「外国人」や「移民二世・三世」からなる「外国系」の人口と「元々の仏人 Français de souche(近代以前からフランス人だった人々を指す)」の人口は推測に留まる。また,季節労働者や不

表1-3 「外国系」の人口

	総人口(人)	移民(%)				
		南欧	マグレブ	アフリカ	トルコ	全移民
サンドニ(93 県)	105,749	3.4	14.8	10.0	0.5	36.4
オベルヴィリエ(93 県)	74,701	3.3	15.2	8.6	1.0	40.8
モントルゥイユ(93 県)	103,192	3.2	8.2	7.9	0.6	25.4
オルネ(93 県)	82,525	2.8	10.2	5.7	1.4	26.1
イヴリィ(94 県)	57,254	3.1	9.5	5.6	0.2	28.4
クレテイユ(94 県)	70,117	2.0	10.0	7.4	0.6	28.8
パリ 20 区(右岸)	197,067	1.9	7.2	4.8	0.4	21.9
パリ 19 区(右岸)	184,787	1.7	8.4	5.4	0.4	25.3
パリ 18 区(右岸)	200,631	2.2	7.4	5.2	0.2	23.9
パリ 11 区(右岸)	152,744	2.7	5.5	2.8	0.3	19.9
パリ 10 区(右岸)	95,911	2.7	5.7	3.2	0.9	24.3
パリ 13 区(左岸)	182,032	1.7	4.8	3.8	0.0	20.6

\# INSEE の 2009 年国勢調査の詳細結果(http://www.recensement.insee.fr/)に拠る。区やコミュンごとの詳細データが得られるが,区・コミュンごとに特徴的な項目しか掲載していないので,比較には向かない。逆に言えば,移民や外国人の詳細データが掲載されていない区・コミュンは,それが大きな事象になっていないことを意味する。南欧はポルトガル,イタリア,スペイン生まれの合計,マグレブはアルジェリア,モロッコ,チュニジア生まれの合計,アフリカはマグレブ以外のアフリカ諸国生まれの合計。

\#\# INSEE は二重国籍を含め,仏国籍者をフランス人と定義する。また,属地主義のフランスでは,親が移民でも,仏生まれの子は仏国籍を取得できる。他方,移民は外国で外国人として生まれ,仏国内に住む人を指す。ただし,仏国内に一定期間居住したり,フランス人と結婚した後,仏国籍を取得しても,統計上は移民と扱われる。さらに,両親ないし片親が移民の子供・孫,つまり移民二世・三世は,基本的に仏生まれ第一世代・第二世代となるので,意志で仏国籍を取得できる。

\#\#\# 移民系の比率は区やコミュン全体の数値なので,この比率の高低が移民系の地区の問題の大小を示すわけではない。

法滞在者「サンパピエ」の数は統計に出てこないという問題や，欧米系も含む「外国系」とアジア・アフリカ・仏海外領土などの「見えるマイノリティ」は異なるという問題もある。

それでも，報告書[9]や公的統計（表1-3）から概要は知れる。1999年時点で，移民一世に対して，マグレブ系は二世・三世が1.3倍，移民の歴史が浅いアフリカ系は二世のみで0.7倍，移民の歴史が古い南欧系は二世・三世が3.1倍と推計され[10]，この倍率から「外国系」の人口が概算できる。混血があるので，単純には合算できないが，例えばサンドニ（表1-3）は70％程度が「外国系」となる。なお，実際の小中学校の報告を見れば，地区によって，この比率はさらに上がる[11]。

エスニックガイドに戻ろう。「外国系」の分布とエスニックガイドの記述は完全には重ならず，ガイドでは，アフリカ文化なら18区，マグレブ文化なら11区，中国文化なら13区という図式が強い。具体的な空間記述はどうなっているのだろうか。

西アフリカ系は，マリ人が工業，セネガル人が衣料品生産，コンゴ人（旧ザイール人）が衣料品販売，カメルーン人が飲食業，コートジボワール人が警備関係というように，職業との対応が述べられる（*L'Afrique à Paris*, p.9)。また社会的には，貧困を抱えた移民世代のアフリカと，西洋化した学生層中心の流行のアフリカがあり，18区シャトー＝ルージュだけでなく，近年は17区ソフロワ通りも，「エキゾチック」な食料品店やアフリカ系ヘアサロンが並ぶ場所になっていると指摘される（同pp.10-11)。

マグレブ系については，18区グット＝ドール周辺への言及が目に付く。ここは，最初アルジェリアのカビリア人が1946〜1954年に移住してきたが，今はアフリカ系とマグレブ系の地域になった。すなわちポロンソー通りを境に，アフリカ系のシャトー＝ルージュ界隈とマグレブ系のバルベス界隈に分化し，前者がカラフルな「ブブ」，後者がラメ入りの「ジェラバ」というように，衣服を例として対比が語られる（同p.47, p.61)。もう一つマグレブ系の地区として，11区ジャン＝ピエール＝タンボー通りが挙げられ，オリエント風のパン屋やハラールの肉屋だけでなく，コーランを売る本屋も多いとされる（同p.47)。

チャイナタウンは，複数あることが述べられる。1920年代から第二次大戦後にインドシナ半島の人々が移住した13区オランピアード地区は，「インドシナタウン」と呼んだ方が正確だという。一方，「真正な」チャイナタウンは3区にあり，二つの大戦後に労働力として入った温州人が「ピトレスク」な小宇宙を形成していると説明される。そして第三に，アフリカ系・ユダヤ系・マグレブ系に代わる形で中国系が増えているベルヴィルが出てくる（*L'Asie à Paris*, pp.8-9）。

　アンティルはマルチニクやグアドルプからなる仏領だが，西アフリカ諸国に対してと同じように，郵便・病院・学校等の公務員にアンティル人は多いと書かれる。また空間的には，18，19，20区と北郊・南郊に小さな集住地区があるものの，集住性は少ないとされる（*Paris Latino et ibérique*, p.67）。さらに，クレオール文化に関しては，仏，英，蘭，アフリカ，印移民の料理が混交した成功例としてアンティル料理が挙げられ，パリのアンティル料理店も，食前酒や前菜から始まり，メインディッシュが続き，デザートで終わるというフランス式に統一されていると解説される（同p.73）。

　イベリア人はどうか。スペイン人の移住は三度の波があり，1920年代にパリ北郊へ来た経済移民，1930年代の内戦とファシスト政権から脱出した避難民，第二次大戦後のフランコ独裁を逃れて来た避難民が挙げられる。しかし，1975年のスペイン民主化で帰国した例も多いとされる（同p.80）。ポルトガルについては，1962〜1975年の移民が建物の管理・掃除などに関わったが，移民二世は仏社会に同化し，さらにポルトガル経済の成長で，1992年以降，若年層は祖国へ働きに戻り，高年層は退職を機に祖国へ帰る例が増えているとされる（同p.98）。

　フランス社会への同化が進んでいたり，帰国する場合が増えているイベリア人以外は，すべて具体的なパリの場所と結合させられている。しかし，西アフリカにしても，マグレブにしても，アンティルにしても，中国にしても，そうした文化が郊外の中でどのような位置を占めているかは明らかにされない。エスニックなガイドであっても，郊外には距離を置いている。

□ イヴリィの社会地誌

　パリの社会地誌『モザイクのパリ』（邦訳は野田四郎監訳，『パリの万華鏡』，原書房，2006 年）は，内容や文献から分かるように，アシェットの旅行案内書やパリグラムのエスニックガイドに影響を与えている。この社会地誌は記述を少し変え，環状道や郊外の章も加えて，2009 年に『パリ，14 の社会学的散策 Paris: quinze promenades sociologiques』（以下『14 の散策』と略）としてパイヨ社から新装刊行された。

　各章を見ると，サンジェルマン＝デプレ界隈やシャンゼリゼ通りといった「ボー・カルチエ（高級街／お屋敷街）」が並ぶが，バスティーユ広場やオベルカンプフ通り周辺の民衆地区も取り上げられる。ベルヴィルは，20 区の狭義のベルヴィルではなく，11 区のベルヴィル大通り寄りが対象になっている。そして，バー・カフェ・レストランなど，昔の工房や工場や商店を改装した流行の施設が紹介される。例えば〝カルチエ・ジェネラル〟は「客が界隈の労働者で，労働者街的な過去の記憶を味わえる」と記され，〝ブルー・バイユー〟はルイジアナ料理を出す「ニューオーリンズ風インテリア」で，ワニの標本も「エキゾチズム」と記され，〝カフェ・シャルボン〟は「炭（シャルボン）も売っていた飲み屋」で「完全な別世界」と記される（pp.118-129）。さらに，こうしたノスタルジアやエキゾチズムは創られたもので，労働者層が減って中間層や芸術家が増えるジェントリフィケーションが起こっていると述べられる。

　郊外に関しては，イヴリィとモントルゥイユの町が出てくる。どちらも労働者街的な町で，移民系の割合が多い（表 1-3）。

　モントルゥイユの方は，環状道に関する章で短く登場し，マリ系の多さが，以下のように叙述される。しかし，そこで使われる「村」の語は，場末に使われる「村」のように界隈の民衆性や地方性ではなく，特定の民族が集住する共同体を示唆する。ここにも，パリの場末とパリの郊外に対するメディアの視線の差が見て取れる。

　　ブラックアフリカの移民が多い。ジェントリフィケーションが少し生じているが，モントルゥイユはまだ民衆的な町だ。フランス最大のマリ系の村は，

ポルト゠ド゠モントルゥイユから 400 m，パリ通りに平行するバラ通り 53 番地にある。この会館は元工場で，入口や中庭には屋台やタバコの店があって，とてもアフリカ的だ。　　　　　　　　　　　　　　　　　　　　　　　(p.234)

　他方，イヴリィには独立した章が与えられている（pp.157-172）。イヴリィは「外国系」住民の多い町だが（表 1-3），それにもかかわらず多文化的な性格がこの社会地誌の主題になることはない。散策は，パリ 13 区のシャルル゠ド゠ゴール橋での定期船への乗船から始まり，河岸を見ながらセーヌ川を上って，イヴリィのネルソン゠マンデラ橋で降り，そこからイヴリィ港湾地区（図 1-13）に入って，芸術家・文化人の住宅用に改修された旧工場を，「パリの流行地区に見られる再整備」，「パリと郊外に新しい連続性を築く可能性」と紹介していく。その後，散策はイヴリィ港湾地区から 13 区へ戻る。

　しかし，パリからイヴリィへ船で入る時と，イヴリィからパリへ歩いて帰る時には，記述に差がある。前者は「環状道の橋を越えると，もう一つの世界，つまり工場や建設現場の重労働に身を捧げてきた民衆の郊外へと入って行く」とされ，後者は「かなりよく注意しないと，世界で最も美しく，最も大きな街の一つに入ることを示す小さな標識を見落す」となっていて，他所としてのイヴリィと世界都市パリとの違いが激しい。

　もちろん，この場合の他所は，旅を誘う別世界だけでなく，他者的な場も

図 1-13　イヴリィ港湾地区

\# 左はアンリ゠プルシャス通りに面する 1881 年建設の旧浄水場（現在は倉庫），右はロベール・ウィッチ通りにある自動車修理場。イヴリィの街路名には，第二次大戦中のナチス占領に抵抗するレジスタンス活動家の名が多い。なお，プルシャスは 34 歳，ウィッチは 20 歳で銃殺された。

意味する。それと連動するように，ゴミ処理場（図1-14）のような施設，つまり首都に立地させられない施設，郊外でもブルジョワ的な町なら避けられる施設が，イヴリィでは立地可能なことが次のように記される。

> イヴリィ市内に建てられたのに，パリのゴミ工場だ。こうした施設は首都の中心に置かれることはない。ゴミ処理に至るまで，都市空間は階層構造を崩さない。イシィ，イヴリィ，ロマンヴィル，セヴラン，サンドニ，サントゥアン，ナンテールにはあっても，ルヴァロワ，ヌイイ，ブローニュには（ゴミ処理場は）ないのだ。 (p.170)

□ ビューポイント

世界的なタイヤ会社ミシュランは，ホテル＝レストランガイド，地域ガイド，観光道路地図を発行してきた[12]。観光道路地図は自動車用で，観光情報が多く含まれている。その一つがビューポイントで，「360度のパノラマ」，「特定方向の眺望」，「ピトレスクな景色の道路」の順に評価が高い。

パノラマは，単に雄大な景観ではなく，高みから周囲を見渡すような特権的視線を意味する。しかも，パノラマ地点は歴史的に軍事施設が置かれたこ

図1-14　イヴリィにあるゴミ処理場
\# ゴミ処理場の二本の高い煙突が左手奥に見える。

とが多く，空間への支配感覚を伴っているとされる[13]。特定方向の眺望であるパースペクティヴに関しては，パリのオスマン改革が思い起こされる。セーヌ県知事オスマンは小路の多い民衆地区に幅広の直線道路を通し，その奥にモニュメントを配する大改造（1853～70年）を行なった。その目的には，衛生状態の改善や革命の再発阻止があったが，同時にモニュメントへのパースペクティヴを確保することで帝政の威光を可視化することも含まれていた[14]。ピトレスクは，「絵のような」という意味で，絵画の対象になる風景美を指し，18世紀後半から旅行記に出てくる[15]。しかし，それはただの美意識ではなかった。19世紀のブルジョワ層は，対極にある珍奇な庶民層の生活や起伏に富んだ自然を美の対象としたが，その支配者意識こそがピトレスクだった[16]。

では，ミシュランの観光道路地図を使ってビューポイントの分布を調べてみよう。1988年の地図と比べても，分布はほぼ同じで，常に特定の方向に片寄っている。パリの市街地が終わり，広大な森が現われるまでの25 km圏を描くと，北方向や南方向に空港があり，西方向に森が広がっている（図1-15）。しかし同じ森でも，東方向に比べて西方向で，ビューポイントの付く度合いは高い。

またビューポイントは，社会経済的に困難な地区を示すZUSと棲み分けの関係になっている。ZUSが集中する北・北東・東・南東近郊，そして北・南東・南遠郊には，ビューポイントがほとんどない。反対に，ビューポイントの多い南西近郊，そして北西・西・南西遠郊には，ZUSは少ない。

□ ケバブ

ケバブ（図1-16）はトルコ発祥のファストフードで，独・仏・蘭ではハンバーガーと並ぶ人気度を誇っている[17]。細かく薄切りにした肉を味付け，回転棒に重ねるように巻き付けながら火で炙り，それを長い包丁で薄く切り取って，ピタと呼ばれるパンに野菜といっしょに挟み，ソース付きのサンドイッチとして出すドネルケバブが一般的だ。欧州で最初にケバブ店が開かれたドイツでは，ドイツ風にアレンジされ，タンパク質が多くて栄養的に優れたイメージがあり，客の前で調理するために見せる要素も備え，最近は野菜

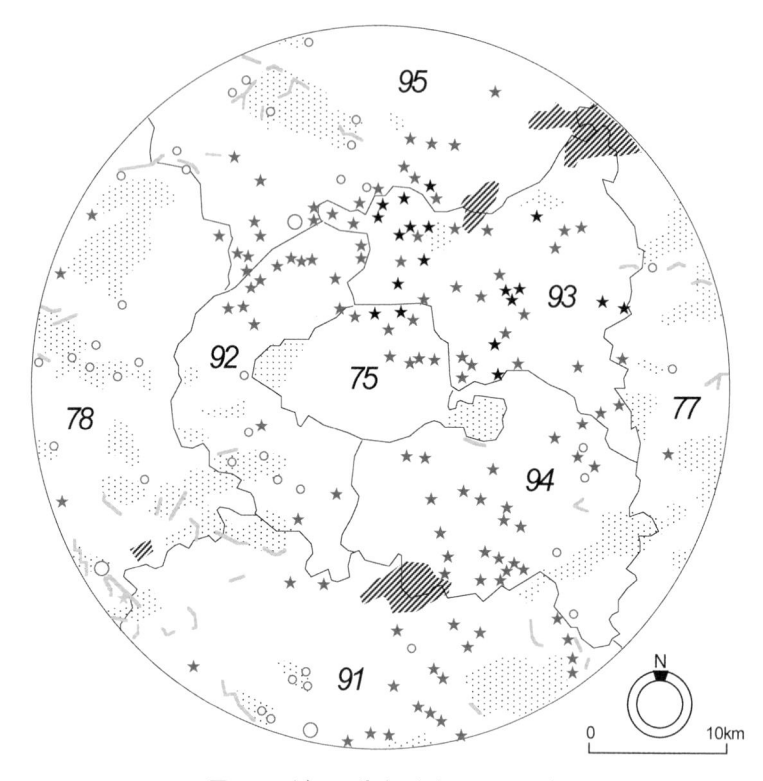

図 1-15　ビューポイントと ZUS の分布
 #　INSEE による 2006 年の状況（http://www.insee.fr/fr/themes/document.asp?reg_id=20&ref_id=17337）と，ミシュラン道路地図（2007 年の No106『パリ周辺』10 万分の 1，2008 年の全国道路地図『アトラス・ルチエ・フランス』20 万分の 1）を参照して作成。大丸印は「360 度のパノラマ」，小丸印は「特定方向の眺望」，線表示は「ピトレスクな景色の道路」。斜線部は空港，点模様は森林。星印は ZUS で，濃色は INSEE が五段階で最も厳しいと判断した ZUS。

中心のヘルシーなケバブを出す店も現われている[18]）。

　フランスでは多くのレストランガイドが刊行されているが，ケバブにはインターネット上の情報しかない。しかし，専門サイト「ケバブ・フリット・コム www.kebab-frites.com」（以下，2012 年 9 月 18 日時点の情報）は充実している。掲載店 6,383 店，書き込みメンバー 17,797 人，店のレポート 111 本，店へのコメント 12,587 本で，その他にニュースやアンケートもある。

図1-16　パリのケバブ店
左は19区フランドル通りの″アクデニズ″の内部，右は14区モンパルナス大通りの″ペルガマ″の外観。

最も古いニュースが2008年12月なので，サイトは2008年末にできたと考えられる。なお筆者自身も，2007年から2008年にかけて，ケバブのことをフィールド・メモに残しておいた。

19区リケ通りを西へ歩いているとき，フランドル通りにケバブ店が見えた。″アクデニズ″だと思う。店に入ると，店員が「サンドイッチ？」と聞くので，「サンドイッチ・グレック」（ケバブ・サンドを「グレック」とも呼ぶ）と答え，「サラダ（葉物），トマト，オニオンは？」と言うので，「全部，それにフリット（フライドポテト）も付けて」と念を押し，「マヨネーズか？」という問いには，「ケチャップ」と返事した（2008.2.13メモ）。「サラダ，トマト，オニオン？」や「ソースは？」は決まり文句だ。サラダ，トマト，オニオンは全部か一部か，ソースはアリサかヨーグルトか，マヨかケチャップか，フリットの有無，肉は子牛を使っているか，子牛より劣る鶏や七面鳥を使っているか，こうしたことがケバブ店での関心の中心となる。

トッピングの重要性は，サイト内のアンケートからもうかがえる。アンケートは，2009年から2010年にかけて，時期を分けて7テーマで行なわれた。結果だけでなく，サイトの解説やメンバーの反応が興味深い。「ケバブに何を入れる？」では，サラダ無し25％，トマト無し10％，オニオン無し17％，ソース無し1％，フリット無し4％，全部有り40％だった。解説は，ドイツならキャベツやニンジンが選べるので，「店員が日々最も頻繁に繰り

返す」ことになる「サラド・トマト・オニオン」という言い方は，それだけでフランスのケバブであることを示していると述べる。さらに，ソースやフリット抜きの選択がほとんど無いことも，フランスのケバブの特徴だと指摘する。

　この記事へのメッセージは6名で，延べ7回ある。ドイツ国境に近い57県メッツの「Thibaut57」(22歳)は，メッツではキャベツやニンジンを使うことが増え，ドイツではピーマンも入ると発言する。イタリアに接する06県の「premier-kebapMONAC」は，南では野菜が多め，フリットは少なめと述べる。スペインに近いピレネー地方32県の「LaMosaique」(32歳)は，当地ではオニオンが避けられると主張する。ケバブからトルコ的な要素が横に置かれ，フランスの地域的な多様性が話題になっている。

　「ケバブのソースは何？」では，41％がヨーグルトソース（ヨーグルト，塩，胡椒，レモン果汁，ニンニク，パセリなど）と答え，サムライソース（卵黄，オリーブ油，カラシ，ケチャップなど）22％，マヨ/ケチャップソース16％，アリサソース（赤トウガラシで辛い）12％と続く。ヨーグルトソースが圧倒する理由を，サイトでは，脂肪分が少なく，低カロリーだからと解釈している。エスニックなはずのケバブに，グローバルな嗜好が入ってきていることが分かる。

　ところで，アントワーヌ・バイイは，食事が目的の「合理性レストラン」と，客が窓側に座ってステータスを示したり，奥に座って親密な夢を味わう「演劇性レストラン」を区別する[19]。フランスの地理学の視点から言えば，合理性レストランは機能を果たすだけの「場所」，演劇性レストランは諸関係が渦巻く「領域」となる。しかしケバブ店は，「合理性レストラン」とも「演劇性レストラン」とも言えない。もちろんファストフードなので，どちらかと言えば「合理性レストラン」に近いが，そこに収まらない性格を有している。

　2008年はサッカー・アフリカ選手権の年だった。テレビで試合を見たいと思い，14区ポルト＝ドルレアン近くのボニエ通りにある〝レストラン・ソレイユ〟に入った。チュニジア系の人が経営している店で，筆者は何度か来たことがあった。

30分も粘ると，6時になった。(中略) 別の店員も来て，座ってテレビを見出す。(中略) 両チームの選手と審判の紹介があった後，その店員がこちらへ顔を向けて言う。「日本対中国」。「そうじゃない。審判は日本人」と言うと，「オオザカ，サイタマ」と返事する。(中略) 審判がアンゴラ側にイエローカードを出す。すると，「違う，ファウルじゃない」と文句をつける。(中略) 今度は選手が倒されると，すぐその店員は「カード！」と言う。(中略) まるで大声で叫んでいるようだ。ところが，カードが出ないと，また審判にケチをつける。「で，あなたはどっちの応援なのか，エジプトそれともアンゴラ？」と聞くと，「日本の審判」だと。最初に使った冗談だろうと思う。もう一度，「エジプト，アンゴラ？」と聞くと，「チュニジア」だと。「次の試合ね」と言っておく。(中略) 人がポツリポツリと来る。多くがアラブ系の感じがする。しかし仏語で話しているので，何系か分からない。(中略) 知り合いが来たときには，男同士なのに，頬に4回か5回ぐらいキスする。ちょうど自分も席に座っていたので，握手された。また一人店に入ってくる。フリットだけ注文している。しかし，多くはフリット付きグレックだ。何も食べないで，一定時間テレビを見て，雑談したら帰っていく人もいる。バスの運転手の格好をした人が来た。アラブ風だ。「いつもの，急いでいるので」と言って，持ち帰りを頼む。フリットなしのグレックだけだ。こうやって何人か入り，何人か出て行き，外はとっぷり暮れた。

(2008.2.4 メモ)

　常連が頻繁に来て，店員が客といっしょにテレビでサッカーの試合を見るというのは，ビストロに近い。ビストロは小さめの店で，近隣や馴染みの客が多く，裏通りにあって，店内は店主と会話できるカウンターが中心となる[20]。なお，ブラスリーは大きめの店で，客同士が見知らぬ場合が多く，大通りに面して，店内の活気や多様性が重要とされる[21]。

　ケバブ店には，そこにふさわしい行動というものがある。14区のモンパルナス大通りに面するトルコ系ケバブ店の〝ペルガマ〟で，欧州系の男性がケバブ・サンドを食べる際にフォークとナイフを要求したのに対し，給仕人が不満げにフォークをテーブルに投げ置いたのを見たことがある（2007.12.25 メモ）。ここで給仕人の態度を問題視することはしない。高級店でも失礼な給仕人の話はある。むしろこれは，ケバブ・サンドをフォークとナイフで食べようとした行為の結果と言わなければいけない。ナイフとフォークで食

べるなら，皿タイプのケバブを注文するという手もある。このように場所には慣習的な行動と規範があり，そこから逸脱すると，領域内部の人間から反発を受けてしまう。

　最後に，ケバブ店を空間上に位置づけてみよう。ケバブ専門サイトの掲載店を，フランスの総合サイトの飲食店ページ「アンテルノット・レストラン」(http://www.linternaute.com/restaurant) 掲載の店舗数で割り，併せて一店舗当たりのコメント頻度，つまりケバブ店に対してメンバーが書くメッセージの数を計算してみた。

　パリ20，19，18区，93県のような移民系の多い地域では，ケバブ店密度は高いが，一店舗当たりのコメント頻度は低く，パリ17，16，15区，92県のような欧州系の多い地域では，ケバブ店密度は低いが，一店舗当たりのコメント頻度は高い（図1-17）。つまり，ケバブ店の多い地域ではケバブ店の語りが増えず，ケバブ店の少ない地域はその逆になる。なお，ヌイイ=シュル=セーヌはケバブ店密度もコメント頻度も低く，モントルゥイユはケバブ店密度もコメント頻度も高いが，これらは例外とみなせる。

　さらに細かく調べると，評価の高い店が多い地域はコメント頻度も比較的高い。サイトでは評価の高い店を公表しているが，フランス内15位までのうち，14区，92県が各2軒，5区，12区，17区が各1軒，パリの10位までに限ると，14区が3軒，12区が2軒，4区，5区，7区，8区，17区が各1軒となる。なお，パリ内1位かつフランス内2位は14区の〝トゥルコワーズ〟とされる。

　ケバブ店が移民系と結び付くのは事実だが，それ以前に飲食店であり，現実の空間や社会の制約を受け，社会的な問題の少ない地域にある店の方が評価されるのではないか。逆に，失業率の高い地域では，ケバブ店密度は高くても，ケバブ店へのサイト上の関心は低い。10区はトルコ系の多い地域で（表1-3）で，フォブール=サンドニ通り南部にはケバブ店が集中し，区内のケバブ密度，コメント頻度ともに高いが，それでも評価の点で上位に来る店は少ない。

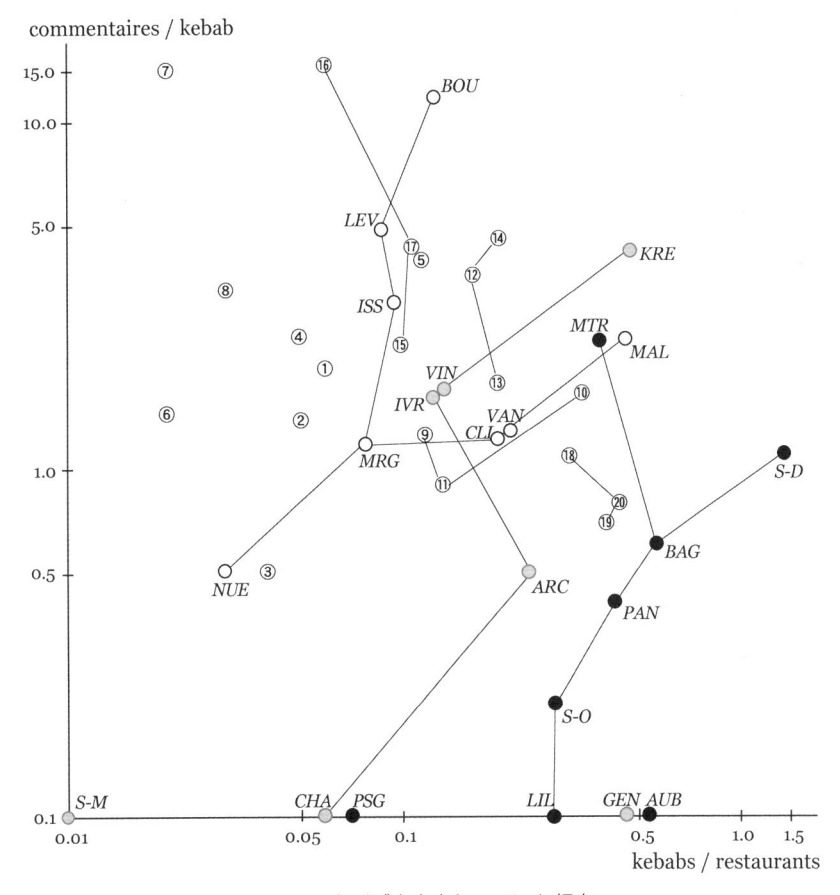

図 1-17 ケバブ店密度とコメント頻度
両対数グラフに描いた。横軸がレストランに占めるケバブ店の割合，縦軸がケバブ 1 店当たりのコメント頻度。
丸数字はパリの区，黒丸は 93 県，灰丸は 94 県，白丸は 92 県の町。同じ県の町，性格の近い区を線で結んだ。

Ⅳ　オーセンティシティ

□ 他者性の限界としての場末

　観光に最も影響するのは，中心と場末，場末と郊外の領域的な差だ。とく

に場末と郊外は，ともに庶民的な性格，多文化な性格を持っているのに，たった一本の環状道で差異化される。

しかし，環状道だけが境界ではない。同じ郊外でも，近郊と遠郊，北郊・東郊・南郊と西郊の差も小さくない。そしてこの差は，厳密には，距離的な違いや方向的な違いではなく，裕福な戸建て地区か，経済的に厳しい集合住宅地区かの社会的な違いを意味する。事実，移民系のイメージが強い93県にもブルジョワ的な戸建て地区はあるし，裕福なイメージの92県にもマイノリティ中心の郊外団地がある。また，遠郊だから緑が多く，近郊だから緑が少ないということでもない。

空間には全体的な傾向面と部分的な特異点がある。部分的な特異点の代表は，東郊のモントルゥイユと西郊のヌイイ＝シュル＝セーヌだろう。モントルゥイユは93県内で例外的に多文化性が肯定評価に繋がり，ヌイイは92県内で例外的にブルジョワ性が否定的に作用する。

観光では，旅行先で最初に出会う地形などの物理空間から，人間と真正性の存在する内部空間へと入って行く方向性が指摘される[22]。パリの場合，真正性は，民衆性・異国性・自然性で表わされる。ところが，民衆性や異国性がより強まるパリ郊外は，場末以上に評価されるように思われるが，そうはならない。郊外で評価されるのは，自然性の多い地域に限られる。

そもそも，民衆性・異国性・自然性といった周縁性が評価されるのは，中心地であるパリ市内だからではないか。中心性のない郊外では，中心と周縁の対比が初めから難しいし，観光地と言えない郊外では，観光的な性格を否定する言説も意味を持たない。そのため，観光言説を示す必要がある場合，別の選択がなされる。すなわち，新しい建築や経済活動，文化施設に価値が置かれ，郊外の領域はなんとか観光言説に組み込まれる。

フランスの観光研究グループMITによれば，人々は観光に他者性を求める[23]。ある場所が観光地となるには，そこが他者的であればいい。知らない地方だけでなく，日常の知らない地区さえも観光対象になる。もちろん他者性は，人が場所に対して結ぶ関係にあるとMITは主張する。さらに，ツーリストは他者性の度合いを調節するとも言う。ツーリストにとって，無人の荒涼とした場所では困る。つまり，ツーリストは他者性を求めつつも，

それを制限して日常性を確保したいと願う。だからこそ，他者的なはずの観光地に，他者的でない快適な別荘やホテルが立ち並ぶのだ。

　パリの近郊は，パリの場末よりも他者性が強い。というよりも，観光や余暇で必要とされる以上の他者性を持っている。したがって，その近郊が，場末と同じように観光・余暇空間の中で相応の位置を占めることは難しい。

□ 変わるギド・ブルーの姿勢

　現代の観光言説には，真正性というキーワードが頻出する。ギド・ブルーの空間記述に戻り，「本物」，「真正な」，「真正性」などの語が出てくる文脈を 1990 年版と 2011 年版で比較してみたい。

　まず，これらの語が出てくる場所は 20 年間で半減した。とくに右岸と東部で大きく減り，真正性というイメージが庶民地区に付随し，そこを〈領域化〉する中心的な役割を果たしているとはもはや言えない（図 1-18）。具体的な記述においても，真正性は，1990 年には民衆性，地方的様相，非観光的要素，外国人などの他者性を意味したが，2011 年になると「"パリ人のパリ"の中で最も真正な雰囲気」（15 区グルネル界隈，GB.P-2011, p.253），「界隈の真正な生活を保つ」（14 区プレザンス＝ペルヌティ界隈，GB.P-2011, p.271），「環状大通りに点在する真正な記憶の場所」（モンマルトルと 18 区，GB.P-2011, p.573）というように抽象化した。

　この 20 年間にパリでは再開発が進み，多くの古い界隈が失われた。2011 年版で真正性の語が右岸や東部から消えたのは，再開発のせいで，真正な場所を見出すのが難しくなったからだと考えられる。では，真正性を奪われた場所には，何が加えられたのか。

　2011 年版のキーワードの一つは「ボボ」だ。ボボは，「ボヘミアンなブルジョワ」の略語で，文化やエスニシティに関心があり，教育・経済水準の高い層を指す。またボボは，ジェントリフィケーションの主役として，右岸や東部の界隈に流入している。2011 年版の「ボボ」の語の分布を見ると，右岸や東部が多く，1990 年版の真正性が消えた部分に集まっている（図 1-18）。そして「ボボ」の語が使われる場所には，多民族や異種混交を示唆する「コスモポリタン」の語も多い。場末の意義が，「失われつつある真正性」

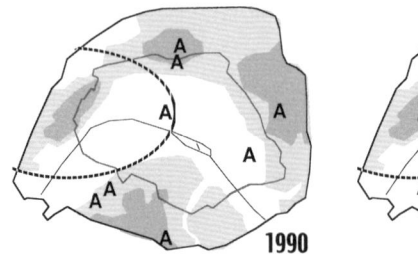

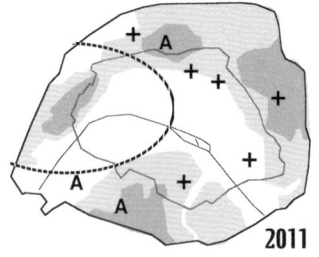

図 1-18　ギド・ブルーに見る真正性の分布
A 印は真正性，＋印はボボの語がある場所。濃い網掛ほど標高が高い。太曲線の西の内側は裕福なブルジョワ地域。

図 1-19　コントレスカルプ広場（左）とムフタール通り（右）

から，「新しく作られつつある多文化性」へ変移していると言える。

　人々の考える「郊外」が，環状道ペリフェリックの外側と一致しないように，人々が思う「場末」も，フェルミエ=ジェネローの旧壁の外側とは限らない。民衆的で地方的とされる場所は，例えば旧壁の内側に位置するコントレスカルプ広場からムフタール通り周辺（図 1-19）にもある。

　しかしながら，そこでも真正性の語は消えつつある。1990 年版では，偽物的な観光地化への皮肉や批判が示された。それに対して 2011 年版では，英語からの流用語が頻繁に使われ，ボボによるジェントリフィケーションが述べられる。また 1990 年版では，中和化された「ホームレス SDF: sans domicile fixe」ではなく，語尾に否定的ニュアンスの「ard」を伴うものの，ある種の親近感もある「クロシャー clochard（浮浪者）」が「いたずら」な

存在として描かれ，別の箇所では「朝市，ビストロ，からかい好きのクロシャー，真の職人のいるような真正なパリの最後の界隈」（GB.P-1990, p.513）というように，パリの真正性を構成するものとして語られた。ところが2011年版になると，コントレスカルプ広場の舞台から消えたことだけが，クロシャーに与えられた役回りとなった。

> 夏の夜，ムフタール通りに並ぶギリシャ料理店のテラス席は満員だ。朝市の棚にある物も，家の内部に見える梁と同様に，けばけばしく，必ずしも真正でないし，コントレスカルプ広場のいたずらっぽいクロシャーさえも，場所の彩りのために置かれたように思える。
> （5区ムフタール通り，GB.P-1990, p.392）

> コントレスカルプ広場のクロシャーは垢抜けた散策者に取って代わられた。この古いパリの民衆的な界隈は，再開発の一撃でナウな近隣に変貌した。今はボボがホットなレストランへランチに行く。10時になると界隈の野菜業者が白ワインを手にカウンターに居並ぶビストロは消えた。
> （5区ムフタール通り，GB.P-2011, p.115）

2011年版では，クロシャーが言説から外される一方，1990年版では否定的に位置づけられていた観光客が，パリ市民と等価的な存在として記述される（GB.P-2011, p.373, p.394）。それだけでなく，移民系と郊外人とTGVのビジネス客までもが同列視され，「ブラサージュ（社会的混合）」や「コスモポリタン」の語でまとめられる（GB.P-2011, p.550）。ギド・ブルーも，結局は社会的混合やコスモポリタンの名のもとに，中流階層が場末の庶民地区を流行の商品とみなして，庶民層から奪い取る行為に加担していると言わざるをえない。

参考文献
1) Jean-Claude BOYER (2000): *Les banlieues en France: territoires et sociétés*. Armand Colin, pp.31-33.
2) ①中川浩一 (1991):「読む旅行案内書の変化」，IS（ポーラ文化研究所）51, pp.36-39. ②小倉孝誠 (1995):『19世紀フランス 夢と想像—挿絵入新聞『イリュストラシオン』』に

たどる』, 人文書院, pp.93-99.
3) ロラン・バルト (1967):『神話作用』(篠沢英夫訳), 現代思潮社, pp.87-91.
4) Jules GRITTI (1967): «Les contenus culturels du Guide bleu: monuments et sites à voir». *Communications*, no.10, pp.51-64.
5) Bernard LÉRIVRAY (1975): *Guides bleus, Guides verts et lunettes roses*. Cerf.
6) ①竹内啓一 (1979):「ガイドブックにおける日本像」, 地域 1, pp.1-9. ②西村孝彦 (1997):『文明と景観—フランス人文主義地理学』, 地人書房, pp.221-271. ③前掲 (2) ②の小倉 (1995), pp.99-109.
7) Gaétan NOCQ et Stéphane DARRICAU (2005): *Banlieue nomade: carnets de voyage autour de Paris*. Alternatives, p.7.
8) Antoine FLEURY (2003): «De la rue-faubourg à la rue "branchée": Oberkampf ou l'émergence d'une centralité des loisirs à Paris». *L'Espace Géographique*, 32-3, pp.239-252.
9) Damien VALDANT et Marc ESPONDA (2002): *La population étrangère à Paris: éléments de diagnostic à partir des données des recensements*. Atelier Parisien d'Urbanisme, pp.23-24.
10) Michèle TRIBALAT (2004): «Une estimation des populations d'origine étrangère en France en 1999». *Population*, 59-1, pp.51-81.
11) ① Anthony ROUGIER (2007): *Avec elle avec lui: 40 photographies contre les discriminations*. Éditions de l'Atelier. ②増田ユリヤ (2011):『移民社会フランスで生きる子どもたち』, 岩波書店.
12) Marc FRANCON (2001): *Le guide vert Michelin: l'invention du tourisme culturel populaire*. Economica.
13) Yves LACOSTE (1987): «Paysages en action». *Hérodote*, no.44, pp.3-7.
14) Bernard ROULEAU (1967): *Le tracé des rues de Paris: formation, typologie, fonctions*. CNRS, pp.103-113.
15) マルク・ボワイエ (2005):『観光のラビリンス』(成沢広幸訳), 法政大学出版局, p.74.
16) ①富山太佳夫 (1988):「ピクチャレスクの影」, 現代思想 16-11/12, pp.220-227. ② Stephen DANIELS (1988): «The political iconography of woodland in later Georgian England». (In) Denis COSGROVE and Stephen DANIELS, *The iconography of landscape: essays on the symbolic representation, design and use of past environments*. Cambridge University Press, pp.43-82.
17) ①内藤正典 (2007):「中東の肉料理」, 矢ヶ崎典隆・加賀美雅弘・古田悦造編『地誌学概論』, 朝倉書店, p.122. ②大島規江 (2011):「中東発のファースト・フード, 世界を席巻」, 加賀美雅弘編『EU』, 朝倉書店, p.75.
18) 石井香江 (2010):「越境するドネルケバブとエスニック・ビジネスの展開—ドイツ風ファーストフードの定着と変容から見る戦後ドイツ社会」, 四天王寺大学紀要 50, pp.51-71.

19) Antoine BAILLY (1990): «Le restaurant, rationalité et théâtralité: images, localisations et fréquentations». (In) Alain HUETZ De LEMPS et Jean-Robert PITTE, *Les restaurants dans le monde et à travers les âges*. Glénat, pp.127-133.

20) Laurent LEBOT (2007): *Bistro*. Mémoire de fin d'études, École Nationale Supérieure de Création Industrielle, p.5.

21) François THOMAZEAU et Sylvain AGEORGES (2006): *Brasseries de Paris*. Parigramme, pp.9-10.

22) Jean-Didier URBAIN (1983): «Sur l'espace du touriste: un voyage en Tunisie. Éléments pour une sémiotique de l'espace touristique des Français». *L'Espace Géographique*, 12-2, pp.115-124.

23) Équipe MIT (2002): *Tourismes 1: lieux communs*. Belin, pp.81-102

第二章
オルネ3000団地とサッカー

オルネ3000団地の壁画

I 「ブラック=ブラン=ブゥール」

□「ラカイユが世界一を！」

　1981 年にリヨン郊外ヴェニシュー市のマンゲット団地で起こった暴動あたりから、「シテ cité」と呼ばれる郊外団地は移民系の人々の領域とされるようになった。また、人種差別主義者ルペンの台頭、サンドニのスタジアムでの騒動、公立学校でのスカーフ禁止、移民系の若者による暴動、サルコジの挑発的な態度といった近年の出来事を並べていくと、フランスでは欧州系と移民系が激しく対立しているように見える。

　一方で、対立を融和させる動きもある。例えばそれは、多文化なフランスサッカーへの評価であったり、逆さ言葉やラップなどのシテ文化の理解であったり、郊外団地に対する経済的・社会的な支援であったりする。しかし第二章では、こうした融和の動きの中にも領域的な対立が微妙に残る仕組みを探ってみたい。と同時に、余暇活動の一つであるサッカーを素材として、郊外団地がフランス社会に同化するには、どのような姿勢と行動が必要なのかを論じてみたい。

　まず、2006 年の W 杯サッカーの話題から入ろう。この大会でフランスは準優勝した。その原動力は、1998 年の優勝時と同じく、「ブラック=ブラン=ブゥール Black-Blanc-Beur」、すなわち「アフリカ系・欧州系・アラブ系」からなるチームだった。フランスを代表するルモンド紙は、決勝進出が決まった夜の高揚を 7 月 7 日付けの記事にしている。

　　赤信号で動かなくなったシャンゼリゼ通りを上がった所で、黒人系の若者がメガホンで叫んでいる。彼は二、三百人にマルセイエーズを歌わせている。（中略）ポルトガルに対するフランスの勝利の後、多様な出自のパリ市民数十万がパリの名高い通りに集まってきた。（中略）トランス状態の熱狂集団がアルジェリアやフランスの国旗を持ってジネディーヌ・ジダンの名を叫ぶ。「ジーズー、ジーズー！」。（中略）あらん限りの声で歌うマルセイエーズ、仏国旗、青のユニフォーム、クラッカー、発煙筒、花火、ビール瓶、ホイッス

ル（中略）。二人の若者がプラカードを手にシャンゼリゼ通りを下りてきた。「ラカイユが私達に世界一のタイトルを持って来てくれる。素晴らしいことではないか！」。フランスチームの多数を占める〝移民出身〟選手への目。〝ブラック=ブラン=ブゥール〟の群集から当然支持されるメッセージ。

(*Le Monde*, 2006.7.7, p.30)

　ルモンド紙やパリジャン紙は，リベラシオン紙やユマニテ紙ほど移民系に理解を示さないが，フィガロ紙やクロワ紙ほど移民系を拒絶することもない[1]。したがって，両紙を読めば，社会の平均的な反応が分かる。

　記事のもう一つの主題は「ラカイユが」で始まる手製のプラカードだ。「ラカイユ」は，2005年の秋，暴動を起こす若者に対して，当時の内相サルコジが挑発的に使った言葉で，「社会のクズ」を意味する。今日のフランスで「若者」や「郊外の若者」と言えば，アラブ系（北アフリカのマグレブ系）やアフリカ系（サハラ以南のアフリカ系）の若者を指し，その多くは「デリケートな sensible」や「難しい difficile」と形容される郊外団地に暮らしている。

　フランスのサッカーでは，1930年代から東欧・南欧・マグレブ系の選手が重要な存在だったが[2]，近年はアフリカ・アンティル系の選手が増え，2006年のW杯ではチームの六割を占め，シテ出身の選手も半数に上った。プラカードの「ラカイユ」はそうした事情を示している。

　ところで，記事に付けられた写真は，バスティーユ広場で喜ぶ群衆の姿であり，シャンゼリゼ通りの二人の青年の様子ではなかった。そこで，別のメディアに掲載された写真[3]を見ると，青年が手にするプラカードには，「ラカイユが君達に世界一のタイトルを持って来てあげる。いいじゃんか！」と書いてある（図2-1）。つまりルモンド紙は，話し言葉を書き言葉に直し，欧州系として「君達 vous」を「私達 nous」に変えたことになる。

　「君達」と「私達」の問題は，マチュー・カソヴィッツ監督の映画『憎しみ』（1995年）にも出てくる。郊外団地に住む移民系の主人公三人はパリに出掛け，「世界は君達のもの」という看板とすれ違う。そのうちの一人マグレブ系のサイードは，看板の「V」を消して「N」を書き，「世界は僕達の

図 2-1　シャンゼリゼのプラカード
＃　紙には，「Les racailles vont vous ramener la coupe. C'est pas magnifique ça?」と書かれてある。写真は注3）より。

もの」にする。また映画の序盤では，三人が団地にいるとき，「未来は僕達が作る」という落書きが背景に映る。このように社会は，欧州系にとっても，移民系にとっても，「私達」と「君達」に分断されている。

　ここまで「移民系」と言ってきたが，移民とは本来ならば，外国から来た人々を指す。けれどもフランスでは，仏生まれで仏国籍を有する移民二世・三世，さらに仏海外県のカリブ海アンティル諸島や南米ギアナのアフリカ系フランス人も，移民に近い存在とされる。その理由には，地理的・民族的なことだけでなく，職を探しに仏本土へ渡るアンティル人やギアナ人が多いという社会的・経済的な事実もある。アンティルは，ティエリ・アンリやリリアン・テュラムなどのサッカー選手に代表されるように，スポーツ選手の宝庫だが，「勝ったときはフランス人，負けたときはアンティル人」とされるらしい[4]。

　1998年のW杯では，ブラック＝ブラン＝ブゥールのフランスが勝ったとされた。2006年のW杯でも，この語は新聞紙上を賑わした。しかし，2006年に関しては，移民系だけが期待と感動を表わしているようにも新聞は伝える。7月6日付けのルモンド紙の記事において，パリ北郊のサンドニに非行防止協会を創設したカビリア系の女性は，「シテにもフランスとの繋がりは

あり」,「黒人系やアラブ系と和解できる」(p.9) と話し,パリ南東郊のムランの地元ラジオ局で進行役を務めるザイール系の男性は「皆フランスチームの周りで感動している。街には多様性がある」(p.9) と言っている。

それに対して,欧州系の反応は異なる。7月4日の記事で表象史研究者は「W杯が終われば,人々は灰色の日常へ戻る」(p.29) と答え,7月6日の記事で政府報道官は「サッカーの大勝利を越えてブラック＝ブラン＝ブールのフランスが現実となる」には「まだすべきことが多い」(p.9) と発言し,7月10日の記事で社会調査会社の責任者はW杯の興奮を「騒動の中の一種の休止」,「1998年より歓喜に緊張を含む空気」,「1998年よりかなり厳しい空気」(p.6) と述べている。そして,W杯の熱気を冷やかに見るこれらの記事は,人種差別主義者ルペンが大統領選の決選投票に進んだ2002年4月の悪夢や,移民系の若者による2005年11月の郊外暴動を引き,ブラック＝ブラン＝ブールは幻想で,社会統合のモデルにはならないとする。

1998年にルモンド紙は,「サッカー世界一を獲得し,（中略）フランスは"三色と多色"つまり青白赤,そしてブラック＝ブラン＝ブールと和解した」(*Le Monde*, 1998.7.16, p.2) と書いた。しかし,ルペンの悪夢や郊外暴動で多文化社会の問題が顕在化し,サッカーも政治化した。

W杯決勝でのフランスチームの構成比は,「ブラック：ブラン：ブール」で言うと,交代で登場した選手も含めて,1998年が4：9：1,2006年が9：4：1となり,アフリカ系の選手が大幅に増えた。理不尽なことだが,この構成比がフランスの人口比を反映していないと批判する欧州系の人間も目立つようになった。さらに,1998年にフランスのメイン競技場は,裕福なパリ16区のパルク・デ・プランス競技場[5]から,社会統合や再開発の意味も込めて,移民系の多いサンドニのフランス競技場[6]へ移った。ところが,そのサンドニでは,2001年10月のフランスとアルジェリアの親善試合の際,移民系中心の観客が試合前のマルセイエーズにブーイングを浴びせ,試合後半にはピッチになだれ込んだ。六年後の2007年11月,同じ競技場で行なわれたフランス―モロッコ戦でもマルセイエーズに非難の口笛が吹かれた。

欧州系と移民系の対立が強まる中,シテとサッカーの関係はどうなってい

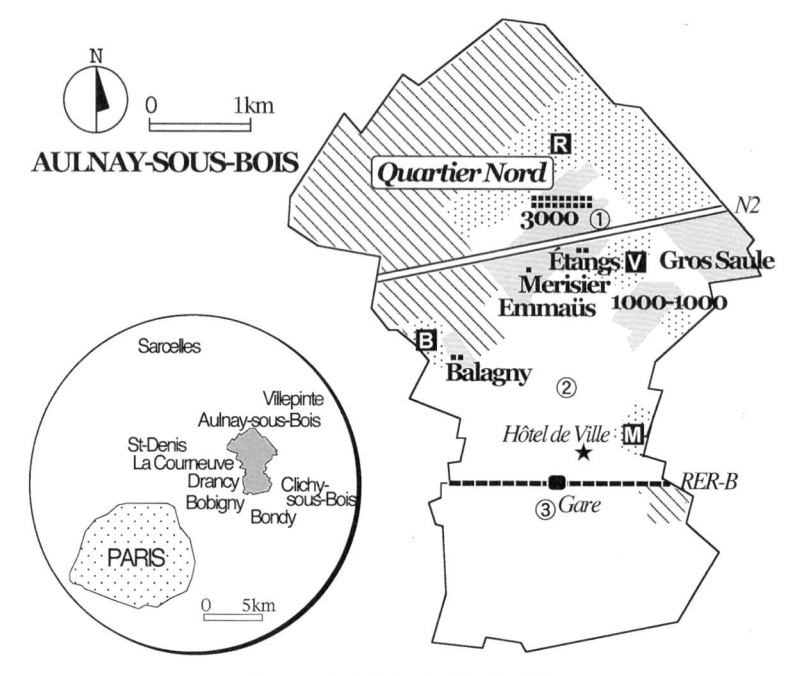

図 2-2　オルネ=スゥ=ボワの全域

\# 　灰色は団地，斜線は工場・業務地域，点模様は緑地・公園。Hôtel de Ville は市役所，Gare は RER-B 線の駅。黒い四角印は，R：ローズ=デ=ヴォン競技場，V：ヴェロドローム競技場，B：ベルヴァル競技場，M：ムラン=ヌフ競技場。白い丸印は，1：ガリオンの朝市，2：ヴィゥペイの朝市，3：駅前の朝市。

\#\#　小さな黒い四角の数は〝オルネ・フットサル〟設立時の団地別メンバー数。データは，「モン・オルネ・コム」(http://www.monaulnay.com) の 2007 年 7 月 7 日付け記事に掲載されたメンバーリストによる。

るのだろうか。パリから北東へ 15 km のオルネ=スゥ=ボワの町で考えてみたい。というのも，ここのシテは 2005 年秋の郊外暴動の激しさで知られる一方で，プロのサッカー選手を多く輩出しているからだ。

□　オルネ=スゥ=ボワ

　面積 16 km^2，人口 8 万のオルネ=スゥ=ボワは，三つの地域からなる（図 2-2）。行政域の北部に移民系の多い団地が広がっている。ここを北地区と言い，ZUS の中でも，最も問題の大きい ZFU: zone franche urbaine に指定さ

図 2-3 オルネ北地区

\# 俗称の位置は現地での聞き取りと観察に基づく。格子模様はガリオンの朝市の範囲。
\## 本文に出てくる区画や場所は次のとおり。ヴィニ VINI, カデエフ KDF, エドガー EDGAR, ジュップ JUP, ブルド BOURD, ポール PAUL, ガリオン GALION, カップ CAP, ベトン BÉTON, コセック COSEC。

れている。その北地区の中心, 3000 団地 cité des 3000, すなわち 3000 地区 quartier des 3000 には 18,000 人が暮らす（口絵 2-1）。分離帯を持つ幅 80 m の国道 N2 と公園緑地に囲まれて隔絶感があるが, 周囲にはエマウス, メリジエ, エタンの団地があり（図 2-3), さらにグロ・ソル, ミルミル, バラニィの団地も近い（図 2-2）。オルネの外国人の 90％は北地区に住むとも言われる[7]。北地区の南は旧市街で, 市役所もある。一方, 地域鉄道網 RER の B 線の南側には欧州系が住んでいる。

3000 団地が出来た経緯を追ってみよう[8]。1966 年から 1973 年にかけて, オルネ北部では集合住宅の建設が進んだ。とくにシトロエン社の工場が進出する二年前の 1969 年には, 3,000 戸の大規模団地が建設された。そこに, フ

ランスの労働者や，人手不足で呼ばれたマグレブ，トルコの労働者が入った。団地内には学校・託児所・診療所が設置され，団地と工場の間には公園が作られ，各戸には近代設備が付けられた。しかし，職住近接の理想の町は早くも 1975 年に崩れ始めた。1973～1974 年の石油危機で，シトロエン社が大量解雇に踏み切ったからだ。1979 年には「3000」に代えて，無機質さの少ない「ローズ=デ=ヴォン（方位図・羅針図）」という名がこの団地に公的に与えられたものの，欧州系フランス人の流出は止まらず，やがて移民系家族が大半の団地と化した。郊外団地がすべて同じわけではないものの，隔絶性や規格的な建築，高い失業率・外国人率・若年層率，駅への遠さと不充分なバス運行，カフェやブティックの欠如といった点はかなり共通する[9]。

□ ルモンド紙の目

2006 年の W 杯中，ルモンド紙は 3000 団地に関する記事を出した。書いたのは，郊外問題の取材で賞を取ったリュック・ブロネだった。欧州系のブロネはインタビュー[10]を受けて，メディアの郊外描写が戯画的だと批判している。しかし，郊外出身記者の少なさが問題を複雑化しているかという質問には，そうは思わないと答え，ジャーナリストの役目は，特定の専門家になることではなく，どんなテーマでも現場に行って取材し，それを読者に報告することだと述べる。

さて，記事の主題は社会統合の困難だが，実際に団地を取材している点が他の記事と異なる。この点では，確かにシテを軽視はしていない。けれども，横に載せられた写真は，建物の中庭でボールリフティングする子供とそれを見つめる三人の子供達の後姿で，しかも写っている人物に比して背景が広すぎる。さらに言えば，背景の大部分も単調な土の地面となっているので，構図のバランスが悪く，躍動感はまったく伝わってこない。

　バディール 22 歳はフランスを〝200％〟応援する。7 月 8 日金曜の午後，この若者は仲間と建物の下でたむろしていた。近くでは子供達がゴミの散らかる中，ボールを蹴っていた。「サルコジは〝フランスを愛するか，フランスから出るか〟と言うが，僕らはフランスが好きだ。とくに勝った時は。だから

第二章　オルネ 3000 団地とサッカー

フランスに居たい」。(中略)「このチームは黒人系とアラブ系が溢れる第三世界。僕らのようにだ！このチームはなによりも強い」とノノと呼ばれるノルディンヌ 20 歳は有頂天に話す。神ジダンを祝福するためフランス国旗やアルジェリア国旗を手に入れた者も，馬鹿高い公式価格 65€ で青のユニフォームを買った者もいる。ラシッド 21 歳は決勝を待って，青いカッパを入手する予定だ。「背中に 〝93〟か 〝3KS〟——団地名 3Keu$ つまり 3000——と書いてもらい，モロッコに見せに行く」。(中略) スポーツの泡が出来たのと同じ速度で消えるのを誰も疑わない。「W 杯で優勝したら，僕ら移民はフランス人だが，二週間後にはそうでなくなる。シラクもサルコも皆，僕らを忘れる」とバディールは言う。彼の仲間も同意見だ。　　　　(*Le Monde*, 2006.7.10, p.6)

　「3KS」や「93」とは何のことか。「3KS (トワクス)」は，記事のように「3keu$」とも書くが，「3keus」や「3KS」が多い。「keus」は「sac」の「逆さ言葉 verlan」で，「sac」→「k-sa」→「keus」と変化している。「sac」の一般的な意味は「袋・カバン」だが，俗語では昔の「千フランス札」を指す。したがって，「3KS」は 3000 を意味する。逆さ言葉などのシテ言葉は，フレンチラップとともに，郊外が生んだ新しいフランス文化だが，それがモロッコ系の若者のシャツにも表われている。ちなみに，オルネについては，郵便番号の「93600」から「00」だけ抜いて「936」(ヌフ・トワ・シス) とも書くし，「下」を意味する前置詞「スゥ sous」までで止めて「オルネ=スゥ」とも言う。もちろん，「936」も「オルネ=スゥ」も，仏語の標準的な省略法からは逸脱している。

　「93」は県番号を指す。仏語の数詞 93 は，4 × 20 + 13 的に，「カトルヴァントレーズ」と発音するが，移民系の多いセーヌ=サンドニ/93 県では，「ヌフトワ (キューサン)」とも言われる。同じように移民系の多いヴァル=ド=マルヌ/94 県は「ヌフカト (キューヨン)」，ヴァル=ドワーズ/95 県は「ヌフサン (キューゴー)」となるが，裕福なオー=ド=セーヌ/92 県が「ヌフドゥ (キューニー)」になることは少ない。

　もう一つ，モロッコという場所が出てくる点にも注目したい。ラシッドは，背中に「93」か「3KS」の入った青ガッパを着て，モロッコを訪れる気になっている。仏国籍を有する移民系の若者も，バカンスなどに「ブレッド

bled」(「好き kiffer」などと同様，アラビア語から派生し，仏語化したもの) と呼ぶ親の故郷へ行く。「W 杯で優勝したら，僕ら移民はフランス人だが，二週間後にはそうでなくなる」。郊外の若者にとって，社会での位置が不安定なだけに，親の祖国は心の拠り所になっている。

□ 地元ブゥールの目

　移民系メディアの方は 3000 団地をどう描いているのだろうか。3000 団地に育ち，そこに住むマグレブ系の三十代半ばの二人，ジネディーヌ・シェヌフィとウアルディ・タギアが発信するブログ「メイドイン・オルネ」から，2006 年 6 月 28 日の記事を見てみよう。

> 昨夜のオルネの熱い雰囲気。あちこちで叫ぶ若者達。暴動の再発か？（中略）しかし今回は違う。（中略）最初，若者達は W 杯開幕時にサダッカ協会が設置した大画面の前に集まり，真剣にフランスチームを批評していた。（中略）試合が始まり，フランスがスペインの攻撃に耐える形になった。シテの雰囲気はいっそう熱くなった。不正確なパス，トラップミス，オフサイドを繰り返すアンリへの批判。（中略）スペインの得点後，試合の雰囲気は当然変わった。フランスがリードされているのに，何か起きそうだった。それはリベリーのゴールだった。国中の他の場所と同じように，皆フランスの応援だった。人々は歓喜し抱き合い，若者達は一斉に歌った。「飛び跳ねないのはフランス人以外」。ヴィエラのゴールでも同じ光景が。（中略）終了前の 15 分間に（フランスの）三色旗が出た。ジズがゴールを入れて試合を決めると，地区は狂喜に包まれた。最後は，フランス国旗にアルジェリア，モロッコ，トルコの国旗が混じった。3000 団地に火が付けられた。喜びの火が。昨夜のオルネ＝スゥ＝ボワはすばらしかった。
>
> 　　　　　　（http://madeinaulnay.blogs.liberation.fr/ 2006.6.28 記載）

　シェヌフィが付けたタイトルは「3000 団地に火が付けられた」で，一瞬暴動を思わせる。タギアは団地に強盗が出ること（2006.2.21），団地の車を燃やすこと（同 3.21）を非難するが，シェヌフィは W 杯決勝でのジダンの頭突きが侮辱の報復なら分かるとし（同 7.11），2005 年の暴動で 3000 団地近

くのルノー店が燃やされたことにも、「記憶」、「暴動一周年」とだけ書く（同 10.16）。若者が言うように、侮辱的な扱いを受け続ければ、暴発も防げない。シテでは、暴動の中心になる十代半ばから後半の少年を「弟分」、彼らに影響力のある二十代の若者を「兄貴分」と言う。かつて若者だったマグレブ系の二人に、若者への理解があることは否めない。「メイドイン・オルネ」は分別を重視するか、抵抗を許容するかで、微妙な立場にある。

それでも「メイドイン・オルネ」は、W 杯でのフランスの活躍には素直に喜ぶ。「歓喜し抱き合い、若者達は一斉に歌った」、「地区は狂喜に包まれた」と、シテの高揚感を伝えている。また、「昨夜のオルネの熱い雰囲気」や「シテの雰囲気は一層熱くなった」には、熱気を歓迎する姿勢が見られ、熱気を消そうとしたルモンド紙とは異なる。

違いはもう一つある。フランスは 6 月 27 日のスペイン戦で目覚めた。得点者は、セネガル系のパトリック・ヴィエラ、欧州系のフランク・リベリー、アルジェリア系のジネディーヌ・ジダンで、ちょうどブラック＝ブラン＝ブールになっている。「メイドイン・オルネ」は、この転換点的な試合を報告するが、ルモンド紙は慎重なのか、スペイン戦でも、次の準々決勝でもなく、準決勝前日になって、ようやくブラック＝ブラン＝ブールに言及する。ちなみにリベリーは、フランス最北ノール地方の郊外団地に育ち、イスラム教へ改宗している。欧州系が改宗する動機は個人的なものだが、郊外出身者の場合、子供の頃からイスラム教が身近なことが背景にある[11]。

Ⅱ　93 県のシテ〝3keus〟

□　壁やシャッターの落書き

2007 年 9 月、筆者が初めて訪れた 3000 団地は建物の一部が工事中だった。社会住宅の建設・管理を担うフランス住宅会社が 2004 年から再開発を請け負い、263 万 € を投入して、800 戸を取り壊し、600 戸を再建築して、2,000 戸を改修する計画になっている[12]。団地内には、横に長い五〜七層の「バー」が約二十棟、上に延びる十二層の「タワー」が約十棟あるが、現代

の生活に適さない「タワー」が取り壊され，低層小型アパートに建て替えられることになっている。

　2008年3月までは大きな変化はなかったが，2010年12月に訪れた時は取り壊しや改修が進んでいた。取り壊しは地区の人々にとっても大きな出来事で，例えば「ヴィニ」と呼ばれる区画（アパート群の単位）で，大学入学資格試験バカロレアに向けて準備中という高校生（L）は，取り壊し予定のタワーを前にして，筆者（A）に次のように話した。

　　　L：だから，店舗が全部消えていくわけ。ここは母さんのものだったのに。取り上げられたんだ。建物壊して，つぶすからって言われた。もう店舗はない。
　　　A：そう，もう店舗はない。こんなふうに閉鎖されたわけ。
　　　L：閉鎖された。閉鎖されたんだ。
　　　A：以前はいろいろ店舗があったわけね？
　　　L：以前，ここには自動車学校（の事務所）があって，車も駐車していたし，法規テストもあった。薬屋の方は，別の店舗を見つけてもらった。
　　　A：どうして閉鎖された？
　　　L：フランス住宅が言ったのさ，十二階建ての建物を壊すって。高層の建物は全部壊すって。ここのも，そこの前のも，あっちのも。ガリオンではすでに一棟壊されたし，さらに三棟壊されることになっている。まっすぐ学校へ行く方，駅行きのバス路線の所も。一つ壊し，また一つ壊し，あちこちで壊している。
　　　A：そうすると，人が減っている？
　　　L：そう減っている。
　　　A：出て行くってこと？
　　　L：そう出て行く。どこへ住むのか知らないけど。
　　　A：それは残念。
　　　L：そう残念。メリジエでも一人出て行った。ガリオンでも一人出て行った。あっちの地区でも一人出て行った。僕には理解できない。こうした騒動はまったく理解できない。そういうことさ。
　　　　　　　　　　　　　　　　　　　（高校生との会話，2008.2.11採録）

　2007年9月に戻ろう。建物の中庭や裏側に回ると，壁やシャッターに書

第二章　オルネ3000団地とサッカー　　　85

図2-4　シャッターのタグ

図2-5　3000団地のアパート群
#　左上から右下へ，「カデエフ」，「ヴィニ」，「エドガー」，「ポール1」の区画。

かれた文字のタグ（図2-4）や図柄のグラフィティ（口絵2-2, 2-3）が目に飛び込んでくる。「トワクス」、「ローズ=デ=ヴォン」という団地名や、「ヴィニ Vini」、「ブルド Bourd」、「カデエフ KDF」、「ジュップ Jup」、「ポール 1,2,3 Paul 1,2,3」、「エドガー Edg」などの区画名が目立つ（図2-5）。「ローズ=デ=ヴォン」以外は仲間内の俗称で、それがどこを指すか部外者には分からない。

　そこで2008年2月、通りを歩いている若い男性に、俗称を出しながら、そこへの道を次々に尋ねるという方法で区画の位置を探ってみた（図2-3）。一度だけ、「3000の境は？」と余分なことを聞いて、「あっちまでさ」と返ってきたところまではよかったが、さらに「なぜ3000と言う？」と聞くと、さすがにこれは道を尋ねる質問にはならず、「そんなの知るか！」と言われてしまった。それでも、「あっちまでさ」という返事からは、家族住宅会社が1973年に造った300戸の団地「ジュップ」が[13]、本来は別物なのに、フランス住宅会社による1969年建設の3000団地に含まれることが分かった。

　郊外団地には独自の空間認識が存在する。中学校の地歴の教師としてラ=クルヌーヴの4000団地に住み、エスノグラフィを書いたダヴィッド・ルプートルは、郊外では「北」の方位が価値を持ち、団地内には序列があると述べている[14]。これについて、米国の都市に見られるように「北」に位置する地区はホットなので、シテの人間は「北」という呼び方を好むのだという地元の人の説明を聞き、ルプートルは納得している。そして、セーヌ=サンドニ県のシテが「中心都市 ville centre」であるパリの北にあること、マルセイユのシテも市の北にあること、さらには郊外の若者に影響を与えるニューヨークの黒人地区も街の北にあることから、「シテ＝北」という図式が出来あがると説明する。この他、パリ北郊の若者のパリへの入口が北駅ということもあると付け加える。

　4000団地は、アンリ=バルビュス通りを隔てて、北側一つ、南側二つの区域に分けられる。ルプートルによれば、中心は南側の一区域であり、そこに住み、「シテ＝北」と信じるシテの少年達は、自分達の区域を「4000北」、南のもう一つを「二番団地」と名付け、北側の区域は、通りの名から「バル

ビュス」とだけ呼ぶ。これが「二番団地」に住む少年達になると、自分達の区域と南側のもう一つの区域を「4000 北」、北側の区域を「バルビュス」と言う。一方、北側の区域では、自分達の区域に「4000 北」、それ以外の区域に「4000 南」の呼称を与える。このようにして少年達は「4000 北」の呼称を取り合っている。

　ただし、ルプートルもまた、「北」という方位の神話化に加担している。NTM というフレンチラップの元祖的なグループがある。略語を元にしたその名称は、罵り言葉に発しているが、「北（の地区）がメッセージを発する le Nord transmet le message」の意味もあるとルプートルは述べる。NTM が略語である以上、いろいろな憶測が生じるのは当然だが、N の部分を「北 nord」の語頭と考える点が、すでに神話を再生産する行為になっている。逆に言えば、それだけ「北」の方位が現代のフランスでは郊外と強く結び付いているのだと言える。

　3000 団地は、フランスでトップクラスの知名度のシテで、オルネ=スゥ=ボワ市域の最北に位置する。2005 年秋の暴動時、オルネで若者と警察の直接衝突があったのは 3000 団地だけだったが、この事実について、団地内で社会事業の仕事をしている人は、次のように語っている。「世代から世代へ受け継がれる遺産として、この地区がリーダーシップを保ち、守り、絶対失わないようにしていると感じる。3000 地区こそがリーダーとして闘うべきという序列体系が若者の集合的無意識の中にある[15]」。この意識を反映して、タグやグラフィティにも「3keus」の文字が目立つ。文章になったタグもあるので、ヴィニのシャッターにあった落書き（図 2-4）の一部を書き出してみよう（表 2-1）。

　口語・俗語・略語・逆さ言葉・SMS 言語（携帯メール語）が混在する。同化のため学校での正しい仏語の習得を重視するフランスでは、こうした落書きは挑戦的と言える。一～二段目の「meuf」は「femme」の、「nétour」は「tourner」の、逆さ言葉になっている。「le q broyer」は「le cul broyé」が元にある。文章の意味は、「俺達はスカーフを被った女の方がいい。尻軽女や複数の男を相手にする女はいやだ」で、イスラム教的な節度ある女性像を評価し、現代の欧米的な女性像を否定している。三段目は「はみだし者」、

表2-1　ヴィニのシャッターの落書き

Nous on préfère les meufs voilé, pas celles ki ont le q broyer,
pas celle ki s'fon nétour au foyer !
L-mek marginal　　　Hall 60
Victime d'une vie ki ne me satisfait pas !
3keus ber la police ! Fils de putains vos meres !
Vous tiréz !? Nous ont a n'a pas d'armes, on a q'des cailloux !!! (La haine !)
Fuck the police municipale national Bac Stup.Opj.Brb.Dst
Sale batard 2 fils 2 putain de ton arrière grand mere 2 sarkozy... On va t'buter

2007年9月26日時点でヴィニのアパートの地上階部分にあったもの。壁には派手な色のグラフィティが見られるが，シャッターは開閉の折れ込みがあり，罫線のようになっているので，文章を記しやすい。

　四段目は「満足できない生活の被害者」で，いずれも社会での移民系の状態を伝えている。なお，三段目の「Hall 60」は団地内の場所を指す。
　五段目には「3keus」が見出せる。また，壁のグラフィティ（口絵2-2）にもある「ber」は，オルネで作られた語で，「強さ」や「勝ること」を意味する[16]。したがって，「3000にとって警察は目じゃない」となる。後半の「Fils de putain」は罵りによく使われ，八段目にもある。五段目のように「母親」を使うのがふつうだが，八段目ではサルコジに対して「曾祖母」まで持ち出し，それだけ許さないことを示している。そして最後に，「おまえの息の根を止める On va t'buter」と書く。さらに七段目では，自治体警察や国家警察，それに郊外対策 Bac，麻薬捜査 Stup，司法警察 Opj，集団犯罪捜査 Brb，テロ・スパイ対策 Dst などの治安機関が，排撃対象として並べられる。
　六段目の「Nous ont a n'a pas」は，「t」が余分，その直後の「a」が不要だが，文章は映画『憎しみ』からの引用になっている。映画の冒頭で，移民系の集団が共和国機動隊 CRS と対峙する。そこでマグレブ系らしき男が叫ぶ。「撃ってみろ。簡単だろ。俺達に武器はない。石ころだけだ！」。『憎しみ』が引用されるのは，この映画が郊外を衝撃的に描いたからだけではない。サイード役のモロッコ系俳優サイード・タグマウイは3000団地に育っている。なお，団地内の落書きは，他にも「金が問題の根本 L'argent, la

base de nos soucis」,「サツ野郎は邪魔だ Sale flick t'es pas l'bienvenue」,「無秩序は警察に勝る Kaos ber la police」など，社会的な不満や敵意を表わすものが多い。

　領域への関心は，2006 年 5 月 3 日のメイドイン・オルネの挿話でも示される。3000 団地でタギアが仕事相手の車に同乗していた時のことだった。二十歳前後のモロッコ系の男が横断歩道から，車内の二人に向かって「バカ野郎，ここで何してる。(中略) 注意しろ。おまえんちじゃない。ここは 3000 団地だ」と叫んだ。その瞬間は事情が分からなかったタギアだが，やがて気付く。「そうか，車のナンバーが 92 だったのだ」と。マグレブ系の若者にとって，「92」という数字への敵対心は強い。93 県や 94 県の通りを歩いていると，「93」や「94」の落書きが多いのも頷ける。

　シテ間には，強さを競う傾向があり，それが郊外暴動の一因にもなる。2005 年 11 月，93 県のクリシィ＝スゥ＝ボワに発した暴動でも，2007 年 11 月，95 県のヴィリエ=ル=ベルに発した暴動でも，なぜ裕福なパリ 16 区ではなく，移民系の町を破壊するのかという疑問は多い。それは，襲撃も逃走も手っ取り早いという実際上の理由もあるが，自分達のシテで暴動を起こすことが，そのシテを領域的に支配していることになり，かつそのシテの注目度アップに繋がるからだろう。

　若者達は社会から見捨てられたと感じている。しかし，3000 団地の暴動について，若者達へのインタビューから考察した報告書[17]によれば，暴動の解釈は，①少年グループの非行，②抑圧的な社会への抵抗，③シテ間の破壊競争という遊び行為，と複数ある。報告書は①や②だけでなく，③も重視する。その証拠に，若者達に暴動のことを語らせると，「スペクタクル」，「熱狂」，「遊び」，「バザール」，「カオス」，「なんでもあり」といった言葉が頻出するという。さらに③の解釈だけは，地元で暴動を起こさなければ成立しない。郊外暴動の根本原因は，移民系の若者に対するフランス政府の不平等な扱いだろうが，もし暴動がそれへの抵抗的な側面だけを持っているなら，自分達の町を破壊することは考えにくい。やはり遊びや祝祭の性格はあるに違いない。

　それでも，すべての若者が暴動に加わるわけでも，落書きをするわけでも

ない。上述の高校生（L）も，落書きについての筆者（A）の質問には，次の会話から分かるように，関心を示さなかった。

 A：例えば，NRってどんな意味？
 L：ああそれは，シテの人間。
 A：誰かってこと？
 L：（関心なさそうに）まあ，そうじゃないの。
 A：理解するのは簡単じゃないけど。
 L：僕も分からない。僕には理解できないし，落書きなんて知らない。だけど店とは関係ない，こんな落書きは。
 A：あなたも書く？
 L：僕？　いや僕はしないよ。こんなの知らない。字は学校で書くよ。
 A：ああそう。
 L：学校を出ているから。

（高校生との会話，2008.2.11 採録）

□　セフュが伝えるもの

　タグやグラフィティ，ラップやストリートファッションなどの郊外文化[18]は，反抗の手段に使われる。とくにラップは若者達の領域意識に大きく影響する。3000団地に隣接するエマウス団地（図2-3）に，セネガル系フレンチラッパーのセフュがいる。セフュはもともとサッカー選手を目指したが，途中からラッパーの道を歩み始め，社会問題を取り上げた曲を作っている。例えば，『セネガロ＝ルスコフ』（2006年）のミュージックビデオでは，場所が撮影地としてだけでなく，領域的な記号として使われている。

　映像の大半はサッカーをする若者達のシーンで構成されるが，もう少し細かくミュージックビデオを見てみよう。最初は主にセネガルの大地やモロッコの広場を舞台として，ストリートサッカーが映される。しかし，だんだんとパリ郊外の塀・空き地・半地下駐車場の場面が増え，ラップの要素を取り入れたアクロバティックなフリースタイルサッカーの映像が増えていく。郊外の場面には，後述する3000団地のベトンでボールを蹴る人々の映像も挟まれる。

国旗や標識，地名や県番号も，ミュージックビデオの映像には欠かせない。セフュが着るセネガル国旗色のＴシャツ，壁に掛けられたセネガル国旗，カサブランカの道路標識，カサブランカの文字が入ったＴシャツ，はためくモロッコ国旗，サッカーに興じる子供達のＴシャツにある 93 の数字などだ。ただし，国旗はセネガルとモロッコだけで，フランスの場合はセーヌ=サンドニの県番号 93 が使われる。しかも，発音はシテ言葉の「ヌフトワ」ではなく，本来の言い方を逆さにした「カトルヴァン・ズトレ（キュージューンサ）」で，93 県へのこだわりが分かる。

なお，セフュは『ゼエフの国』（2008 年）の歌詞で，オルネをシテ言葉の「ヌフトワシス」ではなく，さらに変形させ，「ヌフトワシス・ドゥブル」と呼んでいる。「ヌフトワシス・ドゥブル」とは「9-3-6-ダブル」のことだが，「00」を「ダブルゼロ」とは言わず，「ダブル」と変則的に省略する点に独自性がある。こうしてラップは次々に呼称を発明していく。

人間の帰属意識というのは多様で，複数箇所に感じる人，大地や空気に感じる人，郊外や田舎などの範疇に感じる人，そして家族に感じる人もいれば，どこに対しても感じない人もいる[19]。移民系の若者達は，国籍よりも団地への帰属を優先させる[20]。セフュも，欧州的なフランスをミュージックビデオの映像から徹底的に外して，セネガル，モロッコ，93 県，オルネ=スゥ=ボワ，3000 団地，エマウス団地を前面に出す。

□ 子供達の見るシテ

領域的な反発にこだわる大人に比べ，子供の発想は柔軟だ。3000 団地の人達が語ったドキュメンタリーがあるので，取り上げてみたい。

このドキュメンタリーのタイトルは『3000 の視線』で，2006 年にブルイヨン・ドゥ・キュルチュール協会というグループが撮影した。ドキュメンタリーの中には，屋外でサッカーや自転車遊びをしたり，教室で和気あいあいとする子供達の映像とともに，子供達が発言する場面がある[21]。発言の多くはインタビュー形式で示される。インタビュアーの役割も子供が担い，「学校の外，つまりシテの生活はどうですか？」という記者の口調を真似た質問に，クリストファーは「僕はここの生活が大好き。ここの生活が大好き

だ。だってシテには友達がみんないるし，みんなとサッカーする。すごく楽しい。追い込まれたときは，みんなここで団結する。夏はとくに最高だ」と返事する。

「シテの印象は？」には無難な答えが返ってくるが，聞き方を変えると，子供達の態度も変わり，本音や希望が出てくる。例えば，「シテを何かに喩えると？」という問い掛けは，自由に答えられるだけにおもしろい。発言を並べてみよう。

> ケヴァン：ディアムの曲みたいに泡。でも，美しい泡。なんていうか，みんないっしょ。ほとんどみんな互いに知っている。分からない，説明できない，ここに暮さないと。
> クリストファー：スタジアム，サッカースタジアムのような場所の仲間。
> エゼキエル：フリット付きケバブ。（ソースは）マヨネーズ・アリサ。
> ムサ：動物園。例えばヴィニとかポール。みんな自分の地区にいて，他の場所へ行こうとしない。ある場所にトラがいて，そのトラが，鉄柵というか，通り抜ける門がないから，ライオンに会いに行けない感じ。
> ミムナ：刑務所。なぜって，シテの人は自分の中だけで生きている。なんていうか，閉じこもっている。外に出ても，周りは建物ばかり。刑務所にいるみたい。私達の前に鉄柵があって，閉じ込められている感じ。

子供達にとって，シテは良くも悪くも閉じられている。ケヴァンとクリストファーはシテを仲間同士の場と捉え，ムサとミムナは抜け出すことも，行き来することもできない柵の内側と考える。そんな中，エゼキエルが言った「フリット付きケバブ」は周りの仲間の笑いを誘っている。彼は，フライドポテト付きのエスニックなファストフードを持ち出して，シテの性格を言おうとしているが，同時に，ずれた答えをすることで，インタビュー自体を茶化してもいる。

さらに，「力があれば何を変えたい？」という質問は，ある意味で非現実だが，何がシテの一番の問題かを明らかにすることになる。同じように発言を並べてみよう。

イブライマ：人を助ける。
ケヴァン：みんなに家を与える。
アイェ：人は変えられないから，人の性格を少し変える。それと，外でしていることも。
エゼキエル：家賃をなくす。そしてケバブにお金を使う。フリット付きのケバブに。
ヴィネット：もし私が何か変えられるとしたら，それは偽善と暴力。
マレ：警察。彼らは，何も理由がないのに，好き放題に人を調べすぎるから。
ミムナ：シテとそこに暮らす人への見方。すし詰めの動物とか，車を燃やすことしかできない者とか，機動隊と衝突ばかりする者でなく，人間として見るように。私達も普通の人間。勉強するし，成功のために努力するし，一人ひとりみんな違う。

　イブライマとケヴァンは生活の困窮を，マレは警察の態度を問題にする。こうした男の子達の単純明快さと違って，女の子達はもう少し思慮深い。アイェはシテの人々の意識や行動が必ずしも正しくないことを述べ，ヴィネットは郊外住民か治安機関かを問わず，偽善と暴力の蔓延を非難し，ミムナはシテに対する一方的な見方という表象の問題を指摘する。

Ⅲ　ガリオン／朝市／カップ

□　ボンディ・ブログの訪問

　移民系の若者がシテを自分達の領域として示す一方，欧州系にとってシテのイメージは一般に悪い。しかし，移民系に理解のあるメディアではどうなのか。3000団地の「ガリオン」（図2-3）と呼ばれる場所を訪れたセドリク・ルッセルの話を紹介したい。

　　友人からパーティに呼ばれた私。（中略）正確な住所はガリオン・コマーシャルセンターで，私はそこに着いた。団地つまり3000団地の中央にあるコマーシャルセンターには，朽ちた青緑のバーが一棟，形の悪いタワーが四棟ある。

雰囲気は良くない。郊外の一部の地区特有のどうしてもなじめない圧迫感がある。団地の区画を歩き始めると，より強い衝撃を感じた。黒人系とマグレブ系にしか会わない。区画ごとにその数は増える。確かに私はフランスの，パリ地域の，町規模の都市団地にいる。だが住民は全員アフリカ系で，多様性は少しもない。あまりにもなく，私のようなパーティ用ネクタイにスーツの白人は異星人と見なされるほどだ。私は，場違いな所へ迷い込んだ珍獣のようにじろじろ見られた。パーティの場所が分からず，出会った通行人に話し掛けてみた。反応は私をからかうだけだった。

（http://20minutes.bondyblog.fr/ 2007.9.22 記載）

　建物はバーカタワー（図 2-6）。住民はアフリカ系かマグレブ系。「典型的な」郊外団地の様子が記される。これは，社会問題を取り上げる有名な「ボンディ・ブログ」の 2007 年 9 月 22 日付け記事で，見出しは「オルネ＝スゥ＝ボワの〝ガリオン〟探訪」となっている。

　ボンディ・ブログの始まりは，2005 年秋の暴動中，現地から続けたインターネット報道だった。すなわち，スイス・ローザンヌの雑誌『エブド』の記者セルジュ・ミシェルが中心になって，パリ北東郊ボンディのブランキ団地に報道支所を開設し，外部へ向けてインターネットで報道したのだった。しかし現在は，フランスの数十人の若手記者がさまざまなことを取材し，見聞きしたことを日々綴っている。

　3000 団地に初めて来た欧州系のルッセルは，ガリオン周辺の建物に良くない印象を抱き，欧州系のいない住民に驚いた。団地に「圧迫感」，「衝撃」を感じ，自身を「異星人」，「珍獣」と思う書き手には，別の領域へ入った戸惑いが見出せる。ただし，かなりの原因が「ネクタイにスーツ」の装いにあるはずなのに，欧州系であることも理由のように書く。シテでは，「元々のフランス人」を「ガリア人」と呼んで異人扱いするが[22]，ルッセルも先入観を持っている。3000 団地には，トルコ系やインド系やポルトガル系もいるし，少ないがアジア系もいる。「元々のフランス人」も皆無ではない。シテ言葉が，北アフリカ，西アフリカ，ヨーロッパ，北アメリカ，カリブの語を流用した異種混交性を備えているように[23]，シテも多様な人々で成り立っている。

第二章　オルネ 3000 団地とサッカー

図 2-6　シテの「玄関」になっているガリオン
#　2008 年 3 月時点の 3000 団地の南端。「(CENTR) E COMMERCIAL FORUM GA-LION」とあるバー型の建物がガリオン。「玄関」的な存在で，団地の境界を示す。右手にあるタワー型の建物二棟が撤去前の「カットゥール 4 tours」。右端は「ようこそガリオン・コマーシャルセンター 40 店舗へ。火曜，金曜，日曜の朝市も」の看板。

　なお，異文化を感じたルッセルは，無事にパーティの場所へ辿り着く。パーティにはパリからスクーターで来ていた女友達もいたが，その晩彼女のスクーターが盗まれてしまう。そして，深夜に警察へ行って被害届けを出し，後日見つかったというところで記事は終わっている。
　ルッセルの記事の三年後，同じボンディ・ブログの移民系記者イマネ・ユスフィが 3000 団地を訪れ，2010 年 8 月 31 日付けで，「3000 地区の日曜，人気の朝市」という見出しの訪問記を書いた。

　半分屋根で半分青空の朝市は少しずつ何でも揃う。(中略) ほとんどコマーシャルセンターだ。(中略) エネルギッシュな雰囲気が朝市を支配している。一歩でも歩けば，必ず売り手から声が掛かる。価格は交渉で決める。布地商に安くさせたい女性は，「さっき言った値段と違うじゃない。10€ でいいでしょ？」と。このバザールの雰囲気では，人とぶつかったり，言い争いになるのは避けられない。(中略) 隣町のセヴラン，ヴィルパント，ル=ブラン=メニルから常連客が来る。「セヴランの朝市は家のすぐ近くだけど，3000 団地に来るのは果物や野菜でなく，特別なものを買うため」と一人の女性は説明する。口コミがうまく機能し，この消費の神殿は成功している。この場所が

好きな人もいれば，あまり好きでない人も，全然好きでない人もいる。熱気の立つ屋台の間を窮屈に歩くのが嫌だという若い男性は，「近くに住んでいるが，行かない。人が多すぎるし，朝市は自分の好みじゃない」と話す。
（http://yahoo.bondyblog.fr/ 2010.8.31 記載）

　売り手や客の声が飛び交い，周辺から大勢の人が集まる朝市の様子が，オリエントやアフリカの市場を想起させる「バザールの雰囲気」という表現で示される。ユスフィは，交渉で価格が成立することも，人とぶつかり言い争いになることも，活気として肯定する。それでも一人の若者を取り上げ，3000団地の住民でありながら，朝市に好意的でない意見も紹介する。この箇所は，記事の主題から見れば副次的だ。しかし，シテの熱気や活気をシテの若者が否定するという図式は，移民系の若者を必要以上に生活の場から分離するようで，引っ掛かりが残る。
　それはともかく，欧州系のメディアがオルネ=スゥ=ボワを描くとき，北地区は，評判の悪い学校，安いケバブ・サンド，アフリカ系やマグレブ系だけが来る朝市で表わされ，RERのB線より南の地区には，善良な学校，ミシュランの星付きレストラン，地方風の朝市が持ち出される[24]。ボンディ・ブログでも，欧州系のルッセルと移民系のユスフィとでは，3000団地に対する見方が異なる。
　ただし，二人とも実際の体験を語っている以上，記事内容の違いを単純に書き方の差，つまり言説の差とすることはできない。だからといって，記事を事実に裏打ちされたものとして無批判に受け取ることもできない。取材に際して，ルッセルは寒々しい日時と場所を選び，ユスフィは活気の多い日時と場所を選んでいる。雰囲気をどう描くかは，個人の感性の問題である前に，対象の時間と空間をどう選ぶかという行動の問題だと言える。記事の文面から判断すると，3000団地への過去の訪問は，ルッセルは一度もなく，ユスフィは何度かあるようだが，この差もまた3000団地にいつどんな状況で訪れるかの行動の違いに影響している。記事だけを読めば，ルッセルもユスフィも事実を書いていて，それ自体を批判することは難しい。だが，その事実に至るまでの態度や行動において，二人は大きく異なっているのだ。

第二章　オルネ 3000 団地とサッカー

図 2-7　ガリオンの通路
　# 　ガリオンの屋内のメインストリートから北西方向へ折れて入った通路にある青果店。

　実際のガリオンはどんな場所なのか。アーケード状の商店街で，団地のメインストリートに当たるエドガー＝ドゥガ通りから二方向の階段を上がって入る。南西へ向かう通路は短く，その先の広場に郵便局がある。北東へ向かう通路は長く，ボールや玩具を置く雑貨屋，サンドイッチ中心の軽食堂やカフェ，野菜や果物を扱う青果店（図 2-7），安価な衣服を雑然と並べる衣料店，肉などを売る食料品店がある。普段は，シャッターの閉まった店が多くて寂れているが，屋外に朝市（口絵 2-4）が立つ火曜・金曜・日曜は賑やかになる。各地から品物を積んで来たトラックが南東側のアンリ・マティス通りに多数止まり，シャッターを閉めていたアーケード内の店は開き，カフェは多くの男達で溢れ，通路には臨時の棚や屋台も現われる。もちろん，朝市の中心は屋外の方で，生鮮食品や香辛料，衣料品や装身具，文房具や玩具などの店で埋まる。
　ガリオンの朝市はとくに生鮮品の質が高い。火曜・木曜・日曜に開かれ，欧州系が訪れる駅前の朝市（図 2-2）と比べても，トマトやオレンジで二割ほど安く，物はずっと新鮮で美味しい。また，肉や魚の質は匂いで分かるが，駅前は生臭く，ガリオンはそうしたことがない。音もガリオンの方が響

図 2-8　カップのステージ
左は「チェ・ヌネタ」のコンサート，右はフレンチラップのパフォーマンス。

く。「さあさあ」，「1€，1€！」，「アンドラのトマト！」といった掛け声が絶えない。一方，駅前の朝市では店の呼び声は少ない。けれども，こうした現実を多くのメディアは伝えようとしない。

□ 催し物に参加して

　エドガー=ドゥガ通りとオギュスト=ルノワール通りの角に，「カップ」という名の文化センターがある（図2-3）。2001年11月に設立されたもので，音楽の演奏や練習，舞踊や演劇の上演に使われ，オルネ北地区の文化活動の中心地となっている。

　2010年12月18日と19日に催し物があったので，参加してみた（図2-8）。どちらの催し物も地元向けのブログ「モン・オルネ・コム」に載っていたもので，18日はワールドミュージック的な音楽グループ「チェ・ヌネタ」の有料コンサート，19日は「マリの小学校を応援する日」と題する無料イベントだった（表2-2）。

　18日のコンサートは事前に確認した方がいいと思い，当日の朝カップに行ってみた。ドアが閉まっていたが，中に職員がいたので，合図すると入れてもらえた。奥にセンター長の部屋があった。センター長のステファンヌ・モケ氏は欧州系のフランス人で，「パリ地域は違うが，フランスには多文化性を認識していない人が多い」と話し，多文化性を社会に認知させることに積極的な印象だった。そのモケ氏に予約方法を聞くと，ここでノートに氏名

表 2-2　カップの催し物の比較

「チェ・ヌネタ」のコンサート （2010.12.18）		「マリの小学校を応援する日」 （2010.12.19）
予定どおり21時開始で，24時まで	開催時間	15時開始予定が16時開始で，19時30分まで
大型書店フナックや市のパンフレットで公表 窓口で8€払って購入	情報とチケット	地元向けブログのみで公表 完全に無料
オルネ駅から無料送迎ミニバス	アクセス	バスや徒歩で個人的に来訪
スナック・バーが開店し，飲食は有料 コンサート前に市民コーラス団が合唱	開幕前のフロア	無料ジュースがフロアで振る舞われる マリの民芸品やTシャツ類を展示・販売
ほぼアナウンスどおり，前半は音楽グループ「サモディヴァス」の演奏，後半は音楽グループ「チェ・ヌネタ」の演奏で，後半がメイン	イベント内容	アナウンスは，演劇，民芸品展示，アフリカの伝統舞踊，ドキュメンタリー映画上映だが，実際はラップが複数入り，舞踊はインド舞踊
全員欧州系で，オルネ北地区以外から来ていて，30代以上の年齢層が大半	観衆・聴衆	アフリカ系8割，アラブ・トルコ系1割で，少年グループ，友人同士の少女，若い母親と子供など
「チェ・ヌネタ」のパンフレット	配布物	アラブ・アフリカ系向け無料情報誌
地区の青年が「セキュリティ」の腕章をつけて警備・案内し，センター長も最後まで参加	職員の役割	地区の青年が「セキュリティ」の腕章をつけて警備・案内し，センター長も最後まで参加

　を書いて，チケットは開始直前にカップの窓口で購入すればいいと説明された。そして，オルネ駅の11月11日通り側の出口からミニバスの送迎があるから，開始一時間前に来れば乗せることができると言われた。

　その日の夕刻，11月11日通りを歩いていると，それらしきミニバスが来て，目の前に停車した。運転手はセンター長で，「よくここが分かりましたね。難しいのに」と言う。それから，駅の北を周回しながら客を集める。他の客は3人で，パリ17，18，19区に住む欧州系の人だった。センター長が通行人と客を区別できるのも，通りを歩いている人の多くがアラブ・アフリカ系の人々だからかもしれない。とにかく，この送迎バスにはコンサートの帰りにも乗ることになった。その時は10人近くを詰め込んで駅まで戻った。しかし，よく考えてみると，郊外団地の外から来た客は，駅からミニバスに

乗り，またミニバスで駅へ戻るのだから，つねにシテとは隔離された空間に居続けることになる。

　カップに着くと，ホール前のフロアには，すでに多くの人が来ていて，有料の軽食を取っていた。コンサートの開幕直前になると，フロアで10人ほどの女性サークルがコーラスを披露した。その人達も聴衆だった。コンサートは二部構成になっていた。前半は「サモディヴァス」というグループが，後半はメインの「チェ・ヌネタ」がスラブ風やアンデス風の旋律を，歌や笛，弦楽器やパーカッションを交えて演奏するスタイルで，途中で帰る人もなかった。そして，最後には「チェ・ヌネタ」の宣伝チラシが配られ，ごく一般的なコンサートだった。ただし，セキュリティの腕章を付けた案内・警備役の青年達を除けば，聴衆はすべて欧州系の人々で，3000団地の中なのに奇妙な印象が残った。

　翌日のイベントはまったく違った。送迎バスなどはなく，フロアには，マリをイメージしたTシャツや民芸品を売るコーナーが設けられていた。大勢が時間前から集まっていたが，ほとんどはサハラ以南のアフリカ系の人だった。スナックのカウンターにセンター長がいたので，挨拶に行くと，「どこでこの催し物を知ったのか」と聞く。イベントは誰が参加してもいいものだったが，広くは知らされず，オルネの北地区住民向けにアナウンスされていたのだ。前日と同じ案内・警備役の青年がいたので，開始時間を尋ねると，「まだなので，その辺をぶらついてくれば」と言う。しかし，外は寒く，無料で振る舞われるオレンジジュースをもらって開演時間を待った。

　専門の司会者が進行役だったが，開演は予定より一時間遅れた。しかも，観客は出たり入ったりだった。プログラムについては，事前アナウンスとかなり違い，アフリカの伝統舞踊はインド舞踊に変わり，予告されていなかったラップが複数のグループによって演じられた。

　最初は，マリの小学校支援に関するドキュメンタリーの上映と議論で始まった。続いて，インド舞踊，社会風刺劇などが演じられ，いつのまにかラップが連続するという構成だった。それと連動して，小さな子供連れの若い母親や友人同士の少女達が多かった観客席には，途中から若い男のグループが入ってきた。若者グループは，ホールの一番上に陣取り大声で話してい

たので，一度カップの職員から注意を受けたが，無視していた。

　盛り上がったのは，バスの無賃乗車の場面を演じる風刺劇とラップだった。とくにラップの時は，若者グループが大きな掛け声を出し，乗り気だった。なかでもディアロが出てくると，最高潮に達し，曲に合わせて多くの人が「セ・キー？　セ・ヂャーロ！」を連呼していた。「そいつは誰？」と語尾を上げて，「そいつはディアロ！」と語尾を下げるのが調子いいのだ。しかし若者達は，催し物の最後まで居ることはなく，すごい勢いで横の階段を一列に駆け下り，風のように去っていった。少女達の方は最後まで聴いていたが，ほとんどが手にスマートフォンを持って，ステージを撮影したり，メールを打っていた。帰りは，バスが来る気配もないので，615番のバス路線沿いに大雪の晩を一時間ほど歩いて駅前の滞在先まで戻った。

　この19日のイベントは，18日のコンサートと違って，レクリエーション以外の目的もあった。プログラムの最初，合い間，そして最後で，12月末締切の選挙登録があるから必ず行って欲しいということを，早口でノリの良い司会者やカップの職員が繰り返し説明していた。フランスでは，投票に当たって事前登録をしなければならないが，郊外団地では投票率が低い。無料イベントはレクリエーション的な意味だけでなく，社会的な意味も備えていたのだ。

　イベントが終わると，帰り際に観客へ文化情報誌が配られた。移民系の住民を主な対象とした無料小冊子で，配布された2010年3号の裏表紙には選挙登録の広告が載っていた。「君が政治に関わらなければ，政治が君に干渉する」，「12月31日までに選挙者リストに登録して」などと書かれ，政治参加を求める内容だった。また，雑誌中のインタビュー記事では，エソンヌ県グリニィ市の市議会議員クイデル・ウクビ氏が，「地域で暮らす人だけが，雇用・若者・健康・安全の問題を真剣に取り上げ，世代間のギャップを埋めることができる。同じ町に住む人やそこの環境に対する関心がなければ，効果的な問題解決など見つけられない」（*Projecteur*, 2010, no.3, p.18）などと発言する箇所もあり，選挙で投票することの大切さが強調されていた。

　このように，同じカップの場所が，催し物の内容と形式によって完全に違う領域になるのだ。しかも，催し物の参加者達は，最初から別の領域にいる

ので，その事実に気付く機会がない。

□ リリアン・テュラム

　選挙の重要性は理解されにくい。あるサッカー選手と若者の対話を見てみよう。その選手とは，フランス代表としての最多出場試合数を誇り，前に触れたラッパーであるセフュのミュージックビデオ『黒と白』にも登場するリリアン・テュラムだ。

　テュラムは，社会統合委員会のメンバーで，2005年の暴動時にはサルコジを批判し，この内相と会見した。2006年のW杯後も，親善大使としてすぐに西アフリカ諸国へ飛んで遺伝性疾患根絶のキャンペーンを行ない，9月にはパリ南郊カシャンのアフリカ系不法滞在者80人をサンドニの試合に招いた。さらに，国連大使として2007年6月には再び西アフリカ諸国で戦争に巻き込まれる子供を救う啓蒙活動を実施し，2007年11月には郊外の中学校を対象とした社会統合の写真集『彼女と彼と』に序文を書いた。

　『ソーフット』誌は，2008年2月発行の51号において，サンドニのスタジアムの事件を踏まえ，テュラムとママドゥ・ンディアエとの対話を企画した。セネガル系のママドゥは，アルジェリア戦でグランドに降り，選手でただ一人グランドに残ったテュラムに制止された若者だった。ママドゥはグランドに降りたことを「楽しもうと思って」，「遊びのようなもの」と話すが，テュラムは「何も守らない郊外の若者」を演じるのではなく，「現実の改善に貢献する」ため選挙に行くべきだと説く。しかしテュラムは，敵意を煽るサルコジの政治姿勢も厳しく批判する。そして，支配層が唱えるような「フランスを愛するか，フランスから出るか」という選択には，「真面目に取ることはない。自分の国が好きなら，真剣に考え批判する」と言い切る。ただ，雑誌担当者の「今度の選挙に行くか」という質問に，ママドゥは「僕の人生が何も変わらないと思うから」と否定し，テュラムは「うまくいくと信じる」と述べるように，議論は平行線を保ったまま終わる。

　テュラムはアンティル諸島のグアドルプに生まれ，9歳で母や兄弟姉妹とともにパリ郊外へ移り住んだが，その頃のことを本で語っている[25]。暮らした団地はパリ南東遠郊のフォンテンヌブローの森に接し，学校では多くの

国の子供といっしょだった。誰も殻にこもらず，それぞれの文化を持ち込んだ。仲良し三人組のうち，ザイールの子からはアフリカ文化の魅力を，パキスタンの子からは民族衣装サリーの存在を教わった。子供達に優越感や拒絶意識はなく，共同体同士が繊細に調和していた。

　確かに子供の時は文化の違いが魔法になったが，少年期になるとそれが偏見の源になった。団地に住まない同級生から，団地は貧乏だと言われた。一方，団地にもシテ言葉を使い流行の服装をする少年が出現した。その少年からグループに入るよう誘われたが，クラブでサッカーをしていたテュラムは馬鹿馬鹿しいと断った。17歳にしてテュラムは，多数の人間を喜ばせるため個性を否定する人がいることを知ったという。そして，多数意見にノーと言い，自分の独立と判断を守ることは人生に重要だと述べている。

　テュラムは，フランス共和国の理念にのっとり共同体主義を否定するが，普遍主義者にはならない。遠い祖国アフリカへの想いは強い。「アフリカは何かとても強いものを表わす。それは私の歴史だ。（中略）アフリカに来ると，自分の家のように感じる[26]」。テュラムにとって，フランスを分断するような〈領域化〉を克服することと，祖先の領域に共感的な感情を抱くことは矛盾しない。

Ⅳ　フット／ベトン／コセック

□　シテ出身選手

　フランスサッカーの活躍は社会問題の解決に至らないと考える人は多いが，サッカーを過小評価することもできない[27]。とくに郊外では，限定的であっても，若者達に希望を持たせ，子供達に積極的な生き方を教える手段として期待されている。もちろんシテでは，アメリカの影響を受けたバスケットや，マグレブ系を中心にタイ式ボクシングといったスポーツも好まれるが[28]，やはりサッカーの人気が最も高い。

　3000団地を強盗・暴力・麻薬の場として扱ってきたパリジャン紙は，多文化なフランスチームが活躍した2006年W杯の後，別の視点から記事を書

き始めた。例えば，10代前半の少年によるオルネ北地区の団地対抗サッカーを次のように報告する。

> 3000団地チームのウマール14歳はムラン=ヌフ競技場の大画面で中継放送された日曜夜の決勝を覚えている。「ディアラがピッチに入ったとき，みんな彼の名を叫んだ。シテからW杯へ行く人が出るのは嬉しい」。同じチームのテオが自慢げに付け加える。「アルゥ・ディアラを知っているよ。姉が一緒に学校へ通っていた。おもしろいね」。3000地区においてアルゥ・ディアラはスターではなく，成功しても決して謙虚さを忘れない人間だ。(中略)「アルゥ・ディアラはシテに帰ってきても，偉そうにしない」とモハメドは強調する。ブナカルも言う。「彼が良い人だってことは，W杯決勝に出なくても分かっている」。
> (*Le Parisien*, 2006.7.14, p.1)

しかし，新聞が3000団地に注目するのは，ただ郊外とサッカーの関係を取り上げるためではない。3000団地ではサッカーの意味が特別に強い。ルモンド紙の記事を見てみよう。

> オルネ=スゥ=ボワのデリケートな地区の一つ，3000団地の中央にある場所は，転ぶと痛いので，今ではベトンと呼ばれ，昼夜を問わずサッカーに熱中する若者達が集まる。(中略)パリ郊外の最も難しい団地の一つであるここは，驚異的な数のサッカー選手を生み出している。仏・英・ベルギーのクラブで活躍中や育成中の選手は十数人に上る。(中略)少年時代，アルゥ・ディアラは何時間も〝カンプ・ノウ〟でボールを蹴っていた。「ここ郊外にはブラジルに劣らないストリートサッカーの文化がある。ボール一つとゴールポストにするカバン二つがあれば，試合ができる」と，サッカーを教えるイサガ・ディアラは言う。(中略)実質的に黒人系とマグレブ系しかいない団地で，移民達は社会的地位を見出す手段をいつもフット（サッカー）に見てきた。
> (*Le Monde*, 2006.12.5, p.3)

「ベトン Béton」というのは，エドガー=ドゥガ通りとオギュスト=ルノワール通りの角，小学校の中にある運動広場を指す（口絵2-5）。広さは50 m × 30 mほどで，バスケットコートが二面あり，周りはフェンスになって

図 2-9　ベトンでボールを蹴る子供
左は壁に向かってシュート練習している子供。右は周囲のフェンスとその北側に見えるバー型アパート。

いる（図 2-9）。本来はサッカーをするための場所ではないのだが，そこで人々は路上フットを楽しむ。なお，路上や空地を使って行なうストリートサッカーは，サッカーとフットサルの要素を併せ持っているので，本章では仏語の口語表現を借りて「フット」と呼んでおく。

「ベトン」と呼ばれる理由を，その小学校の子供達に尋ねてみた。けれども，「こう呼んでいる」というだけで分からなかった。再度聞くと，地面が「コンクリート béton だからかも」ということだった。また「カンプ・ノウ」は，世界的なサッカークラブである FC バルセロナのスタジアムを意味する。何の変哲もない郊外団地の空間が，強豪クラブのホームスタジアムに喩えられるところに，ベトンの重要性がうかがえる。しかしながら，子供達の中の一人は，「ここは小さいからサッカーできない。僕はあっちのスタジアムでする」と南東を指して言った。確かに 3000 地区を出てすぐ南東の所には，ヴェロドロームのスタジアムがある。また，3000 地区の北側に隣接する緑地にも，スタジアムを含めてフルサイズのサッカーコート五面が設置されている（図 2-10）。いずれにしても，ベトンとはどんな場所なのだろう。

以下，シテのサッカーについて，地元出身プロ選手の多さ，ベトンと路上フット，フットサルクラブの設立に焦点を当ててみたい。まずは，地元出身プロ選手の多さについてから。

ルモンド紙が書くように，欧州のサッカークラブに十数人のプロ選手を輩

図 2-10　ローズ=デ=ヴォンのサッカー施設

出する町は目立つ。しかし，プロ選手が多い理由は記事に示されていない。そこで，オギュスト=ルノワール通りにある市管轄の室内総合運動施設コセック（図 2-3）で，窓口の職員に質問してみた。

> それは良い選手がいるから。（筆者 A：なぜ良い選手がいる？）良い選手がいるのは，良い指導者がいるから。選手への指導が良いから。単純にそういうこと。（A：才能の優れた人は？）それもあるが，選手への指導が良いから。（A：つまりは？）つまりは良い指導者がいるということ。（中略）指導者が選手の面倒をよくみる。それで良いサッカー選手が生まれるし，それがクラブ，ビッグクラブなどの選手になる。（A：これは他の町に比べて少し特殊なこと？）多分そう。いや分からない。それは人が判断すること。私達でない。私達が判断するのではない。私達は選手，チームであって…。選手はサッカーをして，指導者が付いている。そして若者はやる気を持ち，サッカーを好んでする。それが結果を生み，良い選手を作り，ビッグクラブから呼ばれる。
> 　　　　　　　　　　　　　　　　　　　　（コセック職員，2010.12.17 採録）

答えは明快だが，良い選手に良い指導者という理由ならば，他の町でもいい。そこで，もっとサッカーに関わっている人に聞いてみることにした。ル

モンド紙の記事に出てくるイサガ・ディアラ氏だ（図1-2の右下）。イサガ氏には半年前に手紙を書いていた。しかし，返事をもらえなかったので，直接フランスに行き，そこからイサガ氏が関わるクラブ宛てにメールを出し，近くに滞在していることを伝えると，返事が来て，最終的にはカップの前で会ってくれるという約束を電話で取り付けた。実際に会ったとき，イサガ氏は手紙のことは覚えていたが，この種の手紙が多いので，真剣には考えなかったと事情を述べた。

そのイサガ氏だが，1975年生まれのマリ系の人で，フットサルクラブである〝オルネ・フットサル〟の管理者と，トランブレにあるサッカーチームの17歳以下のコーチをしている。親戚にはサッカー選手が多く，FCロリアン所属でマリ代表のシガマリ・ディアラ，それにFCグニョン所属だったモケ・ディアラ（話を聞いた時は無所属で，2009年からSOカシス・カルヌゥに所属）は従兄であり，トゥルーズFC所属でフランス代表のムサ・シソコは姉の息子だという。

住んでいるのはコセック近くのアパートで，ロワッシーにあるシャルル・ドゴール空港の国際物流会社フェデックスで深夜から早朝まで働いている。「夜働くのは大変では？」と聞くと，「まあ慣れの問題だから」と気にしない。そして，「なんだって大変だ。昼働く人間もいれば，夜働く人間もいる。みんなそれぞれだから，文句言っちゃいけない。（中略）もっと厳しいことだってある。世界にはすごくきつい仕事をしている人がいる。一日2€，3€しか貰えない。だから文句なんて言っちゃいけない」と話す。そのはっきりした物言いには，与えられた境遇をしっかり生きていくべきという信念があり，シテやサッカーに対する考え方にも繋がっているように感じた。

イサガ氏とは，主にコセックの体育館で，サッカークラブ〝エスペランス・オルネジエンヌ〟の15歳以下の練習を見ながら，約二時間にわたって話をした。〝エスペランス〟の練習は，選手が次々に交代しながら，五対五の試合を続ける自由なスタイルだった。シュートの動作にはスピード感があり，コーチも中に入ってパスの中継役をしていた。

オルネ出身サッカー選手の多さについて，イサガ氏は，人口が「セーヌ＝サンドニ県3位」，「イル＝ド＝フランス地域圏9位」のため，「スポーツ選手

が多い」から「サッカー選手も多い」と説明する。しかし，選手の多さが人口規模に拠るなら，オルネ特有の理由はない。実際，「オルネにはスポーツ施設が多いのでは？」とこちらが言ったときも，「大きな町で，81,200 人の住民がいる」と返し，町の規模を強調する。

　それだけでなく，イサガ氏は他のスポーツも盛んなことに言及する。ボクシングは国内トップクラスのアマチュアクラブがあり，かつて選手として活躍し，現在フランスの監督になっているジョン・ドヴィが町の出身者だという。また，フェンシングや女子ハンドボールも有望らしい。「最も人気があるのはサッカー？」と聞いても，「確かに。世界的に見てもサッカーが一番人気あるスポーツだから。(中略) それにサッカーは簡単にできる」と答え，サッカー人気が普遍的なこととされる。結局イサガ氏は，サッカー選手の多さをローカルな理由では考えない。しかしやがて，「ここでは皆サッカーする」と言うので，「それは他の町と違う？」と尋ねると，話は次のように展開した。

> オルネ=スゥ=ボワには特殊な事情がある。才能のある人は多い。才能のある人は多いが，クラブだけはそうでない。オルネのアマチュアクラブは才能のある人をうまく使っていない。オルネにはクラブが主に三つあるから。才能のある人が多いこと以外，クラブの真摯さも，若者の真摯さも，残念ながら充分でない。それでも，プロレベルまで行く若者はいる。ただ一般にプロまで行けるのは，才能に恵まれた人間ではなく，真摯な人間だ。
> 　　　　　　　　　　　　　　　　　　　（イサガ氏，2010.12.30 採録）

　オルネには，ローズ=デ=ヴォン競技場を本拠とする〝エスペランス・オルネジエンヌ〟の他，ヴェロドローム競技場が本拠の〝CSL コミテ・スポール＆ロワジール〟と，ベルヴァル競技場が本拠の〝FC オルネジアン〟(図 2-2) があるが，選手もクラブも真摯さに欠けるというのだ。イサガ氏は，現在のフランス・ユースではスタッド・レンヌが一番で，そこでコンゴ系移民二世のフランス代表ヤン・エムヴィラを育てたパトリク・ランピヨンが述べた言葉，「才能は生まれるのではなく，育てるもの」が好きだと言う。そ

して，コセックで練習試合中の選手を指しながら，「青いシャツ」は四ヶ月前からソショーのユースに属し，今はバカンスだが，1月にはクラブに戻ってサッカーと勉強を再開するし，「黄色いシャツ」はレンヌやカンのユースに挑戦したものの契約には至らず，〝エスペランス〟にいるが，高い質を持ち，学校の平均成績も 80％なので，一～二年で外のクラブに出るはず，などと話す。

　コセックの職員は指導者の存在を重視したが，イサガ氏も教育全般の意義を指摘する。ルモンド紙が書くように，「郊外の最も難しい団地の一つ」である 3000 団地が「驚異的な数のサッカー選手を生み出している」のは事実だが，それを可能にする指導や教育も忘れてはいけない。ただしイサガ氏は，サッカー選手にはボクシング選手や陸上競技選手のような真摯な態度が少なく，その上クラブが「三つもあって多すぎる」結果，「才能のある人がいても，クラブの水準が低いので，若者達は他のアマチュアクラブにプレーしに行く。オルネ=スゥ=ボワより高い水準のヴィルパントやドランシィへ行く」というように，むしろ問題点を語る。

□ ベトンの路上フット
　ルモンド紙の記事では，ベトンが団地内のサッカー中心地であるかのように書かれてある。サッカー関係の本も，2006 年の W 杯に出たマリ系のアルゥ・ディアラについて，彼の「サッカー人生のおとぎ話は 3000 地区のアスファルトの上で始まった[29]」と記している。

　シテのサッカーを調べたマクシム・トラヴェールによれば，空地や空コートを仲間で占拠し，ドリブルによる一対一や，ボールキープの技術を重視する「建物下サッカー」が，郊外のサッカー文化だという[30]。「建物下サッカー」とは，団地の建物の横や隙間でする路上フットのことだが，ベトンでのサッカーも同じ類と言える。つまりベトンは，郊外のサッカー文化を維持する場と考えられる。

　地元の若者にもベトンのことを聞いてみた。前述の高校生（L）は，落書きに対する質問とは違って，筆者（A）に積極的な口調で答える。

A：よくベトンって聞くけど，あんまり知らないので，少し説明してもらえる？

L：ベトンはすぐそこ，すぐとなり。土日にサッカーしている。

A：土日？ 今日じゃなくて？

L：いや，今日じゃなくて，土日。土日にサッカーしたい。平日は働いている。運転免許を持っている人もいるし，働きに行ってお金を稼ぐ。日曜はだいたい24〜25歳くらい。待って，えーっと（数人の名前を挙げながら），24〜25歳。だけど土曜は僕くらいの年代。19〜20歳くらいがサッカーしている。僕も週末に行く。平日は会えないので，みんなあそこで会って，サッカーする。こうすると，すぐに会えるから。まあ，いろいろだけど。

A：サッカーするのは若者ってこと？

L：寒いときでも，雨のときでも，みんな来る。強い雨のときはサッカーに来ないけど。最近はサッカーに良い天気が続いているので，みんな戻って来る。ドランシィとか，ボビニィとか，いろんな所に住んでいる。前はここに住んでいて，結婚したけど，戻ってきてサッカーする，シテのみんなは。そういうことさ。

（高校生との会話，2008.2.11 採録）

　ドランシィもボビニィも近くの町で，オルネ=スゥ=ボワと似た性格を持つが，少しだけパリに近い。シテで育った若者は，別の町に出て行っても，週末はボールを蹴りにベトンへ戻ってくる。しかし，目的はサッカーだけでない。仲間と再会する意味もある。こうしてベトンは，シテの人々の絆を保つ場であり続ける。もちろん，3000地区全体もまた，団地の若者達を結び付ける。実際，一人の若者がルモンド紙の記者に語っている。「みんなここで生まれ，ともに育った。何時間もいっしょにボールで遊んで兄弟のようさ。（中略）3000に生まれ，3000で死ぬ[31]」。

　シテの若者達は，ベトンをサッカーの中心地であり，仲間同士の連帯の場と考えるが，それだけに，ベトンの中で一人の子供がした発言は気になる。どうして「小さいからサッカーできない」と言ったのだろうか。路上フットのことと併せて，イサガ氏に尋ねてみた。なお，別の話題が長く入り，単なる話の「中略」にならない場合は「→→」の印で示す。

（ベトンは）以前はもっと大きかった。大きくて広場もあった。（筆者 A：以前はもっと大きく，今は小さい？）そう，小さい。だから実際うまく…。（A：建物のせい？）そう，学校のため。学校が大きくなり，ベトンも変わった。（→→）ベトンで，毎月，毎週，何時間もサッカーした。もちろん，いずれ選手登録してサッカーをするために。クラブのために。いずれはクラブで。クラブだと資格が与えられ，大会に参加できるから。ベトンは仲間同士や友達同士。（中略）今は狭くなって，よくない。やりにくい。

（イサガ氏，2010.12.30 採録）

　ベトンは，以前サッカーの中心地だったが，狭くなった今はその役割を果たしきれていない。ベトンに関心のない子供の態度には，こうした背景があるのだ。ルモンド紙の記事も，セフュのビデオも，ベトンを特別な場所として描き，象徴的にさえ扱っているが，イサガ氏は現実的だ。サッカー論に関係してくると，イサガ氏は次のように語る。

　ヨハン・クライフが言ったように，サッカーは路上で学ぶ。それは正しい。基本は路上で身に付ける。そうすれば，後でクラブが小さなことを教えるだけでいい。選手は路上で作られる。小さい時，5, 6, 7, 8 歳頃に外でサッカーを始める。クラブから始める少年もいるが，それはかなり遅くなってから。早くからではない。13, 14 歳，いや 15, 16, 17 歳で始める人だっている。だから，クラブに来る前，選手はどこかで学んでいる必要があるが，一般にそれは路上。例えばジダンのような選手。その才能は，クラブで出来たものではなく，すでに彼自身が持っていた。クラブに入る前にすでに才能を持っていた。クラブでは，戦術や身体のことを教え，同時に個人の技術が何かに役立つようにするだけ。例えば，無駄なことではなく，技術的にチームへ貢献するようなことをするべき。なぜなら，アマでもプロでも自分で楽しもうとする選手，テクニックを使おうとする選手をよく見掛けるから。（ポルトガルの）クリスチャン・ロナウドのような選手だ。彼は，今では減ったが，以前は効果のないテクニックを使っていた。彼がテクニックを使うのは自分で楽しむためだ。けれど，もし自分で楽しみたいなら，チームスポーツをしても，チームには寄与できず，意義は限られる。（過剰なテクニックの）意義が少ないのは，集団に重要性があるからだ。個人競技の場合は違う。同じではない。集団競技をするなら，チームを第一に考えなければいけない。個々

の才能もチームに役立てる必要がある。(→→) プロになったのは多い。ム
サ・シソコ，アルゥ・ディアラ，オリヴィエ・ダクール，ダクールはやめた
が，スコットランドのモルガロ・ゴミ，ロリアンのシガマリ・ディアラ，ソ
ショーのブカリ・ドラメなどたくさんいる。けれど皆，この界隈で成長した。
すごく小さな頃から（ベトンで）サッカーをして，試合は濃かった。誰も手
加減しない。最初から最後まで，試合は…，試合は戦闘的，そう戦闘的だ。
だから，多くの知識や技術を身に付けられる。 （イサガ氏，2010.12.30 採録）

要点は二つに絞られる。一つは，子供の頃には，路上で技術を学ぶことが
優先される点だ。もう一つは，若者の年齢になれば，クラブに入って仲間と
の協力関係を学ぶ必要がある点だ。

第一の点から考えてみたい。サッカー選手として成長するには，小さい頃
に路上で長時間サッカーをして，基本的な技術や知識を習得しなければなら
ない。3000 地区出身のプロ選手達は皆，子供時代にベトンでタフな試合を
しながら成長していった（図 2-11）。けれども，これだけを指摘すると，
ローカルな次元に限られるし，場合によってはベトンを神話化することにさ
えなる。そこでイサガ氏は，歴史的な選手であるオランダのクライフや，
1999 年の W 杯優勝と 2006 年の W 杯準優勝に貢献したジダンの名を出し
て，子供の頃に路上サッカーをしておくことが，世界的なサッカー選手への
道になることを示す。ジダンには「ルーレット」と呼ばれる足技がある。そ
れは，ジダンが子供時代にマルセイユ北部のラ=カステランヌ団地の「建物
下サッカー」で身に付けたものだ。イサガ氏は，ローカルな場所がグローバ
ルな流れに乗れる事実を説明することで，シテで育つことが必ずしもマイナ
スではなく，プラスにもなることを言おうとしているのではないか。

第二の点は，第一の点を補完する形になっている。イサガ氏は，ベトンで
行なわれるようなローカルな路上フット，つまりシテのサッカー文化だけを
重視することはしない。路上フットは子供時代のものであって，大きくなれ
ば，クラブに所属してチームプレーを尊重しなければならない。路上フット
のままでは，テクニックだけを追求する選手になってしまう。それを防ぐに
は，クラブでチームに寄与するための姿勢や戦術を学ぶことが求められる。

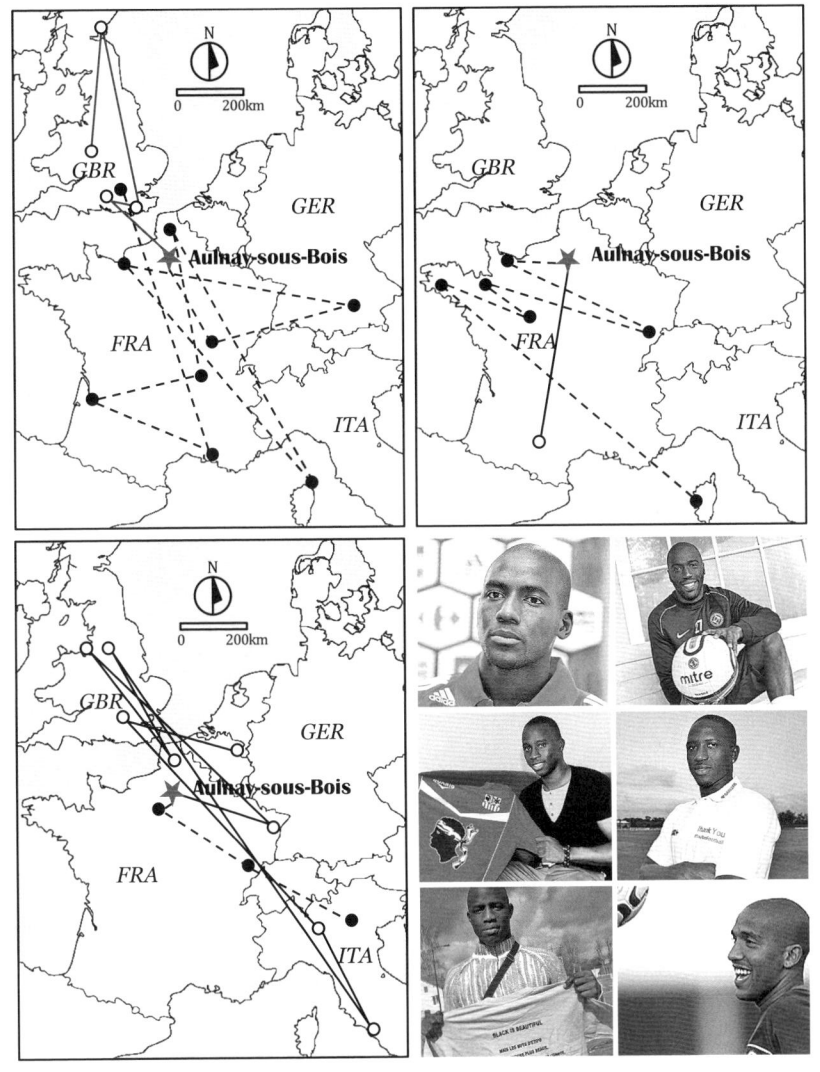

第二章　オルネ 3000 団地とサッカー

図 2-11　オルネ北地区出身のプロ選手と移籍経路

\#　選手は少年期にオルネ（星印）のクラブに属し，その後外へ出る。左上の黒点は A. ディアラ（仏），白点はゴミ（セネガル），右上の黒点は S. ディアラ（マリ），白点はシソコ（仏），左下の黒点はドラメ（セネガル），白点はダクール（仏）で，2012 年までの所属クラブ。情報はレキップ紙のサイトなどから。写真もこの順で，ルモンド紙や BBC のサイトなどから。

\#\#　A. ディアラは 2012 年に少年期の仲間とフットサル総合施設「チーム 5」を 3000 地区の北 2 km，ロワシー＝アン＝フランスに設立。ドラメは伊で出身地を示す背番号 93 を付けている。

それこそが，集団競技であるサッカーの性質だということだろう。イサガ氏が，オルネ=スゥ=ボワのスポーツに関して，ボクシング，陸上競技，フェンシング，女子ハンドボールなどを評価していた点を思い出すと，オルネでは男子の集団競技が意識の上で不充分なことがうかがわれる。言い方を換えれば，若い男性という郊外暴動の中心層への教育や指導の必要性を説いているように感じる。

□ クラブと地理的スケール

　2007年5月，オルネに事実上最初のフットサルクラブが誕生した。3000地区が本拠の〝オルネ・フットサル〟で，11人制サッカークラブのように子供から参加可能ではなく，18歳以上の制限が付いている。コミュン内の出来事を取り上げる地元向けブログ「モン・オルネ・コム」は，2007年7月7日付けの記事で，24名の選手を紹介した。3000団地が18名，エタン団地が2名，バラニィ団地が2名，メリジエ団地が1名，そしてオルネから東へ6 kmのトランブレ市ヴェール=ギャラン地区が1名となっている（図2-2）。イサガ氏は〝オルネ・フットサル〟の管理者なので，クラブ設立の経緯について聞いてみた。

>　オルネの三つのサッカークラブはフットサルクラブを持っていなかった。それでオルネの若者から（クラブ設立の）希望が出た。（中略）オルネの町にフットサルクラブがあればいいと言う若者が一部にいた。ドランシィ，ボビニィ，ヴィルパントにはフットサルクラブがあったが，オルネにはなかった。（中略）こうしてスタートし，まず初めに前市長時代の市当局に対して，体育館が使える時間帯を確保してくれるよう要求したが，前市長は何もしてくれなかった。だから体育館を使えなかった。一年経ち，この（コセックの）すぐ後ろにシトロエンの企業があって，そこが私設体育館を持っているので，使わせてくれることになった。その結果，2007年9月に公式試合が開催できるようになった。
>　　　　　　　　　　　　　　　　　　　（イサガ氏，2010.12.30採録）

　イサガ氏は，「フットサルはサッカーとは別のスポーツ」，「ルールもボールも違う」，「サッカーのボールはバンバン弾むが，フットサルのボールはタ

タタタ（と転がる）」，「フットサルのコートは狭く，ボールも弾まない」など，11人制サッカーと5人制フットサルを区別する。しかし，そこに11人制サッカーと同じボールを使う体育館での屋内練習や，ベトンでの路上フットが入ってくると，フットサルとサッカーの境界が曖昧になる。

> 路上フットに話を戻すと，路上では多くのことを学ぶ。技術的にも成長する。それだけでなく，路上フットは屋内サッカーとほとんど同じで，狭い空間でする。当然，たくさんのことが求められる。攻めも，守りも欠かせない。例えば守る時は，皆戻る必要がある。11人制サッカーは違う。コートが広いので，何人か前に残っている。（中略）路上フットでは（試合が）常に動く。パンパンパンとすごく速く動く。だから，選手の技術，意欲，やる気，粘り強さを高められる。もし粘り強くなかったら（そうはいかない）。ベトンでは試合が何時間も続くからだ。（→→）なぜフットサルに喜びがあるかって。それはコートが小さいから。ボールに触れる機会がずっと多い。例えば11人制の場合，優れた選手，最高の選手でも，90分の試合のうち，最大3分しかボールに触れない。メッシのような選手でも最大3分しか足でボールを抱えていない。試合の最初から最後まで，ストップウォッチでボールが足にある時間をその都度計ったら，最大3分，（普通なら）2分30秒〜3分。優れた選手でもこうだ。一方，屋内ですれば，コートが小さいので，当然もっとボールに触れる。ボールに触れる時間が増えれば，喜びも増える。喜びは試合で生じるから。（中略）だから，さっき言ったように，オルネの若者達もフットサルクラブを作り，こうして喜びを持ちたいと思った。
> 　　　　　　　　　　　　　　　　　　　　（イサガ氏，2010.12.30採録）

　屋外の11人制サッカー，体育館のインドアサッカー，ベトンの路上フット，屋内の5人制フットサルが，それぞれ誰がいつ頃するかということで，区分される。大まかに言えば，11人制サッカーはサハラ以南のアフリカ系プロ選手が出て行く場，インドアサッカーは地元少年チームの練習の場，路上フットは子供時代にサッカーの基本技術を身に付ける場，屋内のフットサルは地元若者のスポーツ活動の場，となっている。そして，インドアサッカー，路上フット，フットサルのどれもが狭い空間で俊敏に動かねばならず，技術を高めるという点で共通する。

ところで，イサガ氏がサッカーやフットサルの話をする際，注意しているように思えたのは，クラブの地理的スケールだった。サッカーの〝エスペランス〟にしても，フットサルの〝オルネ・フットサル〟にしても，本拠地や選手構成の点では3000地区のクラブだ。けれども，イサガ氏の口から出てくるのは，オルネ＝スゥ＝ボワであって，3000地区ではない。ここに，コミュンレベルでの社会統合と支援を重視する姿勢が見える。

ただし，コミュンレベルが重要なのは，クラブの姿勢や在り方に関してであって，サッカーのスタイルになると，基準はグローバルレベルに移る。全員で守り攻めるという現代サッカーの基礎を作ったオランダのクライフや，フランスの黄金時代を築いたジダンが出てくるのは，語りを説得的にするためだけではなく，3000地区が世界の動向と連動していなければならないことを言うためだろう。同じように，狭い空間でのプレーの大切さを指摘するのも，最近のサッカーの流れに沿う必要があることを示すためだろう。3000地区がメディアから特殊な場所と見られるからこそ，サッカーを介して地区を普遍化する作業が必要なのではないか。

結局，なぜ3000地区出身のプロサッカー選手が多いかは分からなかった。フランスチームにアフリカ系選手が多い理由は，アフリカ人の運動能力の高さ，それにスポーツで身を立てるしかないという現実から，すでに周知のことだ。問題は，なぜ同規模のシテでなく，3000地区にプロ選手が多いかだが，明確な答えはなかった。

シテの外の人間が抱く疑問と，シテの中の人間が関心を向ける事柄は違う。外から見れば，経済的に厳しい3000地区で多くの選手が誕生している状況は，地域的な特徴として興味深い。しかしながら，イサガ氏にとって重要なのは，プロ選手が多いという事実であって，その理由ではない。外部の人間が携えて来た疑問が，地元の人にとって大きな意味を持たない現実を知るのは，思い込みを正すのに良いことだと思う。オルネ=スゥ=ボワではクラブが三つに分裂している。また，選手の中には真摯さが足りない者もいる。そこで，三クラブをコミュンレベルで統合し，サッカーのスタイルをグローバルレベルに合わせながら，生活態度も含めて選手育成に努めていくことが，3000地区に課題として与えられている。この課題こそが，イサガ氏の

考える問題なのだ。

V　郊外の〈領域化〉の力学

□ 喜びの熱気，消される熱気

　郊外に関する言説も，状況によって変わる。シテの若者は，外部の人間が見ない壁の落書きのようなモノローグ的言説では示威的な姿勢を示し，インターネットでは「3000は熱い」というような攻撃的な表現を好む。一方，ルポルタージュやインタビューなど，対話の相手がいるディアローグ的言説では，サッカーに関する融和的な内容を出し，シテ出身選手のことを語る。もちろん熱い思いも込められる。しかし，サッカー関係者になると，冷静さが生じ，熱気についての言説は必要なくなる。〝エスペランス〟の練習を見れば分かるように，体育館は，ボールを蹴る乾いた音，床を走る音，シューズが床とこすれるキュという音，響き渡るコーチの笛，そして選手の掛け声が重なり，それ自体が熱い雰囲気を伝えている。

　むしろ熱気に関する言説は，大衆や社会を相手にするメディア的言説に多い。ただし，熱気は操作される。例えば，2006年W杯の高揚感を冷めた目で見るルモンド紙は，熱気はつかの間の現象で，社会の融合には結び付かないとする。7月10日付けの記事にある「1998年よりも歓喜に緊張を含む空気」，「1998年よりもかなり厳しい空気」(p.6)という表現が，これをよく示している。マジョリティの新聞として，フランスチームの活躍がもたらす社会の熱気を正面から否定することは難しい。そこで，熱気について報道しながら，そこに水を差す。しかも，熱気への疑問が，研究者や政府報道官，社会調査会社の権威ある解釈であることを付け加える。

　さらにルモンド紙は，W杯で盛り上がっている最中にオルネ=スゥ=ボワの郊外団地を取材し，W杯の高揚を郊外問題に移し変える。熱気が一時的ならば，わずかな喜びの時間まで社会問題と関連づけなくてもいいのではないか。W杯開催中，パリ市内ではつかの間の熱気を認めるのに，郊外団地にはそれさえも認めないという点に，あくまでパリと郊外を領域的に区別し

ようとする新聞の姿勢を認めることができる。

　欧州系とは違って，移民系の人々はW杯中の熱気を純粋に感じる。例えば「メイドイン・オルネ」は，フランスのスペインに対する勝利の喜びを「熱い雰囲気」という表現で記事にする。移民系の人々も，熱気が続かないことは知っているし，それが多文化社会の融和に直結しないことも分かっている。しかし，つかの間でも，そこに最大限の熱気を見出そうとする点が欧州系のメディアと異なる。

　W杯のない日常においても，熱気をめぐる意識の差は存在する。多文化社会の問題に敏感な同じブログの記者の間でも，3000団地訪問記の内容は対照的だった。欧州系のリュッセルは集合住宅とアラブ・アフリカ系住民ばかりの雰囲気を否定的に述べる。それに対して，移民系のユスフィは朝市にバザールの雰囲気，エネルギッシュな雰囲気があることを中心に記事を構成する。同じ場所への訪問記なのに，多様性の無さが語られるか，躍動性が語られるかは，個人の印象ではなく，記者の知識や行動に依る。すなわち，3000団地のことをどれくらい知っているか，そして3000団地のどこにどのような時間帯に訪れるかに左右される。

　市の広報誌『オクシジェンヌ』はどうだろうか。「魔力的」という語で，3000団地のフットサルクラブの試合会場の様子を言い表わす程度だ。熱気的なものに言及しながら，それ以上述べないところに，市の中間的な立場が感じられる。事実，「比較はここまでだ」から後は，魔力的な熱気とは関係のない具体的な内容が記される。すなわち，まずイギリス起源のサッカーと南米発祥のフットサルの違いが説明され，次いで〝オルネ・フットサル〟の現状が報告される。

> サッカー好きに言わせれば，ローズ=デ=ヴォンのコセックは，オルネ・フットサルにとってのアンフィールド・ロード（英国の名門リヴァプールFCの本拠地）だ。試合の晩には，雰囲気がリヴァプールのレッズ（チームの愛称）の魔力的なスタジアムのそれに匹敵することもある。比較はここまでだ。
>
> 　　　　　　　　　　　　　　　　　　　（*Oxygène*, no.111, 2010, p.18）

□ サッカーの意義

3000 団地に筆者が関心を持ったのは，経済的に困難な地区でありながら，多数のプロサッカー選手を生み出し，しかもサッカーが盛んな理由がベトンという場所にあるように感じたからだった。ところが，地区のサッカーコーチであるイサガ氏の口から，プロ選手の多さの理由を聞くことは出来なかったし，ベトン自体もサッカーとの繋がりを以前より減らしていた。

3000 団地にとって，サッカーの本当の意義は，ベトンという空間があって，そのローカルな場所がプロ選手を輩出する場であり続けることではないだろう。重要なのは，サッカーを通じて何ができるか，サッカーに対してどう接すべきか，ということではないか。イサガ氏が強調したのも，コミュン内で三つに分かれているサッカークラブを統合して一つのチームを作る必要があるということであり，また，子供の頃はローカルな路上フットを通して狭い空間でのボールさばきの技術を覚え，若者の年齢になればクラブに入って協力的な作業をするというグローバルな流れに乗らなければいけないということだった。

シテは，外部，メディア，そしてマジョリティから，フランスとは異質の領域と見られている。それだけに，サッカーに関わる人々は，シテ独自の文化を守りながら，同時に共和国主義的な価値観を示して，フランス内の他の領域との共通項を見出していかなければならない。そして，サッカーによってシテのイメージを良くするだけでなく，サッカーをシテの人々が積極的に生きるための一つのきっかけにしなければならない。シテにはさまざまな力が働き，マジョリティの欧州系に対抗するだけでなく，社会の融合を目指そうとする動きもあるのだ。

これと連動するように，フランスの代表的スポーツ紙であるレキップ紙が 2010 年 11 月 5 日版 14〜15 頁で特集「オルネ゠スゥ゠ボワは燃える」を組んだ。レキップ紙は，21 歳までの仏エスポワールチーム「ブルエ」のキャプテンであるムサ・シソコや，仏トップチーム「ブルー」のキャプテンであるアルー・ディアラなど，何人かの北地区出身選手を取材している。

紙面の中央には北地区の地図が掲載され，そこで生まれたか育った選手の名前が挙げられている。3000 団地 23 名，エマウス団地 3 名，メリジエ団地

1名，エタン団地3名，グロ=ソル団地2名，ミルミル団地4名で，サッカー選手が21名を占める。しかし，ベトンへの言及は一切ない。

　記事は，トゥルーズでの試合の後，母親に会いにシテへ戻ったシソコへのインタビューで始まる。その内容から，ベトンについて書かなくても，「コンクリート」の中でボールを蹴って育つのが日常だったことは伝わる。

> 〝ここで僕は育ち，ここに僕のあらゆる痕跡がある。この地区は好きだし，忘れない〟と話すムサは，コンクリートブロックの中でボールを蹴ることを学んだ。（中略）〝意志の強さは逆境から来ている。スパイクが無かったので，サッカーの時はいつも滑った。学校に行くバスケットシューズだけさ。それでも挫折しなかった。もしここで育っていなかったら，多分プロにはなっていなかった〟とマリ出身の5人兄弟姉妹の中で育ったムサは振り返る。
> （*L'Équipe*, 2010.11.5, p.14）

　記事の後半はディアラが中心になっている。ディアラは，イサガ氏と異なり，クラブが三つあることで，優秀な教育者や指導者に出会える機会が多いと指摘する。そして，オルネという「油田」のような才能の宝庫に，充実した教育・指導が加われば，ハイレベルの選手が誕生するのは当然と説明する。さらに，少年時代の最初のコーチとはコンタクトを絶やさないとも言う。もちろん，ディアラ自身はインタビューで「楽観主義者」と述べているし，フランスのキャプテンにまでなったのだから，こうした発言が出てくるのは当然かもしれない。

　そこでインタビュアーは，ディアラがシテで最も上手な選手ではなかったという事実をもとに，「なぜ頭角を現わせる人とそうでない人がいるのか」と問い掛ける。それに対して，ディアラは次のように答える。

> 物事というのは引っ張り出すものだ。夢を実現するために何でもした。（中略）今よりスカウトが少なかったから，多くのクラブに粘り強く手紙を出した。（中略）決して諦めなかった。夢を押してくれるものもあれば，夢を邪魔するものもある。それを見極める必要がある。かなり早い時期に困難に遭遇し，鋼の意志を持った。
> （*L'Équipe*, 2010.11.5, p.15）

ディアラは成功の理由を他にも語る。シトロエンの労働者だった父は試合に来てはアドバイスした。それは的確な場合も，不適切な場合もあったが，つねに物事に疑問を持つことを教えてくれたという。親が関われば，子供は地区の悪から逃れられる。では，親の支援が受けられない多くの子供はどうなるのか。その時は，市役所職員のレイラ・アブデラウイ氏が取り組んでいるような子供達に目標と展望を与える活動が大きな意味を持つという。

レキップ紙は，ディアラの弟で〝CSL〟のセンターバックであるイドリッサ・ディアラにも取材している。弟は，兄のクラブ入団のために多くの書類作成を手伝った経験から，現在は企業に資金援助を募って，少年達とクラブを仲介する組織を運営している。

人間の成長に家族の支援や地域の協力が不可欠なことを示すのが記事の主題だろう。だからといって，レキップ紙はシテが共同体的な性格を保っていれば充分とは言わない。それは，例えばボクシングのジョン・ドヴィのコメントを介して示される。

> 近くにコマーシャルセンターや文化施設が出来るのは好ましいが，人々をシテに留めてはいけない。外環道を越えた別の世界も見るべきだ。パリの生活はまったく違うのだから。　　　　　　　　　　（*L'Équipe*, 2010.11.5, p.15）

メディアの役割とは，対立を煽るような先入観を増幅させることではなく，未来への希望を抱かせ，問題解決の参考になるメッセージを示すことだ。シテの人々が努力すれば，メディアが注目し，それがシテの人々の行動を誘引する。そしてメディアはより積極的に記事を書く。フランスではシテをめぐる負の連鎖が頻繁に指摘されるが，そう言うこと自体が現実を歪めていないだろうか。

参考文献
1）Isabelle GARCIN-MARROU (2007): «Des "jeunes" et des "banlieues" dans la presse de l'automne 2005: entre compréhension et relégation». *Espaces et Sociétés*, no.128/129, pp.23-37.
2）Yvan GASTAUT (2006): «Le football français à l'épreuve de la diversité culturelle». (In

Yvan GASTAUT et Stéphane MOURLANE, *Le football dans nos sociétés: une culture populaire 1914-1998*. Autrement, pp.218-236.

3) ① INTERNET (2006): http://www.occidentalis-leblog.info ② INTERNET (2006): http://www.20minutes.fr

4) Mathieu MÉRANVILLE (2007): *Sport, malédiction des Noirs?* Calmann-Lévy, p.189.

5) Patrick MIGNON (1998): *La passion du football*. Odile Jacob, p.258.

6) Yvan GASTAUT (2008): *Le métissage par le foot: l'intégration, mais jusqu'où?* Autrement, p.66.

7) Dominique DRAY (1999): *Victimes en souffrance: une ethnographie de l'agression à Aulnay-sous-Bois*. Librairie Générale de Droit et de Jurisprudence, p.54.

8) ① François MASPERO (1990): *Les passagers du Roissy-Express*. Seuil, pp.47-61. ② Dominique LEFRANÇOIS (2003): *Le parking dans la périphérie immédiate du logement*. Direction de l'architecture et du patrimoine, Ministère de la culture et de la communication, p.10. ③ Bertrand BISSUEL et al. (2005): «Du "paradis" au ghetto: l'histoire de la Rose des Vents». *Le Monde*, 18/11/2005, p.24.

9) CERTU (1996): *Entre les tours et les barres: restructurer les espaces publics des grands ensembles*. Centre d'études sur les réseaux, les transports, l'urbanisme et les constructions publiques, pp.50-61.

10) Eros N'SIMBA (2008): «Luc Bronner: "Les médias, collectivement, ont une responsabilité sur certains points"». *Le Monde du 93*, janvier, p.3.

11) Serge MICHEL et L'Hebdo (2006): *Bondy blog: des journalistes suisses dans le 9-3*. Seuil, pp.81-84.

12) EHS: Les Entreprises Sociales pour l'Habitat (2006): *Habitats en devenir: la rénovation urbaine sous l'objectif des professionnels et des habitants*. La Documentation Française, p.20.

13) 前掲8)②の LEFRANÇOIS (2003), pp.10-11.

14) David LEPOUTRE (1997): *Cœur de banlieue: codes, rites et langages*. Odile Jacob, pp.64-67.

15) Centre d'Analyse Stratégique (2005): *Enquêtes sur les violences urbaines: comprendre les émeutes de novembre 2005, les exemples d'Aulnay-sous-Bois et de Saint-Denis*. La Documentation Française, p.31.

16) INTERNET (2007): http://dico-des-mots.com/definitions/ber.html

17) 前掲15)の Centre d'Analyse Stratégique (2005), pp.45-62.

18) Véronique Le GOAZIOU et Charles ROJZMAN (2006): *Les banlieues*. Le Cavalier Bleu, p.100.

19) France GUÉRIN-PACE (2006): «Sentiment d'appartenance et territoires identitaires». *L'Espace Géographique*, 35-4, pp.298-308.

20) Évelyne RIBERT (2006): *Liberté, égalité, carte d'identité: les jeunes issus de l'immigration et*

第二章　オルネ 3000 団地とサッカー　　　　　　　　　　　　　　　*123*

l'appartenance nationale. La Découverte, pp.95-96.
21）INTERNET (2008): http://video.google.com/videoplay?docid=-5521505374509949762&hl=fr
22）前掲 11) の MICHEL et L'Hebdo (2006), p.77.
23）Équipe Permis de Vivre la Ville (2007): *Lexik des cités: lexik des cités illustré*. Fleuve Noir.
24）Luc BRONNER (2010): *La loi du ghetto*. Calmann-Lévy, p.18.
25）Lilian THURAM (2004): *8 juillet 1998*. Anne Carrière, pp.29-40.
26）Julien LAURENS (2007): «Lilian Thuram parle de l'Afrique». *Le Parisien*, 27/06/2007, p.18.
27）Pascal BONIFACE (2004): «Football: la terre est ronde comme un ballon». (In) Pierre-Louis BASSE, *Football & Co: Noirs et Blancs: en jouant, et en écrivant, contre le racisme*. Mango Sport, pp.88-89.
28）Yvan GASTAUT (2004): «Les significations et les dimensions sociales du sport: l'intégration par le sport, réalités et illusions». *Cahiers Français*, no.320, pp.58-63.
29）Patrick DESSAULT et Patrick SOWDEN (2006): *Bleus clairs ou Bleus pâles?: Coupe du Monde 2006, l'équipe de France passée au crible*. Jourdan, p.54.
30）Maxime TRAVERT (2004): *L'envers du stade: le football, la cité et l'école*. L'Harmattan, pp.67-134.
31）Luc BRONNER (2006): «Cars de flics et rénovations à Aulnay». *Le Monde*, supplément du 26/10/2006, pp.1-2.

第三章
セヨン，南仏の丘の上の村

セヨンの丘上集落へ上る道

I プロヴァンスの地形と居住

□ 丘を上り下りする村

　地形の起伏に富む南仏ミディでは，特徴的な形の集落が少なくない。残丘や尖形岩，山脚や台地外縁には家々が肩を寄せあう村が立地し[1]，「丘上集落 village perché」や「鷲の巣村 village en nid d'aigle」と呼ばれる（図3-1）。地形自体がすでに周囲と不連続である上に集居状態で，遠目にも物理的な領域を形成している。

　これから説明していくように，今日こうした村の多くが観光地化している。なぜ丘上集落は余暇空間として〈領域化〉されるのだろうか。本章では，集落内部の人口構成や建築形態に何が生じたのか，集落に対する人々の意識や社会の視線はどうなのか，諸外国や異文化といった外部の影響はないのか，などを考えてみたい。

　丘上集落の中に入ると，小広場や泉，曲がりくねった道や階段，切り石の壁や石積みなど，地中海的な景観が見出せる。もっとも，集落の様子は個々に違う。例えば，プロヴァンス地方ブッシュ=デュ=ローヌ（13）県のコルニヨン=コンフゥ。傾斜が緩く，大きな広場もあって，丘上的な印象は少ない。その反対はコート=ダジュール地方アルプ=マリティム（06）県のペヨン。人が住めそうもない尖った岩の上にあり，集落内も急坂が連続する。

図3-1　南仏の丘上集落
\# 左はトゥレット=シュル=ルゥ，右はペヨン。

プロヴァンスやコート＝ダジュールの丘上集落は，11〜12 世紀に「カストロム」の名で史料に現われる。サラセン人の侵入を防ぐため，人々が領主の城館を中心として，高みに城塞集落を築いたのだと長く信じられてきた。しかし 1980 年代以降，紀元前 3〜4 世紀に発達したリギュール人の城塞集落「オピドム」との関連が示され[2]，丘上集落は中世争乱期の産物というよりは，地中海文明の表現と考えられるようになった。

中世に成立した丘上集落も，14〜15 世紀には衰退し始める。衰退には，丘上集落が放棄され，斜面下部に新集落ができる「降下」と，丘上集落は残され，斜面下部の新集落と併存する「分化」がある。丘上集落衰退の理由は，時代が進むにつれ，丘上立地の不便さが目立ってきたことだった。事実，低地では湿地の排水が進み，産業が発達したが，それに対応できない丘上集落は，交通網から離れた場所，登り降りのきつい場所，利用できる空間の少ない場所，水の確保の難しい場所とみなされるようになった[3]。

1789 年のフランス革命で領主が消えた後，1870 年代に新大陸から持ち込まれた害虫フィロキセラによるブドウの大被害もあって，丘上集落は 20 世紀前半には過疎化した。ところが，20 世紀後半に人口は増加に転じ，丘上立地は守られた。その理由は，次に示す諸報告で述べられる。

□ なぜ丘上立地は続く？

コート＝ダジュールにあるエズは，19 世紀末まで農村だったが，第二次大戦後に観光業者・文化人・退職者・別荘滞在者などが入り，観光地化した[4]。ローヌ川下流域のヴロは，近くのエタン＝ド＝ベール地域の重工業化で，工場勤務者のベッドタウンと商人・退職者の住む丘上集落とに分化した[5]。ヴァール (83) 県沿岸部のル＝カステレでも分化が生じ，丘上の集居部に通勤者・退職者・観光従事者が集まり，低地の散居部に地元農民が暮らすようになった[6]。さらに内陸部のプリエールでは，20 世紀後半になって，都市圏から小丘南斜面上部に別荘滞在者や退職者が流入し，そこにもとから住んでいた農民は丘の東麓に移り，集落は上下に分かれた[7]。

マルセイユから近く，1930 年代にマルセイユ市民が週末を過す「カバノン」の家々になっていたカブリエスの例[8]もあるが，多くの丘上集落は 20

世紀半ば以降に「都鄙化」した[9]。「都鄙化」とは，農村から農民が流出し，都市圏から通勤者，退職者，芸術家，バカンス滞在者などが流入し，農村が農村的景観を保ったまま，住民構成の面で都市化することを指す。

　丘上集落は，特異な立地を背景に成立し，その特異な立地が原因で衰退してきた。したがって，20世紀後半の再生も，「都鄙化」として片付けるのではなく，丘上がどう扱われ，そこで何が起きたのかを考える必要がある。かつてフランスの農村を調べた谷岡武雄も，ラングドック地方の丘上集落について，不便な場所に人が住み続けることを「妙音を奏でる疑問だ」と言った[10]。

　この疑問に答えていたのがロジェ・リヴェだ[11]。正確に言えば，リヴェの問い掛けは，なぜ人が高みに住み続けるかではなく，なぜ人は高みに住み始めたか，だった。しかし，参考にはなる。リヴェは丘上集落成立の防御説に反論するため，バス＝プロヴァンス地方の丘上集落が南東斜面に多いことを指摘し，気象観測も実施しながら，丘上立地には北西の地方風ミストラルからの回避の目的があったのではないかという気候説を提示した。またリヴェは，岩や高みを意味するケルト＝リギュール起源の地名が多いことから，丘上集落を石の文明に位置づけようとしたし，クリスチャン・ブロンベルジェも同じ立場にある[12]。

　けれども，こうした説明は文明論の域を出ない。そこで，実際の集落に入り，そこに住む人にとって，丘上がどんな場所なのかを明らかにしたいと思った。

II　村はよみがえった！

□　セヨンの丘上集落

　取り上げる集落はヴァール県のセヨンで，その名は古代ケルト＝リギュール語の「sel（高み）」に由来する[13]。同じ県内のセヤンとの混同を避けるため，正式にはセヨン＝スルス＝ダルジャン（「アルジャン川の水源のセヨン」の意）と言う。マルセイユの東北東50kmに位置し，集居状の本村，数戸程

第三章　セヨン，南仏の丘の上の村

度のアモ（小集落），そして周囲に点在する孤立宅からなる（図3-2）。土地は，ブドウ畑（口絵3-1）を中心に，オリーヴや小麦の畑地，灌木の荒地ガリーグ（図3-3），そして森林が広がっている。

　しかし，なぜセヨンなのか。最初，筆者は伝統的な集落を訪問しようと考えていた。建築遺産に詳しい友人のドゥニ=マリ・ラエレックに聞くと，ゴルドなど中世的な景観を保ったまま観光地化した丘上集落が多いので，注意した方がいいと言う。そんなとき，現代丘上集落の多様性を概観した記述で，ブドウ栽培の村の例としてセヨンのことを読んだ[14]。そこでは，住民の九割以上が丘上に残り，役場や小学校も丘上に位置し，観光機能に乏しいものの，マルセイユ人の別荘があると書かれているだけで，調べる余地は

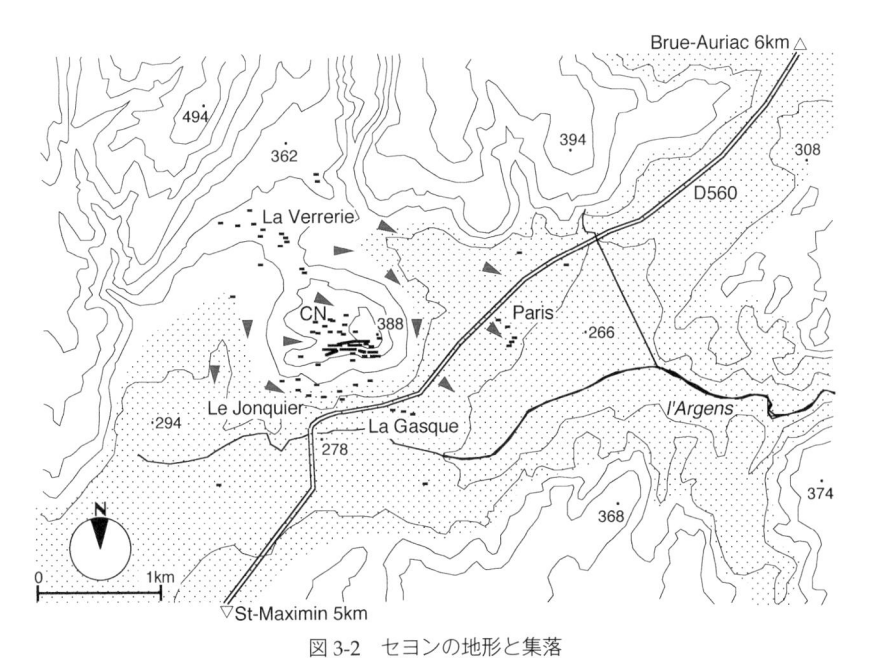

図3-2　セヨンの地形と集落

\#　黒の四角は家屋や集落，三角の矢印はミストラルの風向，網掛は霧の分布，D560は県道，随所の数字は標高，CNは人々が「北側」と呼ぶ地区。
\##　ミストラルの風向は，1990年3月26，27，28日の現地での体感で，おおよその状況を地図に書き込んだ。なお，29日にミストラルは消え，丘上集落では風はほとんどなく，D560のパリのアモ付近で午前中に弱い北東の風が感じられた。29日は午後から曇り，16時頃に雷雨と強風になり，18時頃には晴れた。霧の分布は，29日の目視によるだいたいの様子。

図 3-3　ガリーグの荒野とセヨンの集落
ガリーグとは，石灰岩質の土壌に広がる低木や草地のことで，地中海地域に多い。古代から山火事や人間活動が絶えず，植生の遷移が進まないので，このような状態になっている。

あった。ただし，結論から言えば，必ずしもセヨンが伝統を保持しているとは言えず，それが新しい展開を生むことになった。

セヨンの本村は，標高 388 m，比高 110 m の石灰岩質の小丘の上部 27 %を占め，最も急な南東斜面は平均 12 度となっている。斜面上部占有率は，県平均の 29 %に近いが，比高の県平均 76 m を考えれば，より上部に家々が集まっていると言える（表 3-1）。

集落の向きは，地形図上で集落がどの方位の斜面に伸びているかで判断できる。セヨンは南向きだが，県平均は時計回りに 221 度（37 分の位置）で，南西を向く（表 3-1）。なお，これは丘上集落には南東向きが多いとするリヴェの主張に反する。

筆者がセヨンを訪れたのは 1990 年の 3 月と 8 月だった。一度目は，日暮れ前にサンマクシマンの町を出て，北へ向かったが，途中で日が落ちてしまった。やがて一台の車が前方で止まった。乗る気がせず，そのまま歩いていると，車は行ってしまった。5 km ほどで，左手斜め上方の丘に集落が忽然と現われた。青黒い闇空にオレンジ色の街燈が灯る姿は魔物の住む城のよ

表 3-1　ヴァール県の丘上集落の向きと立地

丘上集落	向き								立地	比高
Vinon-sur-Verdon			NW						25%	30m
St.Julien-le-Montagnier					SW				33%	30m
La Verdière			NW	W					33%	20m
Artigues	NE	N							15%	95m
Esparron		N	NW	W					75%	20m
St.Martin		N	NW	W					33%	60m
Artignosc-sur-Verdon					SW				25%	60m
Montmeyan					SW				50%	20m
Fox-Amphoux	NE	N	NW	W	SW	S	SE	E	28%	100m
Pourrières				W	SW	S	SE	E	81%	6m
Seillons						S			27%	80m
Pontevès					SW				25%	30m
Le Castellet				W	SW	S			16%	140m
Baudinard-sur-Verdon					SW	S			25%	60m
Moissac-Bellevue							SE		39%	60m
Tourtour					SW				10%	90m
Ampus						S	SE		33%	40m
Le vieux Cannet	NE	N	NW	W	SW	S	SE	E	12%	120m
Pierrefeu-du-Var						S			40%	60m
La Cadière-d'Azur						S	SE	E	21%	75m
Èvenos			NW						9%	230m
Le Revest-les-Eaux				W					22%	70m
Bormes-les-Mimosas							SE		50%	80m
Bargème						S			25%	60m
Bargemon					SW				9%	100m
Claviers						S			25%	90m
Mons									0%	250m
Fayence				W	SW	S			44%	50m
Tourrettes						S	SE		27%	80m
Callian				W	SW	S	SE	E	14%	95m
Montauroux				W					13%	130m
St.Paul-en-Forêt			NW						26%	35m
Bagnols-en-Forêt					SW				40%	60m
Grimaud						S	SE		68%	30m
Gassin				W					11%	130m
Ramatuelle	NE	N				S	SE	E	17%	50m
県平均	221 度（37 分の位置）								29%	76m

\#　向きは集落がどの方位の斜面に下っているかを示す．個々の集落ごとに，8 方位の占める割合を，フランス国立地理院 IGN の 1/25000 地形図から読み取り，それをもとに県の平均を計算した．

\##　集落が斜面上部何%にあるかも，同じ地形図で測った．集落最上部を V1，集落最下部を V2，集落のある傾斜面の最上部（傾斜変換点）を C1，傾斜面の最下部（傾斜変換点）を C2 とすると，等高線が 10 m 刻みなので，ほとんどの集落で C1＝V1 となる．そこで，(C1－V2)÷(C1－C2) の値を出し，これを斜面上部占有率とした．なお，0% は斜面の頂部だけに立地することを示す．

うだった。その晩は，「パリ」という名のアモにあるホテル＝レストランに泊まった。シーズン前だったので，客は一人だけ。そのせいか，暖房は効かず，お湯も出ずで，春先といっても，夜は氷点前後に冷え込んだ。翌朝，村に上ると，明るい日差しの下，赤褐色の丸瓦と薄茶褐色の石壁の家々が穏やかに並んでいた。プロヴァンス語で「一片の土地」を意味する「ルゥ・カントゥネ」という呼び名の家も見え（口絵 3-2），昨夜の印象は完全に消えた。と同時に，人々が「北側」（図 3-2）と呼ぶ台地状の平坦面に，1980 年代以降，庭を持つヴィラ形式の新しい戸建てが増えているのも知った。

　以下，セヨンの姿を捉えるために，地形や気候を観察し，住民から話を聞き，新旧地籍図を比較し，国勢調査の結果を参照してみよう。また，エリー・フロランスという村人が残した記録と，村の郵便局員が書いた未公刊ノートがあるので，それらも解釈してみよう。

　国勢調査の結果は，第二次大戦前の分が郡庁所在地ドラギニャンにあるヴァール県文書館 Archives départementales du Var で閲覧でき，第二次大戦後の分は INSEE から取り寄せられる。大戦前の国勢調査時の「住民名簿」には，個人属性や居住地区が記され，地区別集計も不可能でない。大戦後の国勢調査の最も詳しい「網羅集計」の方は，集計単位がコミュンで，本村だけの統計は得られないが，セヨンでは丘上集落への集居率（本村人口÷コミュン人口）が 1975 年まで 80％水準を保っているため，充分に丘上集落の変化は辿れる。

　また，フロランスの記録とは，1960 年に書き上げられた『セヨン村誌, ヴァール北西部の我が村 Monographie de Seillons source d'Argens, mon village du nord-ouest du Var』（引用では「M.SsA」と略）のことで，336 頁のタイプ原稿のコピーがヴァール県文書館に保管されている。村の出来事や思い出，歴史や習慣，生業や動植物などを綴ったもので，フロランスが少年時代だった 20 世紀初めの話からは，本村の変化が把握できる。この本の存在は，セヨン滞在中に古い住民から聞いていた。一方，郵便局員ロベール・ヴァルボネッティ氏が 1990 年に作った未公刊ノート『セヨン Seillons source d'Argens』（引用では「SsA」と略）は，本村で本人に出会ったのがきっかけで，コピーを貰った。24 頁あり，歴史や遺跡の説明が中心だが，セヨンを

印象的に描く文章も挟まれている。

□ 1960年代の社会変化

　20世紀初頭のセヨンは人口流出を続ける農村だった。しかし，集居率は高く，丘上集落の分化もなかった。また，フロランスの記録によれば，本村はコミュン内の中心地だった。例えば，周囲に点在する農家の人が本村のパン屋へ「小麦粉を袋に入れて持っていくと，きれいな白いパン」に変わり，本村の小さな食料品店は「米・パスタ・砂糖・アンチョビー・糸・綿布・ウール・針・石油など，セヨンで作れないものを売っていた」（M.SsA, pp.122-124）という。

　しかし，第二次大戦後になって状況は変わる。フロランスが述べるように（M.SsA, p.71），若手の農家はトマトやアーティチョークを作り，マルセイユやトゥーロンへ出荷するようになった。食用ブドウにも手を出したが，沿岸部より半月以上出荷が遅いため，期待した収益にはならなかった。セヨンが農産物の供給地として，他の農村地域との競争に巻き込まれていく様子が分かる。

　自作農は，1901～1946年まで70戸前後で推移していたが，1962年に40戸，1968年に32戸，1975年に25戸と減る（Archives départementales du Var / INSEE）。それに対してセカンドハウス目的の副住居は，1946年に16軒，1962年に46軒，1968年に51軒，1975年に104軒というように，1970年代前半に急増する（INSEE）。都市の居住環境が悪いフランスでは，副住居が都市の主住居を補完し，緑や静寂を安価に得る手段とされる[15]。プロヴァンス人の副住居は，主住居から100～200km，車で一～二時間の所に多く，夏・クリスマス・復活祭の他，週末にも利用される[16]。副住居は退職後の主住居になる傾向もあり，一時的な住まいとだけみなすことはできない。

　副住居が多くなると，家屋データの方が，人口データよりも集落の実態を正確に表わすようになる。INSEEでは同一主住居に住む人間を「世帯」と定義しているので，世帯代表者の社会経済的属性別世帯数はそのまま家屋データに読み替えられる。セヨンの副住居数は1975年で，セヨン全体の家

134

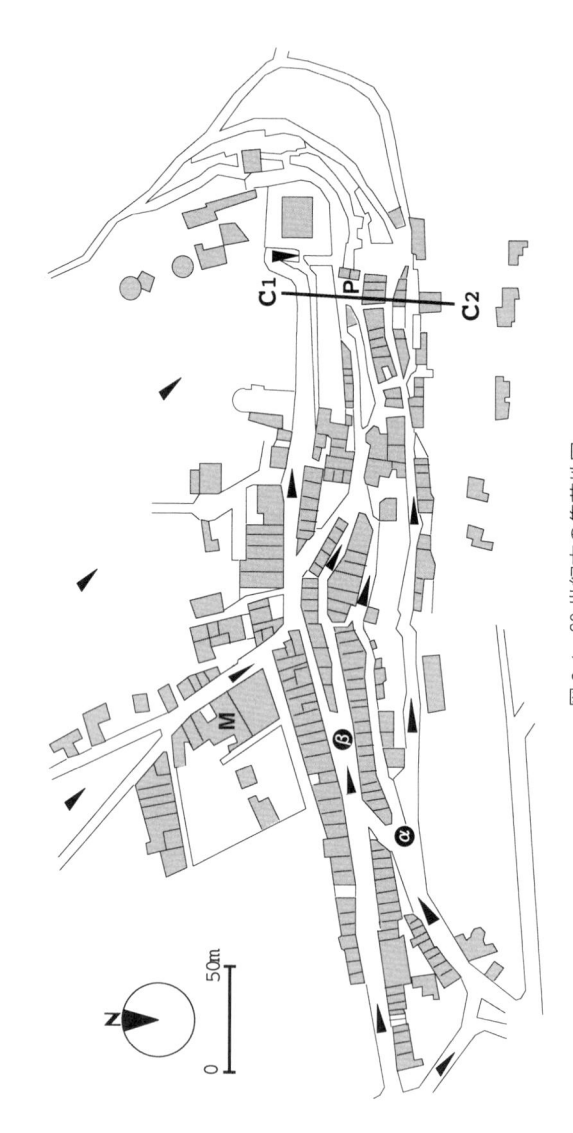

図 3-4 20世紀末の集落地図

\# 家屋や通りはドラギニャンにある土地税金局の500分の1地籍図（1986年）を参考に作図。矢印はミストラルの向き。αは夏に、βは冬に、それぞれ村の老人達が団欒する場所。Mは村役場、Pはパルブラン広場。
\#\# 地図の右下にある歪な形の家々は、庭やプールを備えた現代風の家、いわゆる「ヴィラ」で、斜面の中腹に増えている。

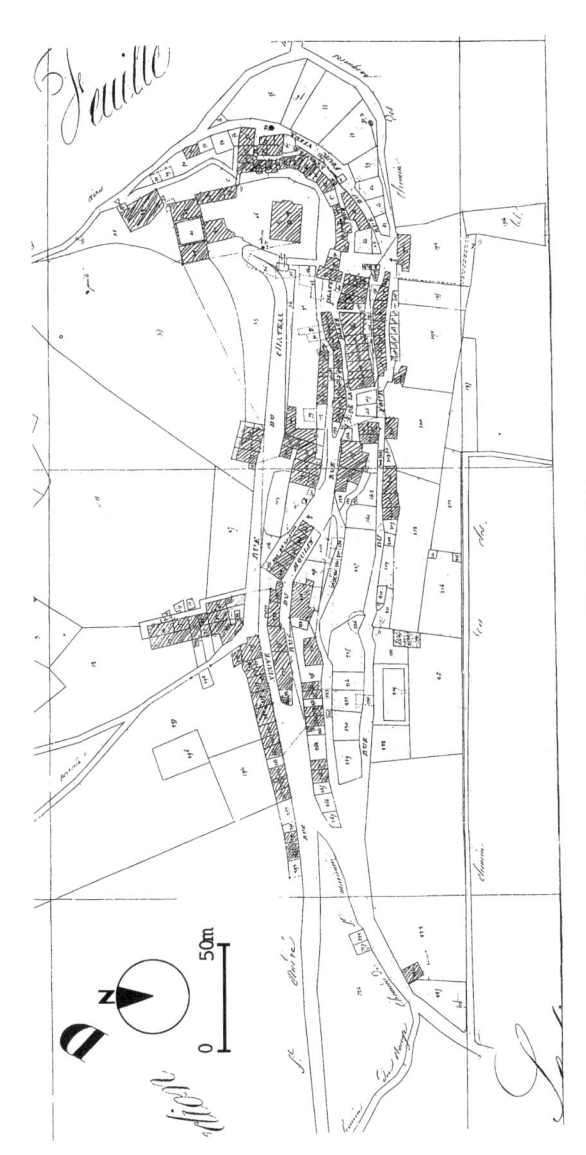

第三章　セヨン，南仏の丘の上の村　　　　　　　　　　　　　　　135

図 3-5　19 世紀後半の地籍図

\# ヴァール県文書館所蔵。通りに接する部分や家屋の下に点線状の〇や□の印の〈や〉や□の印でダクロットが記載されている。オリジナルの図では建物が赤色だが、筆者が斜線を入れた。また縮尺と方位も記入した。
\#\# 点線状の〇と□の印の数を数えると、39 になる。地図の右端に見える小さな丸い黒い印は井戸で、オリジナルの地図では青色。

屋の半数に達する。ちなみに，空き家も含めた全家屋に占める副住居率は42％で，農村コミュン（INSEEは人口2,000未満と定義）に限ったヴァール県平均の34％を上回る（INSEE, 1982）。

他方，農業従事者は農機の移動や保管に不便な狭さを嫌い，孤立宅やアモに多く居住している。それでも，引退農民は本村の西の地区に多く，冬には日当たりの良い石のテラスで，夏には泉のある木陰のベンチで談笑する（図3-4）。一方，セヨンで最も眺望が良く，最も丘上集落的な景観を有する地区には，スウェーデン人やデンマーク人所有のセカンドハウスがある。

現代のセヨンの本村は，財サービスの提供機能を充分に担っているとは言えない。役場・小学校・郵便局・教会はあるが，商店はパン屋，カフェ，食料品店が各1店ずつで，それらと水曜の朝市だけが日用品購入の場になっている。他の買物が必要になると，人々は南へ5kmのサンマクシマンの町や，自動車で一時間半のマルセイユへ行く。また日曜のミサも，本村の教会には司祭がいないので，サンマクシマンからやって来る。

□ 20世紀初めの水平移動

20世紀初め，セヨンの人口構成は変わらなかったが，集落形態は動いた。現代の地籍図をもとに描いた地図（図3-4）と19世紀のナポレオン地籍図（図3-5）を比べてみよう。東の地区が消えた代わりに西の地区が現われ，全体として集落が西へ移動している。洞穴状の岩屋であるグロットもなくなっている。ナポレオン地籍図には家の裏や通りに，∩印や□印の点線状でグロットが描かれているが，現代の地籍図にそうした表示はない。この理由はフロランスの記述が示している。

> 今世紀初めのセヨン。本村の歴史の第二部として，私が十代の頃のことを話したい。セヨンの他はサンマクシマンしか知らなかった純真な当時，子供の目に写ったヴァールのこの地の生活を描いてみよう。セヨンは当時，大きな変化，つまり今の生活に少しずつ近づく深い変化の時代にあった。本村は位置を変え，人々は古いバルブラン地区を捨て，〝新しい家々〟に移った。城館の下の岩に掘り込まれた古い家，開口部が小さな入口一つだけの不健康な家，

風と雨と寒さを防ぐ避難小屋でしかない家は捨てられた。断崖に掘られた湿気の多いグロットは，雨の多い冬には水がしみ出したが，寝室に使われていた。ベッドへは這って入り，座ることもできなかった。天井がとても低かったのだ。狭い台所の隣は居間で，一番大きな角には通気性の悪い暖炉があった。ただ，南を向いた入口の戸だけは，好天時，日に照らされ，陰気な家の唯一の喜びとなった。暖炉のところにある食器棚の上のオイルランプが飾り気のない部屋を照らしていた。めったにないが，真っ暗な夜に隣人を訪れるときは，それを持って外へ出た。主な家具といえば，使用で表面が褐色になったぐらぐらの白木テーブルとその周りの椅子二つだった。サンザシリィやオバーニュの粘土を焼いて作った鍋や柄付き鍋，それに粗雑な皿が，石灰岩に掘られた食器棚に置かれる台所用品だった。古い地区に住んでいた最後の老婦人達が今も目に浮かぶ。欠乏生活と年月の重みで腰の曲がった彼女達は買物に出掛けた。一週間単位でパンを買い，節約のため，固くなったのを食べた。また，二つある食料品店の一つで，ささやかな買物をした。一方，夫達は森や畑で夏の間，1日15時間働き，2〜3フラン稼いだ。こう書くのは申し訳ないが，これが事実だった。セヨンは大変住み心地が悪く，幸せとは言えなかった。石工のブフが少しずつ丘の西へと建てていった〝新しい家々〟はたくさんの窓を太陽に向け，快活で明るく，田舎にふさわしい現代的な家になった。ブフはほんの基礎的な知識しか持っていなかったが，仕事には情熱を抱いていた。彼の設計は，限られた資金のことを考えれば，当時としては傑作ものだろう。広くて風通しの良い通りを持つような，よくできた現在の本村を作ったのは彼なのだと，私はお礼を言いたい。（中略）とにかく，本村は少しずつ西の方へ，空間と空気とより大きな快適さを求めて伸びていった。　　　　　　　　　　　　　　　　　　　　　（M.SsA, pp.110-111）

　フロランスは，「小さな入口一つだけの不健康な家」や「避難小屋でしかない家」のように，狭く湿って不健康なセヨンと，「たくさんの窓を太陽に向け」や「広くて風通しの良い通り」のような，広く明るく健康なセヨンとの対比を強調している。集落が移動した理由は，「空間と空気とより大きな快適さを求めて」とあるように，開放的で健康な居住環境を求めるためだった。グロットについても，「湿気の多い」と否定的に記述され，集落の移動と同じ理由で放棄されたことが分かる。
　グロットは岩の斜面や断崖を掘り込んだもので，利用できる空間の少ない

丘上集落では貴重な補助空間だった。夏は涼しく，昔のセヨンでは，羊を置く家畜小屋，馬の蹄鉄を作る作業場，ブドウ酒を保存するカーヴ（半地下倉・地下倉）などに使われていた。とくにバルブラン広場（図3-4）の北側の崖に掘り込まれたグロットは，夏に冷えたブドウ酒を飲むカフェになっていた（図3-6）。これは，セヨンで一番大きなグロットで，広場の南側に住む所有者に開けてもらい，中へ入って歩幅と目測で計ると，奥行きが12 m，横幅が7 mで，天井の高さは奥半分で5 m，手前半分で3 mあった（図3-7）。

図3-6　カフェだったグロット

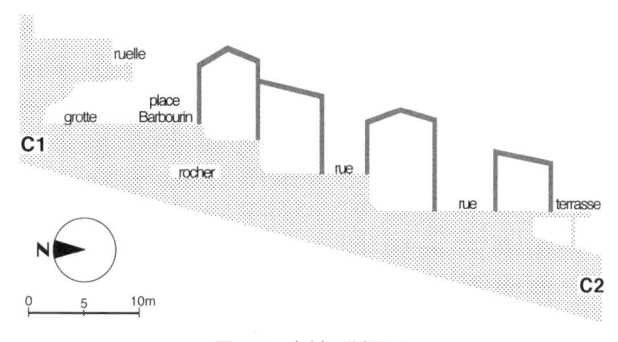

図3-7　本村の断面図

\#　図3-4のC1-C2断面。等高線に直行する小道を利用して，目測と歩幅で作成。

また，平面の形は奥の三分の一が半円状になっていた。さらに，左奥には井戸があり，深さは8mだと所有者は言っていた。このグロットに限らず，現存するものは閉鎖されるか，車庫や物置になっている。したがって，現代の地籍図にグロットの記載が無いのは，グロットが消えたからではなく，積極的に活用されていないからだ。

別の箇所でもフロランスは，村人がバルブラン地区の「不衛生な家屋」を捨て，「新しい家々」に移った様子を描いている。そして，廃墟には家畜だけが残り，石組みは子供達の遊びの対象になったと語る。今も，集落の東の端には，草木に埋もれるように家屋の石壁の一部がある。

> 革命前，本村は城館の下に集まり，城壁の中に守られていた。本村は荒れた丘の上に建ち，豊かな平地への見晴らしがすばらしかったが，通りは，ロマネスク教会へ行くにも，共同井戸や共同かまどへ行くにも，狭かった。本村は移動した。本村は不衛生な家屋を捨て，丘の南斜面の西の「新しい家々」へ移って行った。1910年頃には全住民が古い地区を去り，家畜の鶏，兎，豚だけが残された。古い地区は廃墟となった。日曜のダンスの時には，子供達はショーだと言って，家屋を壊そうとした。子供達が要石を抜くと，石組みは埃と土砂崩れのような音をたてて崩れた。郵便局横の教会やサンタンドレの礼拝堂は，古い家々とともに瓦礫の山となった。（中略）かつての本村だったバルブラン地区は避けられ，今住んでいる家から出るあらゆる種類のゴミの捨て場となった。古い共同井戸は屈辱と苦しみの中で，いわゆる汲み取りバケツを受入れ，貯水槽は埋められた。この乾いた地方で間違いなく崇められていた水も，共同かまどの横で目にすることはなくなった。すべてが消えた。こんなふうに暗く描くのは申し訳ないが，これが真実だった。
>
> （M.SsA, p.138）

ヴァール県文書館に，本村のムラン通りに位置する家の間取り図（20128-5, travaux 1905-1955）が残っている。1930年に所有者がこの家を村へ売る際，行政から委託された専門家が価格見積りのために描いたもので，昔の家の開口部の少なさや小ささが分かる。一階部分は，北側が台所で，その南西にカーヴへ降りる階段が付いている。窓は台所に一つ，南側の部屋に一つしかない。二階部分は，北側が物置，南側が寝室で，小さな窓が一つずつある。

図 3-8　窓の変化と中空の小部屋
#　左側が小さな窓の家，中央が大きな窓の家，右側が中空の小部屋。

　小さな開口部は，グロットとともに丘上集落の伝統形態を示している[17]。実際，地中海地域では，夏の暑さを部屋に入れないため，窓は小さい方が良いと昔からされてきた[18]。ところが，現代人は太陽を求め，窓を広げた。本村の人々も，窓が大きくなり，窓の数が増えたことをよく口にするし（図3-8），フロランスも「たくさんの窓を太陽に向け」と表現している。窓の拡大は他の丘上集落でも報告されていて[19]，重要な変化のようだ。
　バルブラン地区の放棄，西への集落の移動，グロットの閉鎖，小さな窓の拡大，東の地区にある中空の小部屋（図3-8）が西の地区にないこと，これらはすべて丘上集落が開放的になって再生した事実を意味する。しかし，それは同時に，丘上集落が中世カストロムの建築形態を部分的に失ったことも示す。それでも，フロランスが「(空まで) 高く perché」(M.SsA, p.141)，郵便局員が「丘上の perché セヨン」(SsA, p.3) と書くように，セヨンは丘上集落に違いない。「丘上」の語が使われる背景には，地中海地域の文化遺産やアイデンティティを評価する時代の流れがある。

Ⅲ　セヨンとミストラル

□　丘上と盆地の局地気候

　本村が位置する丘上の場所について，セヨンの人々はどのように感じているのだろう。1990年3月下旬の滞在中，「ここはいいところ？（On est bien ici ?）」というような質問をすることで，場所に対する人々の意識を探ってみた。まず，肯定的あるいは中立的なものから紹介したい。

　　　ここは気候が良い。冬の低地は寒い。夏は同じ。どこも暑い。
　　　　　　　　　　　（犬を連れた村生まれの老齢男性，1990.3.26 メモ）

　　　下に畑があった。だから人々は丘の上に村をつくった。丘は岩のために畑が
　　　つくれなかった。不便はない。電気も車もある。畑へ行くにも，マルセイユ
　　　やサンマクシマンへ行くにも，車が使える。毎週日曜の朝には司祭がサンマ
　　　クシマンからミサにやって来る。私たちは皆カトリックだ。冬，ここはサン
　　　マクシマンより10℃高い。サンマクシマンは，雨が降ったとき，霧に覆われ
　　　る。　　　　　　（陽だまりで団欒していた引退老人の一人，1990.3.27 メモ）

　　　サンマクシマンは一日中霧の中。セヨンは朝方少し霧でも，昼には晴れる。
　　　セヨンで霧が出るのは街道沿いだけ。
　　　　　　　　　　　　　（1932年にセヨンに来た女性，1990.3.28 メモ）

　　　丘の上にある村というのは当たり前。プロヴァンスには無数にあるから。今，
　　　人々はいろいろなものを修復したり，保全している。
　　　　　　　　　　　　（9ヶ月前から村にいるパン屋の男性，1990.3.27 メモ）

　　　セヨンに来てあまり長くない。仕事を見つけに来ただけ。
　　　　　　　　　　　　　　　　　　　（食料品店の女性，1990.3.28 メモ）

　　　一番嫌なのはミストラル。本村がミストラルから守られているとは言えない。
　　　冬は人があまり通りに出ない。一番良いのは暑さと太陽。冬，下は凍っても

上は凍らないし，下は霧でも上は霧が出ない。夏の暑さは丘の上も下も同じ。低地は日が射さないが，丘の上はいっぱい日が射す。

(5年前から住む鎧戸職人，1990.3.29 メモ)

セヨンに人が住むのは，一面見渡せるし，太陽に照らされて乾燥しているから。あと，水も電気もあるから。　(村役場の事務の女性，1990.3.28 メモ)

デンマーク人やスウェーデン人が7月や8月にやってくる。畑が作れないから，人間が丘の上に住む。これは重要なこと。だんだん本村は，西の方へ移動し，今は北側にも住んでいる。冬は丘の上の方が暖かい。丘の下が零下10℃なら，丘の上は零下4℃くらい。

(村長でホテル=レストラン経営のベルトン氏，1990.3.28 メモ)

マルセイユからセヨンに来たのは，マルセイユの喧騒や公害を逃れ，静けさと空気の良さを求めてだった。セヨンでは家を作るのが簡単だと思った。

(村長夫人，1990.3.28 メモ)

　肯定的あるいは中立的な意見は，古くからの村人，商店・工務店を営んでいる人，そして行政に携わっている人に多い。パン屋と食料品店の人を除けば，ほとんどの人が気候や環境の長所を語っている。なお，村への関心の程度は，古くからの村人，行政に携わっている人，商店・工務店を営んでいる人の順に高いように感じた。
　次に，退職後の居住場所としてセヨンを選んだ人の説明を見てみたい。退職者のコメントは比較的細かいが，これはセヨンに生活の質を求めて来たことを示している。

とくに春にミストラルがよく吹く。気候は丘の下より良い。風通しがいい。冬の低地は寒くてミストラルが吹き抜けるが，丘の上は吹き抜けない。ここはミストラルが丘の西面を巻いて避ける。冬でも暖かい。太陽が東から西へと回って出る。だから健康に良い。丘の下は湿気があるが，丘の上は乾燥していて健康に良い。この二年間，夏はとても暑かった。本村の西の家々は風が強くて，居住するにはよくない。といっても，マルセイユやローヌ河谷ほ

ど強くない。プロヴァンス人はプロヴァンス的なところに住むものだ。ニースは湿気がある。一番良いのはトゥーロンの沿岸だ。
　　　　　　　　　　　　（マルセイユから来た退職男性，1990.3.26 メモ）

　セヨンは村だ。農民がいて，人々はブドウ畑の大地で生活している。変化がなく，何も変わらない。人々はずっと同じスタイルで生きている。皆親切だが，ああしろ，こうしろ，ここを変えろと言われないのがいい。サンマクシマンの町でも農業する人は多いが，都市化しているので，変化が多く騒々しい。ここは観光客もいないし，静かでうるさくない。冬ここは暖かい。なぜなら，太陽に照らされ，凍らないから。サンマクシマンは盆地なので，霧が出る。凍ることも多い。夏は日中どこも暑い。ただ，ここは朝と夕方はサンマクシマンより涼しい。丘になって，空気の流れがいいからだ。それに霧も出ない。サンマクシマンは暑い。空気が溜まる。霧も少し出る。
　　　　　　　　　（数年前に退職してセヨンに来た男性，1990.3.29 メモ）

　丘上と低地の気候が対比されている。人々は「太陽に照らされ」，「一番良いものは暑さと太陽」，「いっぱい日が射す」，「太陽が東から西へと回って出る」，「10℃高い」，「乾燥」，「凍らない」，「冬でも暖かい」，「(夏は) 涼しい」などの表現で，丘上が日に当たり，乾燥して，生活に好ましいと指摘する。谷あいに関しては，冬は「寒い」，「霧に覆われる」，「霧の中」，「日が射さない」，「凍る」のように，日当りが悪く，冷たいミストラルが吹き抜け，地面は凍り，辺りは霧に覆われ，逆に夏は「暑い」，「湿気」，「空気が淀む」のように，風通しが悪く，熱気が溜まると話す。

□　場所の対比
　丘上の気候が良いのは，局地気候の研究からすでに分かっている[20]。したがって，重要なのは，丘上と盆地というローカルな気候の差が，セヨンとサンマクシマンとの比較に至る点だろう。
　実際，サンマクシマンは「都市化しているので，変化が多く騒々しい」が，セヨンは「観光客もいないし，静かでうるさくない」という言い方は，局地気候の対比が都市・農村の対比に変移することを表わしている。数年前

にセヨンへ来て，集落の東の地区の家を改良して住んでいる退職者は，上で紹介したように，「農民がいて，人々はブドウ畑の大地で生活している。変化がなく，何も変わらない。（中略）皆親切だが，ああしろ，こうしろ，ここを変えろと言われないのがいい」と話す。環境の点では農村で，人間関係の点では都市に近いセヨンの性格をよく伝えている。

　他方，昔からの村人や行政関係者の意識は，外から来た退職者とは異なる。生活や景観が変わったこと，人の結び付きが弱くなったこと，村に愛着を持てないことなどが，次のように語られる。犬を連れたセヨン生まれの人の発言に注目してみよう。窓が大きくなったり，通りが広がったことを，1960年のフロランスのように近代化の流れとして喜ぶのではなく，地中海地域的な伝統性の消滅，あるいは異文化としての北欧人の侵入として否定的に見る。

　　焚き木を拾いに毎日散歩している。すべて変わった。住んでいる人は皆変わってしまった。今の人は私達と全く違う人達。昔は苦しい手仕事だった。馬や自転車で。今は機械。人が働かなくなった。今のセヨンは嫌い。テレビを見ても分からないことが多い。
　　　　　　　　　　　　　　（1932年にセヨンに来た女性，1990.3.28 メモ）

　　（バルブラン地区に）昔は二百人いたが，今は六人。皆が捨てた。美しくない。スウェーデン人が家を買う。とくに（バルブラン広場の）下の通り。今は城館と呼ぶが，昔はバスティードと呼んでいた。すべて壊された。昔は窓も小さかったが，皆が大きくした。どの家もグロットを持っていた。酒倉，羊の保管，暑さ避けのためだ。通りはもっと広かったが，スウェーデン人が家を建ててつぶした。昔はレストランがあったが，丘の中腹に家はなかった。昔なかった家が次々建った。（丘上の北側の新しい家を指して）ほら，美しくない。すべて壊された。　（犬を連れた村生まれの老齢男性，1990.3.26 メモ）

　　個人的に本村はあまり好きでない。マルセイユに生まれた。12年前にマルセイユから来た。本当のセヨン人はセヨン人なりの精神性を持っていて，よそ者を受けつけない。セヨンに一人も友達はいない。いろいろ行政の仕事もしているし，老人達のめんどうもみているが，本村に愛着は抱いてない。

(村長夫人，1990.3.28 メモ)

□ 地方風ミストラルの作用

　ミストラルについては，評価が分かれる。「一番嫌なのはミストラル」という意見もあれば，「風通しがいい」，「空気の流れがいい」という意見もある。また，「ミストラルがよく吹く」，「ミストラルから守られているとは言えない」，「本村の西の家々は風が強く」という意見もあれば，「丘の上は吹き抜けない」，「丘の西面を巻いて避ける」という意見もある。

　リヴェは，丘上集落の地形がミストラルを回避すると言うが，同時に彼自身の経験から，丘上集落ではミストラルは強く吹くとも言う[21]。いったい丘上集落とミストラルの関係はどうなっているのか。

　セヨンで風の吹き方を観察してみた。この地域のミストラルは一年を通して西北西から吹くとされ[22]，しかも地形の凹凸のため風の通り道が決まるので，観察は易しい。3月26, 27, 28日はほぼ一日中晴れで，体感的に中程度のミストラルが吹いていた。村の人も「今日（28日のこと）吹いているのが寒いミストラル」（1932年にセヨンに来た女性，1990.3.28 メモ）と教えてくれた。

　さて，西北西から吹いて来たミストラルは小丘の北西斜面に当たったのち，二方向に分かれる（図3-2）。この意味で本村を直撃することはない。しかし，ミストラルの一部は西から本村の通りに吹き込んでくる（図3-4）。とくに通りは狭く，両側を三層ほどの連続する家屋にきっちり押さえられているので，風速は増す。ただ，本村の中でも東へ行くにつれ風は弱まり，最古の地区としてかつて家屋のあった小丘南東斜面上部では，風はほとんど感じられない。

　一般にミストラルには，冷たさや災害をもたらす強風，あるいは神経をいらいらさせる風といったイメージがあるが，実際は長短両所を備えている。その作用は大きく，冬には晴天，比較的低い湿度，低い温度，夏には晴天，きわめて低い湿度，さわやかな気温をもたらす[23]。また，秒速10 m（時速36 km）以上のミストラルは冬，そしてとくに春に頻発するが，秒速5 m（時速18 km）以上のミストラルなら，夏にも吹く[24]。つまり，夏のミスト

ラルは少しばかり夏の日中を涼しくするのだ[25]。

英国の人類学者が書いたヴォクリューズ (84) 県の丘上集落ルシヨンの生活誌[26]でも、ミストラルの二面性が述べられている。すなわち、村人はミストラルを冷たく不快な風として嫌がると同時に、不健康を追い払ってくれる乾いた風として肯定する。

けれども、ミストラルに対するセヨン人の説明が一致しないのは、ミストラルに長短両所があるからだろうか。それよりも、住民がときに冬のミストラルを語ったり、ときに夏のミストラルを語ったりしているからのように考えられる。実際、「丘の西面を巻いて避ける」ミストラルや、「マルセイユやローヌ河谷ほど強くない」ミストラルは、冬のミストラルだろう。反対に、「風通しがいい」というときの風や、「空気の流れがいい」というときの風は、夏のミストラルだろう。つまり多くの住民は、丘上という場所とミストラルの関係を好意的に捉えるために、冬と夏のミストラルの影響を混ぜて説明しているのではないか。

ミストラルが丘上集落の通りを勢いよく吹き抜けるのは間違いない。しかし、これが風通しと夏の涼しさにも寄与する。それに、セヨンに吹く冬のミストラルも、ローヌ河谷に比べればかなり弱く[27]、また風は通りを吹き抜けるのであって、家屋を直撃するのではない。実際、同じプロヴァンスでも、丘上集落は家が寄り集まっているので風の影響が少なく、糸杉の防風林、つまり屋敷森を有する孤立宅「マス mas[28]」とは違う。フロランスの記述も挙げておこう。「きれいにしてくれる乾いた風」(M.SsA, p.116) であるミストラルが衛生や脱穀に貢献する様子が語られる。

> それでもその当時、本村は衛生的とは言えなかった。家にはトイレがなかった。水は井戸か貯水槽にだけあった。(中略) 糞便とは言いたくないが、むかつく臭いが漂っていた。この方面での進歩は遅く、浄化下水道の整備は1960年まで待たねばならなかった。ミストラルだけが悪臭を取り除いてくれた。
> (M.SsA, p.111)

小麦を刈り入れ、麦打ち場の隅に積み上げた後、風の日が始まると〝吹き飛

ばし〟の作業に入った。ミストラルが混じっているときは良い風になった。モミとワラ屑の混じった熊手ひとかき分を空中から投げ入れると，麦は〝唐箕〟の下へ落ち，細かいモミ殻は遠くへ飛び，最終的に麦ワラと麦粒が分けられた。　　　　　　　　　　　　　　　　　　　　　（M.SsA, p.115）

　ところで，プロヴァンスのヴァール県では，丘上集落は南西向きが多い（表 3-1）。そのため，当地で北西から吹くミストラルは集落の横に当たる。一方，ミストラルが南西から吹くコート＝ダジュールのアルプ＝マリティム県では，丘上集落は南東向きが多い。また，ヴォクリューズ県のリュブロン山地の北面には北向きの丘上集落が少なくないが，この地域は東西に伸びる山地と谷間のために，ミストラルが西から東へ抜ける。少なくとも現存する丘上集落では，ミストラルの風向と集落の向きは直交しやすい。これも，ある意味で風通しの良さを示す証拠かもしれない。

□ 集落と家屋の形
　丘上立地の局地気候上の良さは，家屋の形や間取りにも利用されている。バルブラン広場の南に面する家屋の内部を見せてもらったが，下層階から上層階へ，地下倉→台所→居間→寝室→屋根裏部屋と変わり，また家屋の南側には居間と寝室があり，北側には台所や戸口があった。
　また，集落の西では，斜面は緩いが，家屋が低層で通りも広く，日当りは良い。一方，集落の東では，家屋は高層で通りも狭いが，斜面は急で，日当りは思うほど悪くない（図 3-9）。それに，東の通りが狭いといっても，場所によっては南側が空いているし，西の「新しい家々」の通りほどではないにしても，多くの場所で自動車の進入や駐車が可能になっている。セヨンが再生できた理由には，通りの幅もあるだろう。
　ある調査によれば，83 県と 13 県の丘上集落への車の進入状況は，37％が「充分に可能」，60％が「一部の通りで可能」，3％が「完全に不可能」であり，集落内駐車は，7％が「充分に可能」，39％が「一部の通りで可能」，54％が「完全に不可能」となっている[29]。自分の目でも確かめたところ，コルニヨン＝コンフ，ビオット，ボルム＝レ＝ミモザは車の進入が可能だが，

図 3-9　狭く高い東の地区と広く低い西の地区

図 3-10　狭くても車が入れる集落内

トゥレット=シュル=ルゥ，エズ，ペヨン（図 3-1）は車が通行できず，駐車場も集落外にある。セヨンは車の進入も駐車も「充分に可能」なので，状況は良い（図 3-10）。

丘上集落の維持には，役場の位置も関係する。バス=プロヴァンス地方では，役場や教会が低地へ移転したことで丘上集落が衰退した例は少なくない[30]。セヨンの村役場は台地上の「北側」に近く，ぎりぎり丘上と言える部分にあるが，下から見れば高みには違いない。村役場の位置がセヨンの丘上集落の分化や降下を防いできた面は確かにある。

Ⅳ 〈領域化〉する丘上集落

□ 近代化と「澄んだ空気」

住民は「生活上何の不便もない」と言う。理由は「水と電気と自動車があるから」だ。丘上集落では古くから石の貯水槽があったが[31]，低地に比べ，水の確保は大問題だった。フロランスも，1910年に初めて人工の泉に水が引かれ，1956年にはアルジャン川から，ミネラルウォーターで有名な「エヴィアンにも劣らない新鮮できれいな水」が丘上の貯水タンクにまで上げられ，「セヨンの人々は千年来の夢を実現した」（M.SsA, p.55）と書いている。さらにフロランスは，1910年の電気の導入，1929年の歩道の設置，1956年の通りのアスファルト舗装，1960年の下水道の整備を列挙する（M.SsA, p.58, p.139）。そして，セヨンの近代化を歓迎する。

> 仕事は変わり，機械化された。犂は強力なトラクターになり，馬は小型トラックになった。また，ベンチ付き馬車は，ドフィヌ，403，エトワールといった軽量自動車に代わり，日曜には大きな町や海辺に行けるようになった。私達は親の時代の苦痛に程遠い。至高の作物であるブドウの木によって，セヨンは心地良い所になった。協同組合は大きくなり，ブドウ酒はたくさんの金を落した。セヨンの家は上水道，暖房，電気，ラジオ，テレビ，洗濯機を備えて，都市と同じ快適さを持つ家になった。澄んだ空気の分だけ，マルセイユも羨むだろう。若い耕作者達は，運転手と機械工の一人二役で仕事を進んで行ない，家では好きにラジオコンサートやテレビ映画を楽しむ。雨が降って畑が水浸しのときは，カフェやサークルに出掛け，トランプやペタンクをする。暮らし振りははるかに向上し，肉屋は昔の十倍の値段で肉を売り，

新鮮な果物やジャムやケーキのデザートは，毎回の食事の後で皆の口に入るようになった。　　　　　　　　　　　　　　　　　　　　　　（M.SsA, p.141）

　「都市と同じ快適さ」という表現から分かるように，都市に近づいた喜びが記されている。それは，セヨンが「都鄙化」を示す前の人々の意識だっただろう。今日セヨンに住む都市出身者が，都市との差を強調するのとは正反対になっている。それでも一つだけ，現代と同じように評価されるものがある。「澄んだ空気 air pur / bon air」だ。セヨンは都市と同じくらい快適になったが，都市以上の「澄んだ空気」に包まれるという意識が，すでに1960年の住民にあった。

　セヨンの丘上集落が20世紀後半に再評価された理由は，①気候の良さが現代人の求める健康な居住環境に合致したこと，②家屋の改良が不健康で閉鎖的な建築構造を解消したこと，③農地との連続性が健康で余暇的なイメージをもたらしたこと，だと指摘できる。ただし，セヨンに付随する「健康的な場所」というイメージとバカンスや退職生活との関係には神話的な面も多い。ジャン=ピエール・ブザンスノは，地中海地域と健康との関係を分析し，一般に高齢者が健康のため地中海気候に抱く魅力的なイメージは，科学的には疑わしいと結論する。そして，むしろ心理効果の方を重視し，地中海の天気が退職生活の楽しみと質を向上させるのではないかと述べる[32]。マルセイユからの退職者が言った「プロヴァンス人はプロヴァンス的なところに住むものだ」という発言も，セヨンには太陽の下のプロヴァンス的な農村イメージがあることを示している。

□　村人が語るセヨン

　セヨンは地中海的な景観を残すが，村の人々が集落の起源について語る内容は表面的だ。村長のベルトン氏に本村が丘上にある理由を尋ねると，「昔，村を守るため人々は高い所へ上がった」と話す。アジア人が珍しいのか，学校帰りの子供達の集団が寄って来たので，同じ質問をしてみると，「城館があって，そこへ人が集まりどんどん大きくなった」と答える。そして，郵便局員ヴァルボネッティ氏は「対ベルベル人でオピドムができ，対アラブ人で

中世の集落ができた」と言い，陽だまりにいた老人の一人は「昔，城館に領主がいて，その後で人々が次々に住んだから」と説明する。こうした話振りは歴史を語るほどのものではない。では，セヨン人は村をどのように描くのか。フロランスと郵便局員の描写を見てみよう。

> 昼は青空まで高く（perché jusqu'au ciel bleu），夜は銀空まで高く（perché jusqu'au ciel argenté），光り輝く星屑の下，舟の舳を逆さにした姿のセヨンは澄んだ空気の中で息をしている。セヨンに来て下さい。楽しいです。1920年当時の村長ジャン氏は，ヴァール県の別の村セヤンやシヤンと間違わないよう，（村名に）〝スルス゠ダルジャン〟を付けた。地名の最後のこの語は貴金属のように輝き響く。セヨンは亡き村長の力で生き返った。デュメルク氏がアルジャン川の源の水を〝上げた〟ので，どこでも水が豊富に流れる。丘の頂上を覆う二つの貯水タンクが水を溜めている。舗装された通り，塗り替えられた壁，至る所に咲く花，若返った城館，皆が使える下水道，樋のある屋根。安く美味しい料理がたくさん味わえるパリ（セヨンにある小集落のパリのこと）のレストランのおかげで，セヨンはレストランガイドや地域に知られた。パリのベルトンのレストランへ昼食に来て下さい。おいしい食事の後でセヨンに〝上って〟下さい。そこは美しいパノラマの広がる幸せな見晴らしの場です。　　　　　　　　　　　　　　　　　　　　　　（M.SsA, pp.141-142）

　これは1960年にフロランスがセヨンを語った箇所だ。ベルトンとは，パリのアモにあるホテル゠レストランのことで，1983年から村長のウジェンヌ・ベルトン氏がシェフとオーナーを兼ねる。「舟の舳をひっくり返した姿」はセヨンを南から見た姿にほかならない（口絵3-1）。フロランスは，「青空まで高く」，「銀空まで高く」，「水を〝上げた〟」，「丘の頂上を覆う二つの貯水タンク」，「〝上って〟下さい」，「幸せな見晴らしの場」という表現で，丘上の高みが持つ性質を強調している。

　今日，セヨンは725人が住む小さな村で，暮らしは良い。石灰岩の丘の上にある家は，階段状に建ち，岩に沿って伸びている。二本の通りを結ぶ細い抜け道では，擦り減った石の階段が滝のように落ちる。鉢植えのゼラニウムがバルコニーを飾る。岩にしがみつく壁はひび割れ，あちこちでキヅタの蔓が

まとわりつく。サボテンのようにまっすぐなタチアオイが，道行く人に，白や紫やバラ色の花を見せる。夏の夜，昼間の喧騒がおさまる頃に，城館の下でアーモンドの木が生える草むした小道をぶらつくのは心地良い。地平線上の太陽は一日に別れを告げ，色彩ショーの中で，空を素晴らしい赤と黄色とオレンジ色に染める。谷の奥では，アルジャン川の流れが輝き，軽いそよ風が，耕したばかりの土の香りを運ぶ。夜は穏やかで，広大な空に流れ星が一つ，音もなく夕闇を切り裂いていく。遠くサンマクシマンの町の灯は，鬼火のように踊る。　　　　　　　　　　　　　　　　　　　　(SsA, p.12)

こちらは，郵便局員が 1990 年に書いたものだ。空は「流れ星が一つ，音

図 3-11　郵便局員のスケッチ

\# 　Robert Valbonetti, *Seillons source d'Argens*, 1990, ouvrage inédit から。スケッチにはバルブラン広場という文字が入っている。構図的には広場から西方向を見ている。

もなく夕闇を切り裂いていく」ように，高みでなくても見えるもので，丘上という場所が持っている性質は主題になっていない。郵便局員のヴァルボネッティ氏は，別の箇所でも，「セヨンの場所はとてもピトレスクで，夏には木陰と冷水が訪問者を元気づける」（SsA, p.3）と一般的に述べ，小冊子に入れた挿絵（図 3-11）も，どこにでもあるような美しい村に表現する。したがって村は，音や光や匂い，石や木や花に包まれ，絵画的であることが強調されている（口絵 3-3）。

　30 年の間に語りの中心は，丘上での大気の感覚から，絵画的な村の表象に変わった。こうした絵画的な村のイメージは，すでに観光メディアがはっきり示している。コート＝ダジュール地方で最も観光地化されたエズ，プロヴァンス地方で最も有名なゴルド，ヴァール県で最も標高の高いバルジェムの描写を，ガイドブックや旅行雑誌から拾っておきたい。「魔法」や「おとぎ話」という言い方は，まさに地中海世界とは無縁の普遍的な空想イメージと言っていい。

　　（エズの）石落しや巡警路とともに，14 世紀の二重の城門が，同色の古い石
　　のため家と岩の見分けが付かないようなおとぎ話の雰囲気に，訪れる人を一
　　気に誘う。　　　　　　　　　　　　（*Le Guide Vert: Côte d'Azur*, 2003, p.169）

　　ハイシーズンに文字どおり（観光客に）占拠されるゴルドは（観光の）成功
　　の犠牲と言える。だから春先や秋に村を訪れるといい。何にも妨げられるこ
　　となく，魔法が立ち現われる。　　　　（*Le Guide Vert: Provence*, 2003, p.220）

　　時代が戻ったようなこの集落（バルジェム）は，時間が止まり，魔法がかっ
　　た不思議な雰囲気に包まれ，まるでおとぎ話のページから村が出てきたよう
　　だ。　　　　　　　　　　　　　　　　　（*Détours en France*, no.27, 1996, p.13）

□ 外国人とセカンドハウス

　丘上集落が空想的なイメージで語られることと連動して，フランスの都市居住者以上に，北欧やベルギー，スイスなどの外国人の関心が強くなっていく。1990 年代初めに，英国人ピーター・メイルの『南仏プロヴァンスの 12

表3-2 セカンドハウスの外国人所有率

	1968年の別荘所有者			2000年の別荘所有者			
	仏人	外国人		別荘数	仏人	外国人		別荘数
ボニィゥ	98%	2%	[ベルギー デンマーク 米国]	110	72%	28%	[ドイツ オランダ スイス ベルギー 英国]	318
メネルブ	96%	4%	[米国 スイス 英国]	78	64%	36%		235
ルルマラン	94%	6%	[英国 スイス モナコ]	152	71%	29%		229
ロリス	94%	6%	[ベルギー]	94				
ラコスト					84%	16%		91

\# 1968年は注9) ③の MENNY (1970) の税金台帳調査, 2000年は注35) の Bachimon (2006) のアンケート調査から。括弧内は, それぞれの文献で示されている外国人別荘所有者の主な国籍。別荘数は INSEE の 1968 年と 1999 年のデータ。すべてコミューンの数値であって, 必ずしも集居部だけの数値ではない。
\#\# ルルマランのみ平地の集落で, 他は丘上集落。

か月』が世界的に売れた。舞台はリュブロン山地で, メイルは谷間にある古い農家マスを買い, メネルブの丘上集落へは買物に行くというような生活を一年間送った[33]。この滞在記の影響で, リュブロンの丘上集落は有名になった。もっとも, リュブロンの丘上集落は, それ以前から観光地化していたので, 正確には外国人に広く知られるようになったと言うべきだろう。事実メイルも, 1970年代前半と比べて, 遠くから見た美しさは同じだが, 村内部に入ると, 鄙びたカフェは粋なカフェに変わり, 広場はアスファルト舗装にされ, 欧州中の車で埋まるようになったと書いている[34]。

21世紀に入った丘上集落は, ますます欧州北部の別荘滞在者によって維持されるようになる。セカンドハウス所有者に占める外国人の比率は, 1968年が3％前後, 2000年が30％前後で, 十倍程度に増加している (表3-2)。

しかし, より興味深いのは, 仏以北の外国人が丘上集落内部の古い家屋を修復して住み, パリ人などの北仏人が丘上集落外に庭やプール付きの家を新築する傾向にある点だ[35]。セヨンでも, 丘上集落の最も古い地区にはデン

マーク人やスウェーデン人の別荘があるものの，別荘が急増しているのは「北側」の平坦な台地上で，そこでは庭やプール付きのものが中心になっている。基本的に，南仏から文化的・距離的に離れる人々ほど，丘上集落的な家屋に住もうとする。しかし，この現象も新しいものではなく，すでに 1970 年代半ば，プロヴァンス大学はフォク=サンフゥ（83 県）の丘上集落を調べて，標高の高い中心部から標高の低い周辺部へと移るにつれて，主な居住者が，外国人とパリ人，マルセイユ人とニース人，ヴァール県人と地元フォクス人，と順々に変化していくことを明らかにしている[36]。

結局，丘上集落を持つコミュンはコミュン全体で人口を増やすものの，丘上の中世的な地区に限れば，外国人の別荘，観光客相手の土産物屋，作業と販売を兼ねたアトリエなどが増えて存続している面が大きい。地中海的な景観を有する領域が，欧州北部の人々によって〈領域化〉されるのは皮肉だが，多文化フランスの影響はこのような部分にまで及んでいる。

参考文献

1) Roger LIVET (1983): «Recherches sur les villages perchés de la France méridionale». (In) Pierre FLATRÈS et Xavier De PLANHOL, *Études sur l'habitat perché*. Université de Paris-Sorbonne, pp.11-34.

2) ① Gabrielle DÉMIANS D'ARCHIMBAUD (1980): *Les fouilles de Rougiers (Var): contribution à l'archéologie de l'habitat rural médiéval en pays méditerranéen*. CNRS. ② Jean BRUN, Gaëtan CONGES, Chérine GAERABA et Michel RASQUALINI (1985): «L'habitat rural dans le Var à l'époque romaine: données archéologiques récentes». *Provence Historique*, t.35, pp.233-251.

3) ① Roger LIVET (1962): *L'habitat rural et structures agraires en Basse-Provence*. Ophrys, pp. 202-206. ② Jean-Pierre CHARRE (1969): «L'habitat et la mise en place du peuplement dans la vallée moyenne de la Durance». *Bulletin de la Société d'Études des Hautes-Alpes*, année 1969, pp.77-109.

4) Christiane VIDAL (1969): «Èze-sur-mer ou la mutation d'un village». *Recherches Méditerranéennes*, no.8, Ophrys, pp.293-301.

5) Lucien TIRONE (1971): «Un village provençal à la recherche de sa vocation (13-Velaux)». *Méditerranée*, 10-3, pp.649-666.

6) Université de Provence (1977): *Campagnes méditerranéennes: permanences et mutations*. CRDP: Centre régional de documentation pédagogique de Marseille, pp.304-306.

7）Bruno MARTIELLI (1983): *Une communauté rurale de Provence face au changement: Pourrières et ses environs dans la haute vallée de l'Arc*. CNRS, pp.28-43.

8）① Simone BERGOUNHOUX (1938): «Les transformations du genre de vie et de l'habitat rural dans le bassin de l'Arc (commune de Cabriès)». *Bulletin de la Section de Géographie*, t.53, pp.93-99. ② Daniel PINSON et Sandra THOMANN (2001): *La maison en ses territoires: de la villa à la ville diffuse*. L'Harmattan, pp.37-38.

9）① 前掲 3）① の LIVET (1962), pp. 207-208. ② Anne-Marie FAIDUTTI-RUDOLPHE (1966): «Monfort, siciliens et kabyles font revivre un village perché». *Actes de 90ᵉ congrès national des sociétés savantes, section de géographie* (Nice), pp. 119-133. ③ Marie-Hélène MENNY (1970): «Renaissance des villages du Luberon». *Études Vauclusiennes*, no.3, pp.20-25. ④ André DAUPHINE (1972): «Carros, un exemple d'aménagement volontaire». *Méditerranée*, 11-3/4, pp.3-17. ⑤ René GROSSO (1973): «Le renouveau villageois sur la rive gauche du Rhône entre Drôme et Durance». *Études Rurales*, no.49/50, pp.265-295. ⑥ Michèle JOANNON, Claudine DURBIANO, Lucien TIRONE et André De RÉPARAZ (1975): «Le village dans les campagnes provençales: analyse de l'évolution récente des villages perchés». *Convegno internationale: i paesaggi rurali europei* (Perugia), pp.303-316. ⑦ Pierre FLATRÈS (1983): «Les villages perchés». (In) *Études sur l'habitat perché*. Université de Paris-Sorbonne, pp.2-10.

10）谷岡武雄 (1966):『フランスの農村―その地理学的研究』, 古今書院, p.259.

11）前掲 3）① の LIVET (1962), pp.208-224.

12）① Roger LIVET (1978): *Atlas et géographie de Provence, Côte d'Azur et Corse*. Flammarion, pp.62-63. ② Christian BROMBERGER (1985): «La Provence: une civilisation de la pierre». *Lithiques*, no.1, pp.7-16.

13）Albert DAUZAT et Charles ROSTAING (1963): *Dictionnaire des noms de lieux en France*. Larousse.

14）前掲 9）⑦の FLATRÈS (1983).

15）Françoise CRIBIER (1973): «Les résidences secondaires des citadins dans les campagnes françaises». *Études Rurales*, no.49/50, pp.181-204.

16）Bernard BARBIER (1967): *Logements de vacances et résidences secondaires dans le sud-est méditerranéen*. Cahiers du Tourisme, A-5, Centre des Hautes Études Touristiques, pp.5-6.

17）① 前掲 8）① の BERGOUNHOUX (1938). ② Victor RAYMON (1965): «Les villages perchés d'Outre-Siagne: étude de leur structure, les maisons anciennes». *Actes du 90e congrès national des sociétés savantes, section d'archéologie et histoire d'art* (Nice), pp.139-155.

18）Pierre GEORGE (1930): «Le Tricastin». *Annales de Géographie*, no.222, pp.579-598.

19）① 前掲 5）の TIRONE (1971), p. 657. ② 前掲 6）の Université de Provence (1977), p.212, p.272.

20) Gisèle ESCOURROU (1981): *Climat et environnement: les facteurs locaux du climat*. Masson, pp.66-76.
21) 前掲 3) ①の LIVET (1962), p.210.
22) ① Ernest BÉNÉVENT (1938): «Sur la direction et la fréquence du mistral en Basse-Provence et sur les causes de ce courant aérien». *Bulletin de la Section de Géographie*, t.53, 71e congrès des sociétés savantes, pp.19-52. ② Adrien ORIEUX et Émile POUGET (1984): *Le mistral*. Ministère des Transports, Direction de la Météorologie, pp.1-5.
23) ①前掲 22) ②の ORIEUX et POUGET (1984). ② Jean-Pierre BESANCENOT (1989): «Vents et santé en façade méditerranéenne de l'Europe». *Annales de Géographie*, no.546, pp.179-195.
24) 前掲 22) ②の ORIEUX et POUGET (1984).
25) Ernest ASCENCIO (1983): *Aspects climatologiques des départements de la région Provence, Alpes, Côte d'Azur*. Ministère des Transports, Direction de la Météorologie, pp.60-73.
26) Laurence WYLIE (1957): *Village in the Vaucluse: account of life in a French village*. Harvard University Press, p.186.
27) ①前掲 22) ①の BÉNÉVENT (1938), ②前掲 22) ②の ORIEUX et POUGET (1984).
28) Jean MERCIER (1943): «L'habitation rurale provençale, le vent et le soleil: quelques remarques préliminaires». *Revue de Géographie Alpine*, 31-4, pp.525-533.
29) 前掲 9) ⑥の JOANNON et al. (1975).
30) 前掲 3) ①の LIVET (1962), pp.203-206.
31) Roger LIVET (1962): «Problèmes provençaux: l'eau et les villages». *Bulletin de la Société de Géographie de Marseille*, mars, pp.33-38.
32) Jean-Pierre BESANCENOT (1987): «Mediterranean climate and geriatrics». *Experientia*, 43-1, pp.57-63.
33) ピーター・メイル (1993): 『南仏プロヴァンスの 12 か月』(池 央耿訳), 河出書房新社, p.7.
34) ピーター・メイル (1993): 『南仏プロヴァンスの木陰から』(小梨 直訳), 河出書房新社, pp.170-172.
35) Philippe BACHIMON (2006): «Les multirésidents étrangers dans le Luberon: distinction, assimilation». (In) *Les étrangers dans les campagnes*. Actes du colloque franco-britannique de géographie rurale, Ceramac, pp.37-52.
36) 前掲 6) の Université de Provence (1977), p.273.

第四章
地中海の港町セットと色彩

夕暮れ時のセット運河

I　ラングドックの「真珠」

□　陸繋島，砂州，港

　南仏ミディの地中海側には，海と関係した独特の地形，陸繋島が見られる。沿岸流がもたらす土砂が細長く堆積した砂州によって陸地と繋がるため，仏語では，河川の中州や小さな半島部などと同じように，「ほとんど島」の意で「プレスキル」と呼ばれる。完全な島ではないものの，その孤立性は珍しいだけに，観光地になる可能性を秘めている。

　ラングドック地方のエロー県にある人口4万，面積24 km^{2}の港町セットも，陸繋島の上に成立した町で，観光を主とした地域振興を進めている。そして，セットの観光化には，地形的な孤立性に依拠した〈領域化〉が色彩計画との関連で見られる。この場合の色彩計画とは，建造物のファサードを政策的に彩色することを言う。セットと観光と色の関係を調べていくと，空間の〈領域化〉だけでなく，現代において色とは何かという問題まで明らかになってくる。

　そのセットは地中海に面し，市街地に運河が張りめぐらされている（図4-1）。産業的にはフランス地中海沿岸第一の漁港で，貿易港としてもマルセイユに次ぐ規模を誇る。さらにレジャー港の機能もあり，港や運河には多種類の船が係留されている。毎年八月末のサンルイの祭りには，セット運河の「カードル・ロワイヤル」（図4-2）で，水上槍試合「ジュット」のトーナメント決勝が行なわれる。ジュットとは，船尾に槍の選手を乗せた二艘の船が交差し，相手選手を突き落とすゲームで，大勢の観光客がトーナメントを見に訪れる。さらに一年を通して，文化・芸術フェスティバルが開かれ，地元の魚や野菜を使ったレストランも多い。

　セットは，陸繋島の形から，ラングドックの「真珠」とも言われ，南西方向へは，「リド」と呼ばれる11 kmの砂州が伸びている。北東方向は港湾地区だが，17世紀末から18世紀末の地図[1]を見ると，そこも砂州だったことが分かる。陸繋島は標高182 mの丸みを帯びた石灰岩質の丘になっている。このサンクレール山の頂部に上がると，丘の東に広がる市街地全体が視界に

第四章　地中海の港町セットと色彩　　　　　　　　　　　　*161*

図 4-1　ロワイヤル運河

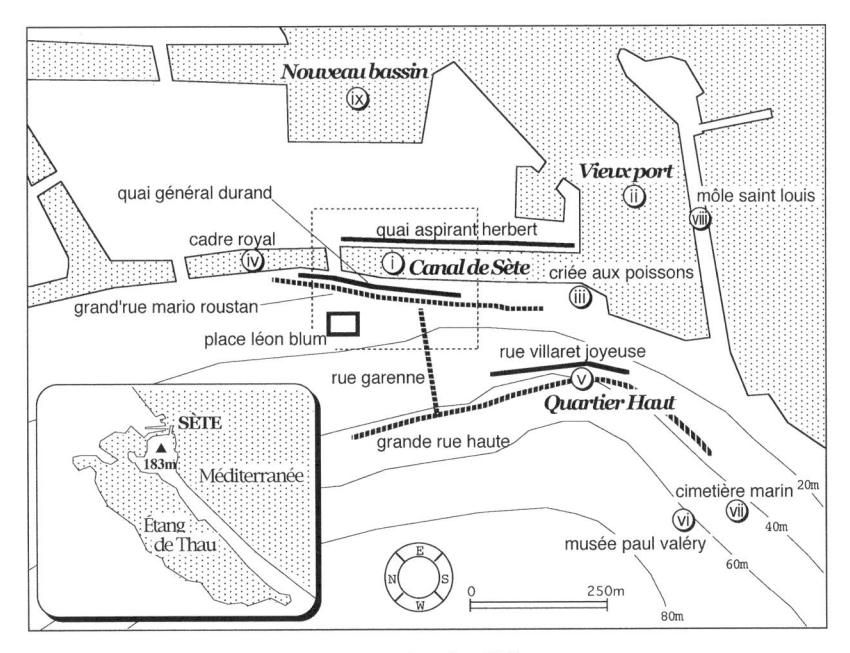

図 4-2　セットの地勢

\#　網掛は水域。黒太実線は色彩を調べた所，黒太点線はその他の通り。m は標高。 i はセット運河，ii は旧港，iii は魚市場，iv はジュット会場のカードル・ロワイヤル，v はカルチエ＝オー，vi は美術館，vii は海辺の墓地，viii はサンルイ防波堤，ix は新港。

入る。また，陸繋島と本土の間に潟もはっきり見える。これが面積 75 km² のトー湖で，地中海と続いているために塩分を含み，牡蠣の養殖地として知られる。

セットは成立の経緯の点でも変わっている。南仏にはマルセイユをはじめ，ニース，トゥルーズ，ナルボンヌなど，古代起源の町が少なくないが，セットの歴史は新しい。ルイ十四世下，ラングドック地方のワインや小麦を輸出するために，蔵相コルベールは軍事技師クレールヴィルに貿易港の建設を命じた。そして 1666 年 7 月 29 日，百人の労働者がサンルイ防波堤の建設工事に取り掛かった。当時，マルセイユからペルピニャンに至る地中海岸に適当な港がなかったので，クレールヴィルは，サンクレール山の石灰岩が防波堤に使える点，大型船の入港可能な 6 m の水深がある点，悪天候でも船が近づける立地条件が確保されている点から，セットの地に港を造ることに決めたのだった[2]。

水上槍試合も 1666 年の防波堤工事開始の日に始まった。その後，1669 年に地中海とトー湖がロワイヤル運河で結ばれ，1689 年には港が完成した。初期の居住区域は，港建設の労働者が住んだサンクレール山の東斜面で，「カルチエ＝オー」（「高い界隈」の意）と呼ばれた[3]。市街地は，運河や貿易の発達とともに，運河沿いの低い一帯にも拡がっていった。

加えて，トー湖とガロンヌ川を結ぶミディ運河の建設が 1667 年から始まり，1683 年に運用を開始した。セットは運河完成以前の 1670 年にワインの輸出を開始し[4]，1673 年には家や倉庫の建設，小麦やワインの販売に関する免税特権を得ていた[5]。そのため，ミディ運河の開通によって，セットは大西洋から続く内陸水路の終起点と位置づけられ，地中海沿岸を代表する商業港となった。さらに 1870～80 年代には，経済危機で将来の展望を見出せないイタリア南部の漁民が移民としてセットに流入し，カルチエ＝オーに住みついた。第一波はナポリの北西 80 km のガエータから，第二波はナポリの南東 40 km のチェターラからとされている[6]。

□ セットは色の町か？

セットの地理的独自性と歴史的特異性は，観光においてどう評価されるの

だろう。『ギド・ブルー・ラングドック゠ルシヨン』（引用では「GB.L」と略）の1988年版と2002年版を比べてみたい。

> 海と潟の間にある堂々とした丘で，それら海と潟の匂いが混じり，クジラの形をした一種の島セットは，何よりリオン湾を見下ろす無二の眺望地だ。海浜地でもあり，11 kmの細かい砂のリドで陸地と繋がる。また，活発な商港と漁港であるセットには，数世代前からイタリア人やスペイン人が根付き，生き生きして，コスモポリタンで，地中海的な表情が見られる。それに，セットは芸術家の産地で，たまり場だ。ヴァレリーや，（中略）や，ブラッサンや，（中略）などの作品には，セットの光の雰囲気が染み込んでいる。
> （GB.L-1988, p.597）

> ほとんど一つの島…。比類なき光，色，そして至る所にある水が，セットにラングドックのヴェネツィアの名を与えた。サンクレール山の斜面に立ち，トー湖と海と運河に挟まれたセットは，地中海沿岸の大港の一つで，海と潟の匂いが混じる。ヴァレリーやブラッサンは，セットの生んだ最も有名な人物だ。また，セットはコスモポリタンな町で，外国系とくにイタリア系社会がピトレスクな雰囲気を作る。
> （GB.L-2002, p.260）

「一種の島」は「ほとんど一つの島」に，「海と潟の間」は「トー湖と海と運河に挟まれ」に，「イタリア人やスペイン人」は「とくにイタリア系」に置き換えられ，さらにこれらとは別に，「色」，「至る所にある水」，「ラングドックのヴェネツィア」が新しく付け加えられている。つまり2002年版では，「色」，「島」，「水」，「海」，「港」，「運河」，「イタリア」，「ヴェネツィア」がキーワードになっている。また，1998年版から消えたものとしては，「眺望地」，「海浜地」，「11 kmの細かい砂のリド」など，地形的な特徴が挙げられる。

　構成面も比較すると，1988年版ではイントロダクションの後に「歴史の中のセット」，「今日のセット」，「下の町」，「サンクレール山」の四節が続き，2002年版ではイントロダクションの後に「港と下の町」，「上の町とサンクレール山」の二節が続く。明らかに歴史から地理へ重点が移っている。

セット運河に沿って並ぶ四〜五層の家は地味で，道路に面した階は，かつてアーチ形の倉庫だったが，今日ではブティックやレストランに変わり，河岸は手すりに掛けられたカラフルな漁の網で一杯だ。(中略) 家々のファサードも，濃いワインレッド，オレンジ，黄色，青などの色を手に入れた。

(GB.L-2002, p.262)

まさに「南」。カルチエ＝オーはナポリやアルジェなどの地中海の町のように階段状の斜面だ。坂の小路はイタリア人，カタルーニャ人，アルジェリア植民者，マグレブ人，と次々に移民の波を受け入れてきた。(中略) 港から狭い小路のセブ階段を上がると，窓に掛かる洗濯物がイタリアを思わせる。(中略) 海に落ち込むような狭い小路，家の前で談笑する老人，通りで遊ぶ子供が，いやおうなしにイタリアを想起させる。　(GB.L-2002, p.264)

　2002年版では，「下の町」が運河沿いを中心に観光地化し，建造物もカラフルになったこと，「上の町」は坂状で，イタリアなどの地中海諸国から移民が入ってきたことが述べられる。一方の1988年版では，「下の町」や「上の町」の地勢や歴史が記されるに留まる。「下の町」に関しては，「まず運河沿いと丘の周辺を訪れるのがいい。十ある橋がセットの島嶼性を示す」，「上の町」については，「松に覆われた石灰岩質の丘，サンクレール山は182 m。(中略) どこから眺めても水平線が見える」と淡々と書かれる。それ以外は，劇場，美術館，墓地，防波堤，通りの説明に終始する。
　このようにセットは，時代が進むにつれて，島嶼性，カラフルさ，イタリア的性格という三つのイメージを強く与えられるようになった。その中でも，カラフルさは大きな位置を占める。
　ギド・ブルーの1988年版に写真はないが，2002年版にはカラー写真が五点添えられている。うち一点は，ジェネラル＝デュラン河岸通りにある黄色・バラ色・レモン色の三棟（口絵4-1）の並びだ。文章で色のことを述べても，カラー写真がなければ，イメージは湧きにくい。逆にカラー写真があっても，それを色鮮やかとする言説がなければ，効果は薄れる。記述と写真は相乗効果の関係にある。
　また，色彩に関する1988年版の記述は，カイガラムシから採る赤色染料

ケルメスに関するものだけだった。それが 2002 年版では，ケルメス採集についても特別にコラムまで設けられている。すなわち，①ラングドックではオークに付くカイガラムシから赤色染料ケルメスを抽出していたこと，②カイガラムシの種ごとに多様な赤を得ていたこと，③ラングドックのカイガラムシはアメリカ大陸から別のカイガラムシの染料コチニールが輸入されて衰退したこと，が述べられる（GB.L-2002, p.264）。なお，体内に赤い色素を持つカイガラムシは複数種あり，ラングドックのタマカイガラムシは，灌木の荒地に生える常緑低木のケルメスオーク（カシの一種）に寄生し，アメリカ大陸のコチニールカイガラムシは，サボテンの葉に付く[7]。

　もう一つ注目したいのは，ギド・ブルーの内容がセット観光局の内容に近いことだ。黄色・バラ色・レモン色の三棟が並んだ写真は，観光局のパンフレットに同じものが見出せる。さらに，「比類なき光，色，そして至る所にある水が（中略）ピトレスクな雰囲気を作る」という文章も，「活気あるコスモポリタンな町で，外国人社会，とくにイタリア系社会や，港に関係した活動が，ピトレスクな雰囲気を作る」という観光局 HP（http://www.ot-sete.fr 2010.10 確認）の表現に近い。2002 年版では，章タイトルの横の一番目立つ所に，観光局の住所と電話番号まで記されている。2002 年版のギド・ブルーは観光局のパンフレットの別バージョンと言っていい。ちなみに 1988 年版では，最終ページの隅に参考文献としてセットの歴史を扱った雑誌と図書が紹介されているにすぎない。

　いずれにしても，セットでは色彩がカギになっている。そして旅行案内書には，次のような比喩的な記述さえ出てくる。しかし，観光にとって色彩はどんな意義を持ち，どのようにして広められるのだろうか。

> 最も理想的な時間は午後の終わり，カモメの一群を伴った船が荷を積んで戻る時だ。イワシ・サバ・カニの詰まった箱が河岸一杯に並び，匂いと音に包まれる。この時こそ雰囲気は最もカラフルになる。　　（GB.L-2002, p.262）

II　イタリア風の色彩と街並み

□　ファサードの色

　フランスの現代建築の色は，土地の風土・歴史・伝統と切り離され，画一的な形に変化や活気や個性を与えるものとされる[8]。パリのポンピドゥ・センターなどは，保守的な建築家にショックを与える目的で，外壁に出た空気管が青，水道管が緑，配線管が黄，外から見えるエレベーターとエスカレーターが赤に塗られている[9]。

　それに対して伝統建築の色は，ジャン=フィリップ・ランクロが示すように，土地の材料に制約される。同じ地域でも，硬い石が採れる町の壁は灰色に，柔らかい土が採れる町の壁は煉瓦でバラ色になる。また，雨風や湿気による劣化を防ぐ上塗りにしても，積んだ石の隙間を埋める目地にしても，土地の素材や技術を反映する[10]。例えば，リムザン地方のコロンジュ=ラ=ルージュ村では，地元で赤茶色の硬い砂岩を切り出し，それを石灰でくっつけて家の壁にするので，村全体が赤色を帯びるし，プロヴァンス地方のルシヨン村では，石灰岩の切り石を積み上げ，周辺で産出される黄色からバラ色までのオーカーを漆喰に混ぜて家の壁に塗るため，村全体に赤味が掛かっている[11]。

　色の地域差に関心を持つランクロは，壁や屋根など広い部分の色彩を基調色，戸・窓枠・鎧戸など細部の色彩を部分色として調べている。それによると，配色の点で部分色は基調色と対照的になりやすいという[12]。事実，ブルターニュ地方の沿岸地域や島嶼地域では，石の上に石灰を塗った白い壁の家が多いが，木製の戸・窓枠・鎧戸は青く塗る。青はブルターニュ人の好む色で，ブルターニュの海や空，あるいは聖母マリアを示し，船の青と白の塗色も，海と空の青，光の白を表わすらしい[13]。

　建物の色彩は，日向か日陰か，雨や雪か，真昼か夕方かでも変わる[14]。そのため，色を社会文化的に把握するには，色相・彩度・明度の数値ではなく，おおまかな色相と濃淡で充分だろう。それとは別に，セットでは外観的にファサード（建物の正面壁）とアーケード（アーチ状建築）が目を引く上

第四章　地中海の港町セットと色彩　　　　　　　　　　　　　　　　167

(図 4-3)．鎧戸の多くが主に折り畳み式で，それ以外は巻き上げ式になっている。つまり，鎧戸を開けても，押し開け式のように壁の外側に出て，壁の色を侵食することはない (図 4-4)。したがって，セットの色彩景観を考える際，考察対象はファサードの基調色だけで問題ない。

図 4-3　アーケードとファサード
\#　セット運河沿いの通りの駐車場の案内図にあったイラストから。

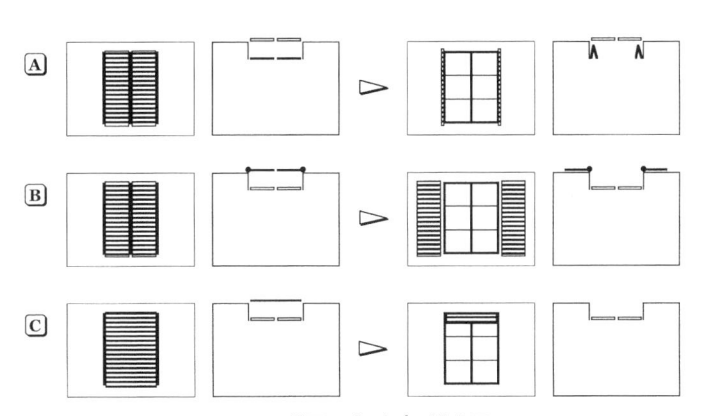

図 4-4　鎧戸のタイプの模式図
\#　A は折り畳み式，B は押し開け式，C は巻き上げ式。矢印の左は鎧戸を閉じ，右は開いた状態。六つある二枚組の図のうち，左は正面から鎧戸を描いたもの，右は真上から鎧戸を描いたもの。
\#\#　鎧戸とは，雨風・日射し・寒さを防いだり，防犯・プライバシー保護のため，窓に付ける木製の戸板のこと。

□ 観光地区の色分布

2008年3月と2010年12月，セットにおいて，カラフルな彩色が施されている地区のファサードの色分布を調べた．最初に運河沿いについて，とくに観光地化の進んだサヴォヌリィ橋から海側を対象として，運河西岸はジェネラル=デュラン河岸通り11〜30番地（口絵4-1），運河東岸はアスピラン=エルベール河岸通り1〜25番地（口絵4-2）を記録した．すると，濃い赤（えんじ色・ワインレッド），薄い赤（朱色・バラ色），濃い黄（山吹色・オレンジ色），薄い黄（肌色・レモン色），薄い青（水色・スカイブルー），濃い茶（焦げ茶色・コーヒー色），薄い茶（薄い土色），クリーム（オフホワイト），白（真っ

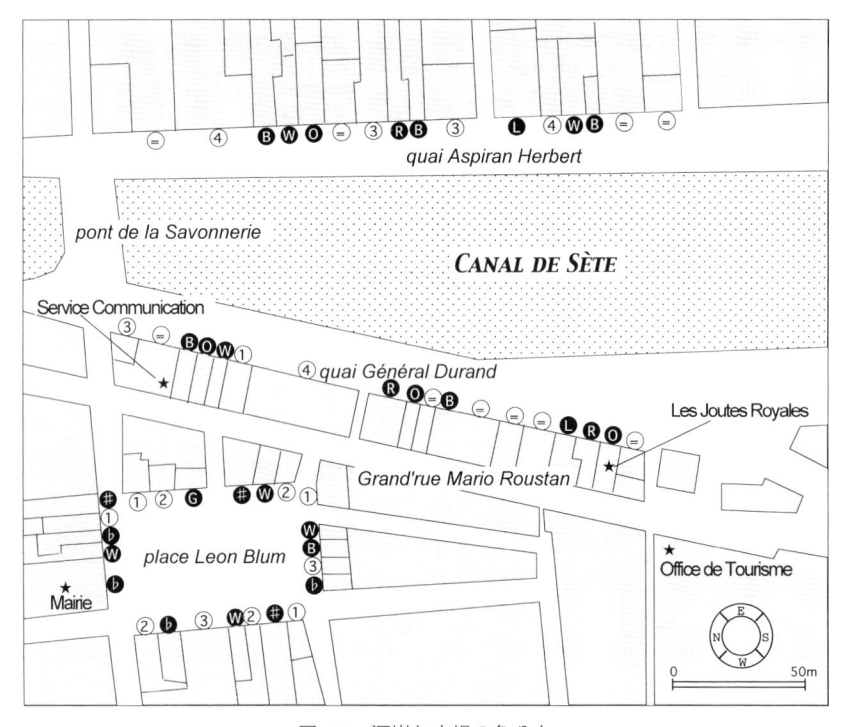

図4-5 河岸と広場の色分布

\# 範囲は図4-2の点線で囲んだ部分．建物の配置は地籍図（http://www.cadastre.gouv.fr）を参考に作成．
\#\# 星印は，左上がセット市広報課，左下が市役所，右上がジュット・ロワイヤル，右下が観光案内所．色彩の記号は表4-1参照．「有彩色」は黒丸印，「無彩色」は白丸印で表示．

白）の九色に分けられた（図4-5）。濃い赤から薄い青までは，色の名称が同じならば，同色か，同色に近いことを自分の目で確かめたが，濃い茶から白までは，だいたいそのような色という判断しかできなかった。

なぜこうした違いがあるかというと，濃い赤から薄い青までは，意図的に「色」として塗られているからであり，また後述するパンフレットの写真に出てくるように，「色」として意識されているからだ。一方で，濃い茶から白までは，写真で強調されることもなく，自然な「色」に近い。実際，茶色や灰色は，本来なら有彩色だが，建築物に関しては，石壁や土壁の色とも言える。したがって本章では，赤・黄・緑・青・紫など虹にある色を「有彩色」，茶・灰・白など土や石に多い色を「無彩色」と，カギ括弧付きで区別する。

色分布を棟数で見ると，運河西岸のジェネラル＝デュラン河岸通りでは，濃い赤1，薄い赤2，濃い黄3，薄い黄1，薄い青2，濃い茶1，薄い茶1，クリーム1，白6となった。一方，運河東岸のアスピラン＝エルベール河岸通りでは，1番地の現代建築を除き，濃い赤2，薄い赤1，濃い黄1，薄い黄1，薄い青3，濃い茶2，薄い茶2，白4を数えた。西岸は「有彩色」40％，

表4-1　河岸と広場の色彩比率

記号	色	東岸	西岸	広場
W	濃い赤	6	2	7
R	薄い赤	3	8	
O	濃い黄	3	6	
L	薄い黄	5	2	
B	水色	6　36	5　40	2　53
G	緑			3
#	薄い暖色ピンク			7
♭	薄い寒色ピンク			12
4	濃い茶色	12	10	
3	薄い茶色	9	3	9
2	薄い灰色	64	60	10　47
1	クリーム色		2	9
＝	白	20	19	
	窓の横列の数の合計	64	57	59

＃　上の8段が「有彩色」，下の5段が「無彩色」。通常の数字は実数，斜体の数字は小計の％。

「無彩色」60％，東岸は「有彩色」36％，「無彩色」64％なので，「色」の有無に大差はない（表4-1）。ただし，「有彩色」が50％を大きく割ることは，「無彩色」に対して面積的に少なく，配色論的にアクセント効果を発揮していることが分かる。また，出現パターンを見ても，「有彩色」が「無彩色」の間に規則的に入るのではなく，二棟ないし三棟連続したり，逆に数棟分現われなかったりするので，「有彩色」の部分だけを見れば多色的，周囲の「無彩色」を含めて見ればアクセントになっていると指摘できる。

　運河沿いと並んでカラフルな場所がある。市役所が建つレオン＝ブルム広場（口絵4-3）だ。同じように，色分布を棟数で調べてみた（図4-5）。結果は，緑（モスグリーン）1，薄い寒色ピンク（寒色系の薄い赤紫色）4，薄い暖色ピンク（暖色系の薄い桃色）3，薄い灰（寒色系のコンクリート的な色）4だった。運河沿いに無い色があり，運河沿いよりもカラフルに感じた。同時に，運河沿いとは色彩のパターンが異なっているようにも思った。

　この理由に，薄いピンクの多さがある。実際，薄いピンクを含めた「有彩色」の比率は53％と高い（表4-1）。二つ目の理由としては，緑の存在がある。緑色の壁はセットでは少ないだけに，人目を引く。三つ目の理由は，鎧戸の色だろう。運河沿いの鎧戸は，白や白に近い色で塗られるので目立たないが，レオン＝ブルム広場では，濃い赤，濃い青，濃い緑などに塗られることが多い。そのため，鎧戸が閉じられている場合は，基調色と部分色との間に配色上のコントラストが生じ，色彩が活気を帯びてくる。さらに四つ目の理由として，市役所を除けば，ファサードの横幅が狭く，外観的に色の変化が頻繁なことがある。最後に五つ目の理由として，運河沿いと比べて，ここの建物はファサードに装飾のための凹凸が少ないので，塗色しやすいことも考えられる。

　レオン＝ブルム広場には，次のような記念プレートが壁に掛かっている。「この広場は1987年，市長イヴ・マルシャン氏の主導と，彫刻家ピエール・ノッカ氏の協力のもと，セット市役所によって修復された。1987年6月21日」。1987年に広場が修復された背景を述べる前に，別の地区の色彩も見ておこう。

第四章　地中海の港町セットと色彩　　　　　　　　　　　　*171*

図 4-6　ヴィラレ=ジョワイユーズ通り
\# 左手前から三番目の家の仏式一階と四番目の家の仏式三階に洗濯物が掛かっている。三番目の家の仏式三階のテラスに見えるのはサンタクロース。なお，写真の右側が崖になっている。

□ カルチエ=オーの色彩分布

　カルチエ=オー（図4-2）は，サンクレール山の東斜面，ガレンヌ通りより南の南北に細長い地区を指す。イタリアのナポリのように，海に向かって下がっている。また，イタリアの街ではバルコニーや狭い通りにロープを渡して洗濯物を干すことが多いが，カルチエ=オーでも同じ光景が見える（図4-6）。さらに，カルチエ=オーの低層の家のバルコニーは，隣人と会話するのに便利だが[15]，ここにも日常会話が絶えないイタリアと似た光景が見出せる。こうしてセットでは，運河沿いが「小ヴェネツィア」，傾斜面地が「小ナポリ」と呼ばれ，イタリア的なイメージが強められている。

　しかし，カルチエ=オーのファサードの色は，運河沿いや市役所広場とは印象も配列も違う。カルチエ=オーの特徴をヴィラレ=ジョワイユーズ通りで考えてみたい。この通りは，海側が断崖で，地中海への見晴らしが良く，最もカルチエ=オー的とされる。1番地から35番地までの家を順に確認していったところ，「有彩色」に比して，薄い灰，薄い茶，クリーム，白といった「無彩色」が多かった（表4-2）。なかには，絵が描かれていたり，色が落

表 4-2　ヴィラレ=ジョワイユーズ通りの色彩分布

番地	ファサード	ファサードに関する補足事項
1	クリーム色	
2	薄いピンク	色は非常に薄い
3	薄い灰色	鎧戸とテラスの手すりは濃青
4	薄い茶色	
5	クリーム色	窓周り 15 cm 幅が枠を模したピンク
6	薄いピンク	3 層の地上階の左が白，右が薄灰
7	クリーム色	
8	薄い灰色	
9	薄い茶色	
―		この部分は山側に家がなく，基台のみ
10	濃い灰色	色がまだらで，綺麗ではない
11	薄いオレンジ	
12	薄い黄色	
13	薄い茶色	
14	薄いピンク	色は非常に薄い
15	薄い灰色	
16	薄い赤	
17	薄い黄色	
18	薄い茶色	
19	白	
20	薄い灰色	
21	薄いオレンジ	
22	濃い茶色	
23	薄い灰色	
24	複数の色	クリーム色と非常に薄いピンクと薄い茶色
25	濃い茶色	
26	薄い茶色	
27	薄いピンク	落書きが目立ち，ファサードが台無し
28	白	色が相当落ち，部分的に塗りなし
29	クリーム色	
30	薄い灰色	
31	クリーム色	
32	クリーム色	
33	薄いオレンジ	
34	白	
35	薄い茶色	青赤白で店名ソシアルの絵と文字がある

\#　ファサードの色と補足事項は，現地での観察による。

\#\#　フランスでは，通りの一方の側を奇数，もう一方の側を偶数にして番地を付けていくが，この通りは山側にしか家がなく，運河側は崖のため，片側だけの連続番号になっている。

\#\#\#　薄いオレンジや薄いピンクは，実際には「有彩色」とも，「無彩色」とも言い切れない。このような「有彩色」と「無彩色」の不明瞭さが，この通りで「色」が重視されていないことを示す。

ちていたり，部分的に塗り直されている壁もあり，統一感を欠いていた。また，「有彩色」は全体的に淡めで，とくに薄いオレンジや薄いピンクが目立ち，運河沿いや市役所広場のような濃い赤や濃い黄はなかった。

　ところが，さらに一本高い位置のオート本通りに入ると，所々で派手な色の家に出くわす。もっとも，それらは芸術家のアトリエで（口絵4-4），地上階と二階部分を異なる色にしている場合もあり，やはり運河沿いや市役所広場のファサードとは違う。つまり，運河沿いや市役所広場は，秩序だったランダムな配色だが，カルチエ=オーは，薄い色が多いヴィラレ=ジョワイユーズ通りにしても，派手な色が現われるオート本通りにしても，無秩序な配色が頻出する。

　このように，カルチエ=オーのファサードは，運河沿いや市役所広場のファサードと色彩の様相を異にしている。それは，後述するように，市の色彩計画の対象であったか否かに起因する。

　なお低層家屋は，陸繋島の北の端にある漁村地区ポワント=クルトでも見られる。一～二層の家が並ぶポワント=クルト地区では，鮮やかな濃い赤茶色や黄土色で壁を塗ることが近年多くなっており，かなりカラフルと言える。けれども，そこは，河岸の細い道を歩き，鉄橋の下をくぐらなければ行けないので，ツーリストの目に触れることは少ない。

□ 黄色いゲストハウス

　前述の黄色・バラ色・レモン色の三棟の並び（口絵4-1）は，セット観光局発行のパンフレット写真によく使われるが，その三棟の最も海寄りがゲストハウス〝ジュット・ロワイヤル〟（図4-7）となっている。筆者は2010年のセット訪問の際にそこへ泊まった。

　〝ジュット・ロワイヤル〟では，経営・管理から受付・掃除まで，エリック・マルキンヌ氏がすべて一人で行なっている。マルキンヌ氏はオーヴェルニュ地方の出身で，モンリュソンの町に35年暮らした。その後，コートダジュール地方のマントンでの生活を経て，2004年夏からセットに住み，モンプリエで不動産業者や不動産プロモーターとして働いた。その時，すでに黄色に塗られていたジェネラル=デュラン通り29番地の建物の一部を買い

図4-7 〝ジュット・ロワイヤル〟からの眺め
左手前に見えている壁が黄色で，その奥にバラ色，レモン色の壁が続く。右下は運河に係留されているマグロ船。

取っていて，2009年夏に〝ジュット・ロワイヤル〟として開業した。部屋を少しずつ買い足し，五部屋すべての所有者になった今は，資金繰りの問題が大きいという。そのため，共同の所有者と出資者を探している。筆者自身も滞在中，ゲストハウスの経営資金を半分負担してくれないかという話を持ち掛けられた。また，周囲のホテルの価格を考えると，夏のバカンス時期に限って部屋代を20€上げたいが，毎年来るリピーター客がいるので難しいらしい。

滞在する部屋に入ってゲストハウスの主人から説明を受けるとき，まずどんな言葉が発せられるのだろうか。マルキンヌ氏は窓の方へ行って，次のように言った。

バカンスの間，漁船は動かない。漁船は1月3日，3日の月曜から動き出す。バカンスでなければ毎日働いている。朝3時に出港し，寄港してから，競り市で魚を売って，16，17，18時頃には係留に戻って，船を洗浄したり修理する。今日は船が動いていない。

（〝ジュット・ロワイヤル〟の主人，2010.12.22採録）

船が止まっているので，本来ならどんな様子かを説明したのだが，これは，ツアーで観光対象に遭遇できない場合に観光ガイドが代替的に使う手段と同じだ[16]。いずれにしても，マルキンヌ氏の最初の言葉は，建物の色ではなく，運河の漁船に関するものだった。どちらもゲストハウスからよく見えるが，マルキンヌ氏にとって建物の色は特別に指摘するものではなかったのだ。

"ジュット・ロワイヤル"は，セット運河側のジェネラル＝デュラン河岸通りとサンクレール山側のマリオ＝ルスタン本通りに挟まれて建っているが，入口は裏側に当たるマリオ＝ルスタン本通りの59番地にある。マルキンヌ氏が住む部屋は，運河側の通りから見れば一階（日本式の二階），山側の通りから見れば地上階（日本式の一階）に当たる。そして，山側から見た二階（日本式の三階，以下同じ）には滞在客用の二部屋が，同じく三階には三部屋がある。フロントはないが，台所が三階にあって，滞在客ならば誰でも使える。五部屋は大きさも内装も異なり，滞在客の人数や家族構成の違いに対応できるようになっている。ちなみに，運河側の地上階はレストランだが，この部分だけはマルキンヌ氏の所有ではない。

建物を買った時の書類の一部をマルキンヌ氏からコピーで貰ったが，それを読むと，この百年を超える家が，マルキンヌ氏の言う「バラ色」の隣の家とともに，かつてはバン・ド・メール・デュ・ヌヴォー・ラザレという会社のものだったことが分かる。1900年当時，二棟ともワイン樽を保存しておく倉庫で，表通りから裏通りまでアーチ状の通路で抜けられるようになっていたようだ。また，地上階にはレストランも併設されていた。その後，「黄色い」家は他の所有者を経て，マルキンヌ氏の手に移った。その際，アーチを一部分だけ残し，あとはゲストハウス用に改装したとマルキンヌ氏は話す。そして今後，ゲストハウスを拡大する気になっている。

（マリオ＝ルスタン本通りは）一年中何かやっている。今は工事で静かだが，そうでなければ一方通行で，パーキングがある。とにかく，もう少し拡張される。そうなれば（中略），入口の前に花を生けた花瓶も置ける。（隣は）商店で閉店している。すごく薄汚いが，22 m²ある。それを買って，ガラスの前

は，昼間フロントにして，夜はそこから入れるようにしたい。
(〝ジュット・ロワイヤル〟の主人，2010.12.23 採録)

　この他，インターネット回線を設置したいとも言う。なぜなら，2010年暮れの時点で，インターネットのできる場所は，運河の反対側のいわゆる「アラブ人街」（図4-8）にはあるが，〝ジュット・ロワイヤル〟前のマリオ＝ルスタン本通りにはなく，一番近くでも市立図書館だったからだ。さらに，貸自転車も経営して，滞在客に町中を便利に散策してもらいたいらしい。
　さて〝ジュット・ロワイヤル〟は，連続する二棟とともに，セットの色彩景観の象徴的な存在になっている。しかし，それは外観だけではない。このゲストハウスのロゴは，後述する市のロゴに発想が近い。ロゴには，濃い黄色で手書き風にデフォルメされた建物が描かれ，同じく手書き風の不揃いな白い四つの窓が並んでいる（図4-9）。ロゴの使われ方も似ている。詳しくは後述するが，市のロゴが街中に溢れるように，ゲストハウスのロゴも，扉に貼られた料金表，机に置かれたカードやリーフレットなど，部屋中に点在する。さらに，内装も色彩を意識したものと言える。例えば，建物内部には急な螺旋階段があるが，その階段に沿った壁が，高さ約1mまで濃い黄色に

図4-8　アラブ人街

図 4-9 いろいろなロゴ
左から，市の旧ロゴ，市の現ロゴ，ゲストハウスのロゴの概形を描いた。なお，ロゴ上のゲストハウス名は省略。

塗られている。

ただ，こうした色の使い方は表面的で，黄色だけがイメージカラーなのではない。実際，内装自体が一貫性を欠く。三号室で言うなら，壁にはセットの昔の白黒写真が張られ，棚や壁には船の模型が飾られ，ベッドの枕元や廊下には仏像の頭が置かれているというように，そこに何か確固とした意味を見出すことはできない。

〝ジュット・ロワイヤル〟には，駅への客の送迎などに使うゲストハウス専用のミニバスもある。それは真っ赤な 1967 年製の中古フィアットで，色を強調しているものの，黄色のイメージではない。ミニバスはマルキンヌ氏自身が塗装したが，真っ赤にした理由を尋ねると，当時その種の車の色が赤や橙や青だったからだという。

ところで，〝ジュット・ロワイヤル〟の裏側の壁は全く違う。隣の家も同じで，運河沿いから見れば黄色・バラ色・レモン色の三棟も，裏に行くと茶色・薄い茶色・クリーム色の三棟に変わる。運河から見える側だけを整備する色彩計画の結果とはいっても，落差は大きい。

最後に，マルキンヌ氏にセットの色彩について尋ねたので，その答えを示しておこう。セットの建造物にイタリア的な色彩の影響があることは認めるものの，説明はすぐに，イタリア系移民やイタリア風の食文化の方に行ってしまう。

> 南仏では，ニースのように（カラフルな家が）多い。ヴェネツィアも色の付いたカラフルな家が多い。南（に行く）ほど多い。（筆者 A：イタリアの影響

か?）そう。セットでは，三分の一がイタリア人，三分の一がフランス人であるセット人，三分の一が北アフリカの人。移住してきたイタリア人は多く，1900…，1930年の初め，セットに来て，文化や料理をもたらした。（郷土料理の）ティエルはイタリアのもの。（中略）海辺の墓地へ行けば，たくさん「I」（イタリアの苗字の語尾に多い「I」のこと）の付いた苗字が墓にある。イタリアの苗字，イタリア人家族の苗字だ。だから，色彩もちょっとイタリア風になっている。私は以前マントンに住んでいて，美しかった。マントン旧市街にアパートを持っていた。（中略）マントン（のアパート）を売って，こっちに来たが，それはここにイタリアの影響があるからだ。イタリアもフランスも好きで，ここは両方がある。

(〝ジュット・ロワイヤル〟の主人，2010.12.24 採録)

Ⅲ　カラフルな景観は創られた

□「南＝色」のイメージ

　セットに長く住んでいる人は，町の色をどう捉えているのだろうか。カルチエ＝オーのオート本通りでも，最も庶民的な南端近く，206番地の住人が家の扉を白ペンキで塗っているのを見掛けたので，尋ねてみた。昔から住んでいるその人の答えは，何度聞き返しても，カルチエ＝オーでは家の色が何かを意味することはないというものだった。

　つまり移住地，昔の移住地ということ。ここは少しイタリア的だ。イタリアからやって来た漁民が多い。だからイタリア的なスタイルが多少見出せる。（筆者A：具体的に何がナポリ的?）むしろ心性。建築物ではない。建築は違う。独自性は全然ない。（中略）文化の問題で，当然建築の問題ではない。（中略）ここに組織立ったものはない。運河沿いは少しあるかもしれないが，ここにはない。（A：誰が色を決めて選ぶのか?）色に関してはない。ここ，この通りではない。運河沿いなら，あるかもしれない。

(カルチエ＝オーの住人，2010.12.20 採録)

　カルチエ＝オーの中心街寄りにあるガレンヌ通りの工房「アトリエ・ガレ

ンヌ」の主人にも聞いてみた。工房の主人は，かつてパリにいたが，セットに住んで 20 年以上になるという。しかし，パリ出身だからか，仕事柄からか，オート大通りの住人とは見解が異なり，説明も積極的だった。

> 南へ行くほど，つまり南へ下るほど，人々は色やそういうもので表現する。それは太陽に応じて高まっていくのかもしれないが，どうだか。で，地中海の反対側，アフリカに行けば，もっとすごい。もっと，もっと，もっと，はるかに色が多い。女性は赤や青や緑の衣服をまとう。太陽と関係があるように思う。太陽と共に暮らすほど，人々はますます色で自己表現しようとする。私が言えるのはそうしたこと。もっとも，他の理由があるかもしれないが。（中略）ここにやって来たのはシチリア人。色のことをよく語る人々で，水に寄り添って暮らす。そうした精神や文化がある。フランス北部へ行くと，そうではない。例えばリール，リールが分かるか知らないが，そこは違う。同じでない。
> （アトリエの主人，2010.12.20 採録）

フランス人は，灰色の空に覆われる町の典型として，よくフランス北部の工業都市リールを持ち出す。もちろん工房の主人も，「南＝色」というステレオタイプに，「どうだか」，「他の理由があるかもしれないが」と言って，含みを持たせる。それでも，南へ行くほど人々は色に対して表現豊かになると主張する。

ところが本当は，北欧よりも南欧や北アフリカが色鮮やかとは言えない。そこで，この点については，セット市文書館を訪れて，専門職員に質問してみた。その専門職員は，「南＝色」を否定し，南欧の建築は暑さを防ぐために白を多用すると言う。しかし，「南＝白」とも限らない。

> 寒い地域では強い色を使う。ここの夏は，言ってみれば，かなり暑く，人々は白い色をより求めようとする。なぜなら，モロッコとか，スペイン南部とか，地球上の暑い地域の集落のように，白は暑さを吸収するから。（中略）白は暑さを反射し，吸収し，取り込むことがないから。だから，スペイン南部の人々は何でも白く塗る。それはそこの人々が持っている考え方。
> （市文書館専門職員，2010.12.21 採録）

一方，カルチエ＝オーについて，「ナポリ的色彩，ナポリ的建築とは何か？」と聞くと，専門職員は「そうしたものはない」と答える。そこで，「パンフレットにはカラフルな家々があるが？」と聞き返すと，「観光用！」との説明が返ってきた。さらに，「その小さな界隈は，実際なんて言うか，特別なものは何もない。つまり建築的に目を引くものは何もなく，漁師のための小さな家だった」と付け加え，次のように語った。

　　イタリアから人々が来たのは 1870〜1914 年で，（そこで）終わった。だから 1914〜1960 年には，その子や孫が漁業で働いた。以後は分からない。とにかく小さな家，カルチエ＝オーの小さな家は設備が悪かった。水道，トイレ，風呂，何も無かった。実に小さく，家族の人数が多いので，皆が台所で生活し，親と子は寝室を共有した。1960 年に別の界隈が作られ，人々は出て行った。そこは設備が良かった。（中略）（筆者 A：現在は？）老人しかいない。老人と界隈生まれでない人，それに戸建て別荘を買った観光客。
　　　　　　　　　　　　　　　　　（市文書館専門職員，2010.12.21 採録）

□ 1980 年代後半の色彩計画

　セットでファサードの色を調べると，町はそれなりにカラフルだ。しかし，市文書館の専門職員によれば，セットが「色鮮やかな」町になったのは，1985 年から 1990 年頃のことにすぎない。以下，インタビューでの専門職員の説明をまとめてみよう。

　当時のセット市長は，ドイツやイタリア，とくにヴェネツィアに出掛け，そこでカラフルなファサードの家の存在を知り，同じものをセットにも作りたいと考えた。というのも，セットの家々のファサードにはもともと色がなかったからだ。ただし，完全に色を欠くファサードはあり得ないので，市文書館の専門職員も「セットの家々のファサードには色がなかったから。つまりその，明るい灰色だったり，くすんだ灰色だったり，白だったりした」（2010.12.21 採録）と説明する。

　いずれにしても，ファサードに鮮やかな色を施すことが市主導の政策として行なわれ，運河沿いと市役所広場の建造物が対象になった。その際，色彩見本は市当局が示したという。また，費用が掛かるので，所有者の同意を得

る必要もあったという。この色彩計画は，市長が変わると，重要度を落としたが，専門職員は「ファサードを運河に映し出す効果があったのは事実で，夏はとても美しい」と言って，評価する。

　ところで，市の都市計画課によれば，住民から出された彩色の建築申請は，当該地域を管轄するモンプリエのフランス建造物建築士（建築遺産の調査・修復・保存を行なう公的専門家）に廻され，そこで審査されるという。しかし，モンプリエのフランス建造物建築士の事務所へ行くと，以前は建造物建築士がセットを含むエロー県の建築遺産全部を扱っていたが，それでは仕事が多くて手に負えないので，現在はセット市の要請に答える個別の建築士がファサードの色の選択や許可を行ない，建造物建築士は上部組織として，仕事の内容を点検するだけだと言う。なお，このフランス建造物建築士も，セットに興味を感じているようで，次のように話した。

　　セットはとくに運河に面した部分がとても興味深い。つまり，ファサードの並び全体がとても興味深い。しかし，運河沿いの色彩は町の内部より弱い。（筆者A：その理由は？）ある時代にファサードには刳型や彫刻などの装飾が多く施されたからだ。だから色を塗る必要がない。それでも，運河の並びには多くの色がある。かなり最近になって導入されたもので，多少イタリア風になっている。　　　（モンプリエのフランス建造物建築士，2010.12.22採録）

　運河に面したファサードは色が塗られていて興味深いが，町の内部，おそらく市役所広場のことだろうが，そこよりは色が弱いという。その理由は，装飾が多いので，塗色の必要がないだけでなく，装飾の凹凸のため，塗色しにくいこともあるだろう。

　セットはもともとカラフルな町ではなかった。しかし，そのことは市当局や観光局の言説には出てこない。市役所広場の記念プレートにも，家々の壁が政策的に彩色された事実は書かれていない。そのため，観光客は，昔から伝統的にセットはファサードが色鮮やかな町だったように思い込まされてしまう。

IV　市と観光局の〈領域化〉戦略

□ 島，色彩，イタリア…

　地中海に面し，砂浜や港があっても，有名観光地が並ぶ南仏では独自性が求められる。そこで，セット市観光局は，町独特の立地と歴史を活かしながら，海・色彩・イタリアといったイメージを打ち出す。観光局が作成したパンフレットの記述をいくつか取り出してみよう。

　　　ラングドックのヴェネツィア。無二の島の至る所でイタリアの空気が吸える。
　　　　　　　　　　　　　　　　　　　　　　（*Découvrez l'île singulière*, 2008）

　　　セットへ通じる道の遠くから見えるのは，島のような姿，果てしなく青い下地に描かれた凧のような町。(中略) 紺碧の気候と年300日出る太陽が〝青い島〟の丸く優しい輪郭を描き出す。　　(*Le magazine: si loin, si proche*, 2008, p.3)

　　　カルチエ=オー，小ナポリと海辺の墓地。町で最も古く，漁師と芸術家と槍選手のいるカルチエ=オーでは，セット人の魂が見出せる。(中略)〝ナポリ〟風のカラフルなファサード（後略）　　(*Sète, guide d'accueil*, 2005, p.2, p.38)

　　　ヴァレリーが好んで名付けた無二の島。(中略) ヴェネツィアの香り。ロワイヤル運河と河岸。真の生活の場である運河を一年中活気づける大型マグロ船から小型ボートまでの往来。(中略) イタリアの空気，カルチエ=オー。その起源はリケの命で港建設に働いたナポリの移民労働者の界隈。
　　　　　　　　　　　　　　　　（*Sète: 100% essentielle*, 2009, p.2, p.4, p.5）

　「ラングドックのヴェネツィア」，「イタリアの空気」，「小ナポリ」，「ナポリ風」，「ヴェネツィアの香り」，「ナポリからの移民労働者」などイタリア的要素を強調する言説，「無二の島」，「島のような姿」，「海辺の墓地」，「漁師」，「大型マグロ船」，「小型ボート」など海との結び付きを強調する言説，そして「青い下地」，「紺碧の気候」，「年300日出る太陽」，「青い島」，「カラ

フルなファサード」など色彩を強調する言説が目立つ。なお，「青い島」や「青い下地」は，町が青い海と潟に囲まれていることに拠る。また，セットが「ヴェネツィア」に喩えられるのは，市街地が海と潟の間にあって，運河が張りめぐらされているからであり，「ナポリ」に喩えられるのは，古いカルチエ＝オーの地区が斜面に立地し，海に向かって下がっているからにほかならない。

　2004年，セットに新しいイベントが加わった。その数ヶ月前，セットへ移民を送り出したイタリア・チェターラの町との姉妹都市提携が行なわれ，市当局と商工会議所の主催で5月にイタリア祭りが開催されることになったのだ。この祭りは2007年まで四回行なわれたが，その意義や様子はセット市広報誌から把握できる。

　パンフレットと同じで，広報誌にはイタリア的性格を強調する言説が多い。ところが，それは北イタリアのヴェネツィアであったり，南イタリアのナポリであったりして，定まらない。しかもパンフレットでは，セット運河沿いならヴェネツィア，カルチエ＝オーならナポリというように，場所にふさわしい連想が成立していたが，広報誌ではヴェネツィアとナポリが混ぜこぜになっている。祭りの記事を年代順に並べてみよう。〔　　〕は記事の見出しを示す。

　　〔運河のコメディア・デラルテ〕　町はイタリアの色で飾られる。橋はリアルト橋に変わり，垂れ布が中心街のファサードを美しくする。（中略）セット人も，コメディア・デラルテの登場人物に変身して通りに繰り出す。（中略）セットはヴェネツィアのカーニバルの色になるだろう。
　　　　　　　　　　　　　　　（*Sète.fr: le magazine de la ville*, no.16, 2004, p.6）

　　〔イタリアの香りが町に漂う〕　クレア7協会が飾り付けた町と橋は長靴の国の色をまとう。セットの人々がイタリアのルーツと結ばれる機会だ。
　　　　　　　　　　　　　　　　　　　　　　　　　（同 no.25, 2005, p.15）

　　〔セットは一面ナポリのお伽の世界〕　イタリア祭りはセットに住むイタリア系移民の南のルーツを祝うもので，イタリア南部の生活リズムや食べ物や色

を祭りに参加して強く体験するのが目的だ。　　　　　　（同 no.36, 2006, p.28）

〔セットはイタリア風の祭りを開催予定〕　多くのセット人の故郷であるイタリア南部の伝統文化を祝う機会だ。（中略）青空市の棚に並ぶのは，ムラーノ島のガラス細工や装身具，イタリア産の革製品や服や宝石類，ピエモンテの発泡酒，伝統的なチーズやハム・ソーセージ。（中略）長靴の国の色に染まる市。　　　　　　　　　　　　　　　　　　　　　（同 no.46, 2007, pp.18-19）

　第一回は，「コメディア・デラルテ」を模した仮装行事が実施されたことから，ポスターもヴェネツィアを模して描かれた（図 4-10）。第二回は，セット市民の相当部分がイタリア系という事実を背景に，「ルーツ」としてのイタリアが述べられた。ただし，それがイタリアのどこかは明言されなかった。第三回では，「南のルーツ」や「イタリア南部」という言い方から分かるように，南イタリア，とくにナポリ周辺が強調された。そして第四回は，「ピエモンテの発泡酒」まで出てきて，取り上げられる対象がイタリア全体に及んだ。

　このように，セットとイタリアの結ばれ方は年ごとに変わり，セットが強調するイタリアイメージ自体も漠然としている。それでも，「イタリアの色」，「ヴェネツィアのカーニバルの色」，「長靴の国の色」，「イタリア南部の（中略）色」のように，イタリア的性格がつねに「色」で表わされる点はおもしろい。イタリアのカラフルさがセットのカラフルさを増長するのだ。

□　市の公式ロゴ

　カラフルなイメージについて詳しく見ていこう。セットの色は，観光局のパンフレット以前に，セットの公式ロゴ（図 4-9）に集約されている。このロゴは，市文書館，屋内市場，町中の時計板，美術館の看板だけでなく，市役所内の部屋の扉に至るまで，随所で見掛ける（図 4-11）。ロゴを模した看板を掲げた映画館もあって，町中にロゴが溢れている。観光局の案内所の建物もカラフルな外観で，そこの専用車は派手に塗られ，車体には目立つようにロゴが描かれている（口絵 4-5）。

第四章　地中海の港町セットと色彩　　　　　　　　　　　　　　　　　　　　　　　　185

図4-10　イタリア祭りのポスター
　2004年のポスターで，*Sète.fr: le magazine de la ville*, no.16に
よる。奥がヴェネツィアのリアルト橋で，左下に仮面を被っ
たカーニバルの人々が描かれている。船もゴンドラ風になっ
ている。

　ロゴの形は正方形状で，中段に白ないし黒で「sète」の文字が入る。上段
には四角が四つあって，左から濃い橙色，赤，薄い橙色，黄色と並ぶ。ただ
し，色相に厳密さはなく，濃い橙色がオレンジ色に，赤が朱色に，薄い橙色
がカラシ色に，黄色がレモン色に変わることもある。下段でも，四角が横一
列に四つ置かれ，左から藍色，薄い水色，青，灰色がかった水色となる。し
かしこれも，紫色，濃い水色，群青色，濃い水色の組み合わせであってもよ
い。基本的に，上段が赤黄系統のグラデーション，下段が青系統のグラデー
ション，中段が彩度ゼロの黒や白の系統で，「sète」の中のアクセント記号
「`」が上の四角に引っ掛かっていれば，問題ない。

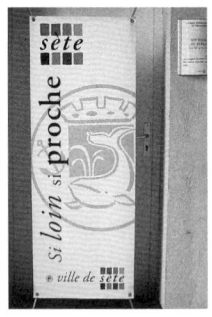

図 4-11　街で見掛ける公式ロゴ
左側は常設中央市場の看板，中央は運河沿いの通りに立てられた時計板，右端は市役所内の部屋の扉。

　セットのロゴは何を表わしているのだろうか。2008 年 2 月，旧港に近いマリオ=ルスタン本通りにあるセット観光局の案内所を訪れて，カウンターの職員に尋ねてみた。

> 青の四色のグラデーションは，海の複数の色。ラグーンや海の色が段階的に変わるし，空もあるので，青の色調を変えている。赤系統は，トマトなどの地元の食材，家の壁に使うオーカーの土の黄色，太陽の赤，家の色などを表わす。どれがどれに対応するというのではなく，イメージとしてグラデーションを付けている。以前は，青一色だったが，六年前からこのデザインになった。　　　　　　　　　　（観光案内所のカウンター職員，2008.2.29 メモ）

　「青一色」というのは，白地に青でセットを示すＳ字をデフォルメし，同じく青で波などの模様を書き入れた以前の公式ロゴ（図 4-9）を指す[17]。この職員の返事で重要なのは，「どれがどれに対応するというのではなく」という点だろう。個々の色が何かを象徴するのではなく，青系統と赤黄系統の色全体が，セットの海や空，食材や土壌，建物のファサードをイメージしている。
　このカラフルなロゴの成立経緯を知るため，2010 年 12 月に観光局の案内所を再び訪れた。しかしこの時は，セット市広報課の方がよく把握している

というので，そちらへ聞きに行った．すると，広報課職員はロゴに使われている青系統や赤黄系統のグラデーションについて違うことを言う．

 （カラフルな家は）運河の向かい側からよく見える構図なので，市のロゴもそういう構図で再現している．実際，運河の向かい側に立って，そこから家を見ると，だいたいこうした色が見える．つまりロゴは，家のファサードとの関係で作られ，青色は水を表現する．そういうわけで，言ってみれば，ロゴはそこから撮った写真を表わしている．さまざまな色調の青とともに，ファサード，そして水に映ったファサードの様子から，ロゴは出来ている．
          （市広報課担当者，2010.12.23 採録）

 つまり，ロゴの図柄は観光写真の構図を参考にしたもので，青系統の四角は多様な水の色を，赤黄系統の四角はその水に映える家々のファサードを表わしている．しかし以前，観光案内所のカウンター職員に言われたことが頭にあったので，もう少し尋ねてみた．微妙な答え方だったので，広報課担当者（C）と筆者（A）のやり取りを示しておこう．

 A：しかし，それをトマトや大地，例えばオーカーの色だとも言う人がいるが…．
 C：そう，そう，それは分かるが…．
 A：太陽とも．
 C：そうね，はい，はい．いや，いや，それは間違いなくファサードの写真から来ている．だから多分，そう確かに…．あなたの言うように，水と，実際，空と，大地との繋がりもあるだろうけど，ロゴをここで作ったときには…．というのも，ここで作ったので…．
 A：どのように解釈しても良いということは？
 C：あー，はい，はい．皆に解釈の自由はある．でも，ロゴがどのように作られたかは，あなたに言ったとおりで，その後で皆が好きなように解釈するのは自由．それは構わない．分からないことは，言えないから．
        （市広報課担当者との対話，2010.12.23 採録）

 ちなみに，青や赤や黄が四角である理由は，「単にロゴを個性的にして，

人に伝えるため」で，それ以上の意味はないという。むしろ重要なのは，ロゴが作られた経緯だろう。広報課担当者の話では，カラフルなロゴは，青一色のロゴに代えて，2001 年に市長室が新しく採用したということだ。事実その年，それまでのフランソワ・リベルティ市長に代わって，新しくフランソワ・コマン市長が選ばれた。1816 年から続く市の公式紋章（青地に金色のユリの花と黒いクジラ）と違って，ロゴは政治的に変更されるので，「どの市長も，市政を取れば，すべてを変えてしまう」と広報課担当者は話す。なお，現市長は 2008 年に再選されて二期目に入り，ロゴも同じ柄が使われている。そこで，ロゴの評判を聞いてみた。

>ロゴは人気がある。私達の所には小さなシールがあるので，郵便ポストや自動車や自転車や旅行カバンに貼るため，探しに来る人が多い。（中略）シールを欲しいと言ってくる観光客も多い。ちょっとしたお土産というか，そんな感じで持ち帰りたいから。観光客が何もなしで帰ってしまわないように，私達もプレゼントする。　　　　　　　　　（市広報課担当者，2010.12.23 採録）

　無料だし便箋にも貼れるというので，一式貰った。10 cm 四方のものが一枚，5 cm 四方のものが一枚，2 cm 四方のものが十枚，それに文字の入った縦 5 cm，横 20 cm の横長のものが一枚で，これだけあれば，いろいろなものに貼れる。
　最後に筆者は，「観光戦略や町のイメージ流布のために色を使っているのか？」と質問してみた。それに対して，広報課担当者が語った見解とエピソードを紹介しておきたい。

>もちろん，事実そのとおり。そもそも観光局はあちこちで色を使っている。なぜロゴの色だけにこだわるかと言えば，実質それだけが観光で出来ることだから。いつでも思い出したり，頭に置いてもらえるよう，常にその色に立ち戻ることにしている。だから，観光客がすぐ分かるよう，これまで至る所にロゴを貼ろうとしてきた。それに，これはとても人気があって，ロゴ（のシール）が欲しいというメールや，何か記念になるものを送ってほしいというメールが多い。たとえ色という手段ででも，何かを読むことなく，セット

を想起してもらうため，私達自身もロゴの色が大事にされるよう気にしてきたのは確か。実際，そういうことが出てきている。このまえ，北仏から電話してきた男性がいて，私に「ロゴを貰えますか」と言う。どういう理由で言ったか分かりますか。その男性は，「自分の町であるものを見たが，そこからセットが想像できておもしろい」と言う。それは雑誌で，その中にある色がセットを想像させるのだという。それで男性は，「その冊子はセット自体のことではないが，おもしろいし，セットが想像できるので，何かセットに関するものを送ってくれないか」と私に聞いた。だから私は，すぐに雑誌『セット・ポワン・エフエル』とシールを送った。男性は雑誌を見たとたんセットが想像できると言ったから，この夏に来るか待っている。次のバカンスにと言っていたが，本当に来るかは分からない。それでも皆，ロゴに一定の反応はしていると思う。2001年以来，今ではロゴもどうにか軌道に乗った。うまく定着したと思う。ロゴからすぐにセットの町の色彩が連想されるようになったと思う。
　　　　　　　　　　　　　　　（市広報課担当者，2010.12.23採録）

□ 観光パンフレットの配色

　公式ロゴには配色論がふんだんに組み込まれている。まず，アナロジーやグラデーション。アナロジーは色相環で相互に近い青と緑などの関係，グラデーションは明るい青から暗い青などへの段階的変化を指す。次いで，コントラスト。上段では，濃い橙色と薄い橙色が隣り同士にならないように，赤を介在させ，同様に下段では，薄い水色と灰色がかった水色が隣同士にならないように，青を介在させている。コントラストは，上段の赤黄系統と下段の青系統にも言える。さらに，上段と下段をそのまま隣接させると，有彩色が連続するので，中段に無彩色を介在させ，セパレーションを作る。しかも，このセパレーションは，四角という図形に対して，「sète」という文字のため，アクセントになっている。

　観光地側でもツーリスト側でもない第三者が作る旅行案内書は，できるだけ正確な情報を主に言語で提供するが，小冊子体のパンフレットは，観光地の当事者が作るため，写真を多用し，直接的に観光イメージを提示する。例えばスコットランドの観光パンフレットは，古城・山・湖・入江といった古典的なスコットランドの写真を載せるだけでなく，非日常性を想像させる

水，劇的な効果をもたらす光，臨場感を与える動き，そして温かみを作り出す暖色といった添加物を写真に加え，スコットランドのムードや雰囲気，不思議な魅力を創り上げているという[18]。

確かにパンフレットは，写真を見せるだけのものではないが，水や光や色がそのままムード・雰囲気・魅力に繋がるわけでもない。そもそもパンフレットはデザインとして存在する。パンフレットを眺めるツーリストの目に入るのは，水や光や色以上に，全体的なレイアウトではないか。とくに，セットに関して言えば，暖色が温かみを出すというような単純な図式ではない。パンフレットの隅々に公式ロゴが描かれているのを見ても，何かセットのイメージを作り出すような狙いがある。ロゴと同様に，パンフレットにも配色論が積極的に用いられている。

『無二の島を探訪』と題するA5判三つ折りのパンフレットを見てみよう。表・裏とも，空と海の青色が地で，そこに二十点弱の写真とキャプションが付いている。一例として，裏の見開きの中央部分に注目してみたい。写真は，セット生まれの歌手ジョルジュ・ブラッサンで，「詩人，作曲家，歌手達は，彼の持ち味を糧にしている」と説明されている。「詩人」がレモン色，「作曲家」が山吹色，「歌手」が橙色で，グラデーションを作るとともに，他は白なので，有彩色がアクセントになっている。このパンフレットでは，海に浮かぶ島も興味深い。北西方向の港湾地区と南東方向の砂州が消され，無限に広がる地中海上の「島」として図像化されている（図4-12）。サンクレール山と市街地を「島」のように表現する手法は他のパンフレットにも使われ，セットの表象に欠かせない。

別のパンフレット『遠く近く』も見ると，A4判で16頁あり，見開き状態で七テーマ，裏表紙に一テーマが挙げられている。一，三，四，七番目の見開きには，公式ロゴの青系統の四角が散りばめられ，ページを埋める写真群の印象も青い。しかし部分的に，赤黄系統のファサードの家，赤や黄色の野菜，頂部が朱色の灯台，オレンジ色の小船，茶色に錆びた錨，紅色の網，鮮やかな黄色の防水服，船の赤いオールといった写真が小さくアクセントに入る。逆に，二，五，六番目の見開きと裏表紙には，公式ロゴの赤黄系統の四角が散りばめられ，ページ全体の印象も赤や黄になっている。そこに今度

第四章　地中海の港町セットと色彩　　　　　　　　　　　　　　　191

図 4-12　パンフレットの「島」

は，海や空，さらには青い漁船や，サンルイ祭の青いリボンを巻いた帽子の写真がアクセントとして組み込まれる。青が地のページは「青い地中海」，「セットの港」，「船乗りの心」，「トー地域」がテーマとなり，赤や黄が地のページは「砂浜，あなたの岸辺」，「ご馳走」，「芸術と色彩」，「どの季節にも」がテーマとなっている。また，こうしたテーマを構成する文字の色には，黒から灰色のグラデーションが使われる。さらに，青いページと赤黄のページは，交互するのではなく，不規則に出現し，これがいっそうデザインに変化をつけている。

　『遠く近く』に使われる四角は無数にある。四連で用いられるだけでなく，掲載写真の端に見え隠れするもの，語の横に添えられるもの，背景に薄く印刷されるものなどさまざまで（図 4-13)，青系統が 82 個，赤系統が 89 個に上る。

　カラフルさを作る工夫は，シティガイドである『セット滞在ガイド』にも認められる。このパンフレットは，滞在用のガイドという性格上，写真がほとんどなく，主に施設やイベントの文字情報だけで構成されている。し

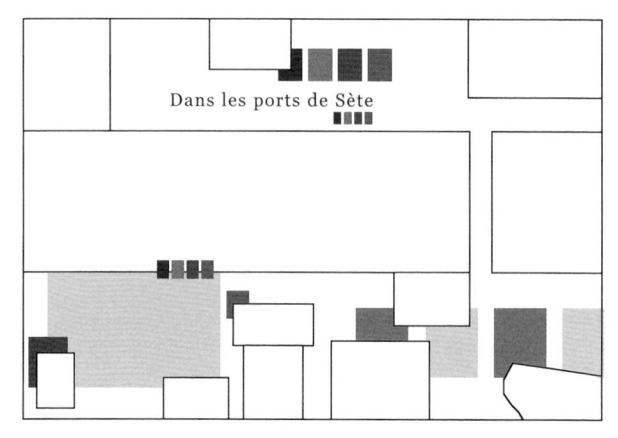

図 4-13　デザインとしてのロゴの四角
パンフレットを簡略的に模式化した。無地の四角は写真の位置で，グレースケールの四角はロゴを示す。

がって，写真や言説で色を伝えることはできない。では，どうやってパンフレットをカラフルにするのか。滞在ガイドは四パートから成る。それらは，①観光レジャーを紹介する「セットに滞在」，②美術館やイベントを紹介する「セットで外出」，③地元料理やレストランを紹介する「セットの食卓」，④宿泊施設や移動手段を紹介する「簡単なセット」で，各パートには順に，青色の文字と四角，赤色の文字と四角，黄色の文字と四角，橙色の文字と四角が与えられている。こうした色の配置は，冊子を開いて何のパートか分かるようにするためのものだが，同時にパンフレット自体をカラフルにする仕組みにもなっている。

□　流布するカラフル

　観光局の言説は地域観光誌にも浸透している。南仏を扱う『南の風』は，通常号より大判でセット特集号を二度出した。一度目は 2004 年特別号の「セット，地中海の真珠」で，セット観光局が編集協力した。セットの歴史や地勢とともに，漁港，カルチエ=オー，サンクレール山などが取り上げられた。とくに注目したいのは表紙の写真だ。上空から撮影されたセットは，写真加工によって砂州が消され，完全な島として表現されている。細部を確

認すると，この写真は観光局のパンフレット『遠く近く』の表紙写真と同じものと分かる。また 30～31 頁の写真も，観光局のパンフレットに使われるジェネラル＝デュラン河岸通りのカラフルな建物の並びの写真と同じになっている。

　二度目は 2007 年特別号の「セットとトー地域，海辺の色彩」で，街の散策記，料理の紹介，漁師の話などが掲載されている。この中には，「〝無二の島〟は，ラングドックのヴェネツィアとも言われる。このことと，比類なき光，色彩，そして至る所にある水は無関係でない」という記述もある。これは，セット観光局 HP の「比類なき光，色，そして至る所にある水が，セットにラングドックのヴェネツィアという名を与えた」に限りなく近い。写真にしても，文章にしても，セットは特定の言説を社会に繰り返し流布させようとしている。

　ところが，セットはカラフルさに全面的に依拠しているわけではない。運河沿いでは，数から言えば「無彩色」のファサードの方が多く，「有彩色」の家も裏側は「無彩色」になっている。つまりセット人は，自分達の町がそれほどカラフルでないことを知っている。だから，カラフルさを過度に主張しない姿勢も巧みに示す。観光局 HP にある街・港・運河の紹介文では，2009 年版から 2010 年版へ変わる際，「カラフルなファサード」という表現が外された。2012 年版に至っては，カラフルさに関する言及は完全に消され，船や芸術家の多様さについての説明に置き換えられている。

> セット，ラングドックの小ヴェネツィア。運河は河岸のカラフルなファサードを映し，特徴的な界隈を流れる。セットは海浜地で四季活気があり，港に基づいた真正性を保ってきた。町の中心では，トロール船やマグロ船の往来，観光客船の寄港が一年中風景になる。
> 　（http://www.ot-sete.fr/www-rubrique-48-FR-SETE.html　2009.10 確認）

> トー湖と海と運河の間にあり，サンクレール山の斜面に立つセットは地中海岸の大港の一つで，海とガリーグの匂いが混じる。（中略）また，活気あるコスモポリタンな町で，外国人社会とくにイタリア系社会や，港関係の活動がピトレスクな雰囲気を作る。

(http://www.ot-sete.fr/www-rubrique-1184-FR-SETE.html 2010.10 確認)

貨物船，客船，ヨット，漁船が，街の心臓部を形成している。ここでは，独特の息吹きが，著名な作家，詩人，歌手の発想を育ててきた。ポール・ヴァレリー，ジャン・ヴィラール，ジョルジュ・ブラッサンだけでなく，世界中の展覧会に出る画家達まで。

(http://www.ot-sete.fr/flaner-ville-ports-canaux.html 2012.10 確認)

また，地域観光誌『南の風』においても，一度目の特集版（2004 年）にあったカラフルという指摘は，二度目の特集版（2007 年）の際に減り，通常版の 33 号で取り上げられた時（2010 年）は完全に消えた。セット市当局がカラフルさの主張をときどき控える理由は，現実の町がそれほどカラフルではなく，彩色されたファサードも 1980 年代後半の色彩計画の結果だからだろう。

その一方で，市当局はHPやパンフレットをますますカラフルにする。けれども，それで実際の街並みの色彩を補っているとは批判できない。というのも，セットはカラフルなロゴを配布し，広告をカラフルにしているだけであって，町並みとは関係ないといつでも釈明できるからだ。しかも，色彩は他の色との差異で成り立つ非物質的で表面的なものだから，それを不誠実と指摘することも難しい。おまけに，パンフレットをカラフルにしたからといって，町の環境が悪化することもない。安価で手軽で無害な色彩という手段を使った点に，セットの着想力がある。

Ⅴ　カラフルから「青」へ

□　多面的なカラフルさ

認識人類学の祖，ハロルド・コンクリンは，フィリピン・ミンドロ島のハヌノオ族の色彩語彙が，「明るい」か「暗い」か，「乾き切っている」か「生き生きしている」かという二軸で構成されていること，そして西欧で言う白

は明るい色に，黒・紫・青は暗い色に，赤・黄・栗色は乾き切った色に，明るい緑や薄茶色は生き生きした色におおよそ相当することを示し，色彩分類の相対性を明らかにした[19]。それ以来，色は文化相対主義を示す良い例になっている。

　フランス色彩論の第一人者ミシェル・パストゥローも[20]，色彩を色相・明度・彩度で測れるような普遍的な存在とはしない。パストゥローによれば，世界には多くの色体系があり，日本では色よりも光沢や艶の有無が，アフリカでは乾いた色か湿った色か，響く色か音無しの色かの差が，北極圏では白の微妙な違いが重要になるという。しかしパストゥローの関心は，文化相対主義というより，色を特定の時代・地域・技術の影響を受けた想像力の産物とみなす社会構築主義にある。

　その論点をもう少し紹介しよう。ヨーロッパでは古代から中世前半にかけて，黒・赤・白が主役だった。やがて12世紀頃には青・緑・赤・黄・黒・白が基本となり，そして1666年にニュートンが光のスペクトルを発見すると，黒と白が色彩の秩序から外され，とくに白は無色になった。さらに，18世紀初頭に多色刷り印刷が発明されると，青と黄を混ぜれば出来る緑の位置が低下し，青・赤・黄が中心になった。したがって，色相環上の青と緑の隣接，黒と白の中間としての灰色，そして12色の色鉛筆などは，ヨーロッパの社会や歴史の中で構築された色体系なのだ。

　一般にヨーロッパにおいては，明度や彩度の高い色の建築は，南より北，山間より海辺で好まれる。フランスでも，最北のノール地方が個性を際立てる色を施し[21]，南仏では海辺の町マントンやニースに暖色系の色を塗った建造物が多い[22]。また北欧では，表面防護が必要な木造建築が多く[23]，雪で閉ざされる家はコントラストと温かみのある色に塗る必要がある[24]。一方の海辺では，潮気が多いため，家の頻繁な塗装が欠かせない[25]。ただし，イタリアやポルトガルなどを除き，地中海地域で家を鮮やかに塗ることは少ない。以下，セットでのカラフルさの意味を考えたい。

　まず，建造物のファサードについて。ブルターニュの青，コロンジュ=ラ=ルージュの赤，ルシヨンのバラ色は，その色でなければ意味がない。しかしセットでは，カラフルな〝ジュット・ロワイヤル〟を，経営者は「黄色」と

言い，広報課担当者は「オレンジ色」と言うように，特定色への意識は薄い。また，「カラフルな」家という表現も変だ。どんな家も何かの色をしている。本来，色のないファサードなどない。したがってカラフルとは，色とみなされない「無彩色」に「有彩色」が混じったり，運河の青を背景に赤や黄の家々が並ぶ様子を指す。こう言ってもいい。配色論を使うことがカラフルにすることだと。

ジャン・ボードリヤールによれば，現代では色の自由化が起きている[26]。昔はタイプライターなら黒，冷蔵庫なら白といった物と色の結び付きがあったが，今は色調が重要になっているという。例えば，ホットな赤の絨毯にはクールな青の壁布を合わせようとするが，これは色が有意味でなくなった結果にほかならない。セットのファサードも色の自由化の一例と言える。

そういう意味では，セットの公式ロゴにも色の自由化が見られる。色の組み合わせが河岸の家々の色から来ている点では，象徴的だ。しかし，そのロゴがパンフレットに氾濫してカラフルさを強調するようになると，色は記号的な働きを強める。さらにセットを見ていると，景観のカラフルさを創出するためには，町並みがカラフルなだけでなく，それを流布させる言説や図像があることが効果的だと分かる。図像は何も語らずにカラフルさを伝えられるし，言説は言葉を使ってカラフルさを提示できる。セットでは，カラフルなロゴやパンフレットが，町をよりカラフルに見せている。

では，セットのカラフルさは，象徴性が僅かで，あとは記号的，言説的，図像的かと言えば，そうでもない。セットでは，運河や港に浮かぶ船，家の洗濯物や漁の網（口絵4-6），市場の野菜や果物，そして店の看板やパラソルまでが色とりどりの様相を呈する。したがって，セットには物質的なカラフルさもある。

ランクロは，コルシカ島のバスティアについて，夏は通りにカフェやレストランの日除けやパラソルが並び，建物の窓から洗濯物がぶらさがり，通りに接した海岸には小舟が繋がれ，冬よりも色鮮やかだと言うが[27]，そのとおりだ。色彩景観は，ファサードだけでなく，気象や時間などの変動要素からも構成される。それに，街の建造物が本当に派手な色で塗られたら，カラフルというよりは，景観の悪化を招くだろう。

第四章　地中海の港町セットと色彩　　　197

図4-14　旧港の引退漁師

　この他，セットには比喩としてのカラフルさもある。フランスでは，「カラフル」という語は活気や陽気を意味する。パストゥローによると，英語や独語と違って，仏語には動詞「コロリエ colorier」と「コロレ colorer」の区別があるという。すなわち，前者は表面に色を塗ることだが，後者は色合いを与えることを表わし，そこから「活気を与える」という意味が派生する[28]。つまり，カラフルさと活気・陽気は交換性があり，市場と漁港の活気やイタリア系移民の陽気がカラフルさに貢献する。実際，旧港の小屋に集まっている引退漁師さえも，セットという町をカラフルにする絵となる（図4-14）。

　つまり，セットでは色の働きは多元的なのだ。公式ロゴの青と赤黄が運河と家屋を示す点では象徴的であり，公式ロゴや観光局のパンフレットに配色論が使われる点では記号的であり，カラフルなロゴや写真が多用される点では図像的であり，色彩を強調する記述がパンフレットに多い点では言説的であり，赤い染料ケルメスの産地であった歴史的事実，太陽と青い海，潟，空に囲まれる地理的条件，赤や黄に塗られるファサード，色鮮やかな食材から網・船舶・洗濯物・パラソルまでが町に溢れる点では物質的であり，観光言説の中で色彩が港町的な活気やイタリア的な陽気と結び付けられる点では比

喩的であると言える。

　街並みがそれほどカラフルではないのに，いやそうだからこそ，セットは色彩を幅広く現代風に使いこなしている。もちろん，セットの観光は色彩だけに依存しているわけではない。砂浜，食文化，水上槍試合といった資源があるからこそ，観光地として成立する。しかし，色彩のアピールの仕方は興味深い。表象といっても，事実でないことは前面に出しにくいので，言説ではカラフルさを活気や陽気に関連づけ，両者を補完させあう。また，カラフルなロゴを作ることで，現実の町がカラフルなのか，ロゴやパンフレットがカラフルなのかを曖昧にする。

□　イメージの膨張を止める

　観光研究では，観光の対象が真正か否か，つまり古くからある「本物」か，新しく人工的に創られた「偽物」かは，対象自体ではなく，対象への社会の見方で決まるとされる[29]。ツーリストやセット人は，文化の真正性の点において，カラフルなセットのことをどう見ているのだろうか。

　答えは二つある。第一に，ツーリストはセットの色彩が近年になって創出されたものであることを知らないし，そういうことに関心がない。第二に，植物や染料の色を除くと，そもそも色の存在意義は，相互に色が違っているという非物質的な差異性にある以上，セット人がカラフルさに対して真正性の度合いを論じることは意味がない。むしろ，ツーリストも，セット人も，セットのカラフルさが真正かどうかを考えることなく，カラフルなイメージを膨張させている。

　その一例は，上述の観光局職員の発言に見られる。セットのロゴにある赤黄系統のグラデーションは，広報課職員によると運河に映る家のファサードを示したものだが，観光局職員は「赤系統は，トマトなどの地元の食材，家の壁に使うオーカーの土の黄色，太陽の赤，家の色などを表わす。どれがどれに対応するというのではなく，イメージとしてグラデーションを付けている」と説明して，色の表象を広げる。しかし，所詮はロゴなのだから，これを間違いとは言えない。

　もう一例は，カルチエ=オーの南，地中海を望む斜面に作られた「海辺の

第四章　地中海の港町セットと色彩

図 4-15　海辺の墓地の黄色い輪
写真の向こう側の下方が海に当たる。五つ見える輪はすべて黄色。

墓地」での出来事だ。ここは，セット出身の詩人ポール・ヴァレリーなどが眠り，訪れる人も多い。石膏で作られた輪が墓に掛けられているのが目に付く。輪の色は大半が黄色で（図 4-15），ごく一部に白や青が混じる。珍しいので，この輪について墓地を見に来ていたフランス人に聞くと，「分からない。私も何かと思っていた。他のお墓では見たことがない。漁の網に使う浮き輪かもしれないが，ミモザの模様が入っているので，ミモザの花輪かもしれない」（墓地への訪問客，2008.2.29 メモ）という返事だった。他の人にも聞いたが，誰も知らない。そこで，帰り際に墓地の管理人に聞いてみた。酒を飲んで半分酔った管理人は「みんな漁の船に使う浮き輪だと思うが，そうではない。あれはミモザの花輪を示している」（墓地の管理人，2008.2.29 メモ）と陽気に話した。今まで何度も質問されたのだろうか，慣れた感じで得意気にさえ見えた。確かにカラフルな港町セットというイメージがあるため，訪れる人は黄色い輪をこの町の性格と結び付けて想像するのかもしれない。もちろん，黄色い輪を船の浮き輪だと思ったまま帰った人がいても，大きな誤解とは言えない。地中海を見下ろす墓地は現実に海に接し，海のイメージに溢れているのだから。

こうして見ると，セットのカラフルさは，物質的，記号的，象徴的，比喩的，図像的，言説的な次元が並存するだけでなく，もう少し複雑に重なっている。象徴的なロゴを作成しながら，その象徴性を軽く扱うかのように，ロゴを記号としてパンフレットにばら撒く。ところが，記号としてのロゴも，街中の車や店，時計や看板に貼られると，景観をカラフルにする役目を担い始め，家や船や網の色と同じように物質化する。ツーリストへ記念用に配布するシールも，手紙に使われれば記号にすぎないが，ツーリストの手元に残れば土産物として物質性を帯びてくる。さらに，観光局や「海辺の墓地」での話からは，本来の意味を越えて，人々の間でカラフルさが拡大解釈されている様子が見てとれる。そして，観光局が地域観光誌の編集に関わることで，セット内からの言説だけでなく，セット外からの言説もまた，セットのカラフルさを権威づける。

ところで，セットにはもう一つ重要な色，「青」がある。青はカラフルなイメージのインフレを防ぐ。なによりセットは「青い島」と呼ばれる。その理由は，セットが海や潟に囲まれているからだ。もちろんセット自体は青くないが，周囲が青いため，換喩的に「青」になる。水が緑色で表現された中世と違い，水に浮かぶセットは現代では「青い」。市の政策でも青の象徴性は活用される。

1987年のマルシャン市長による運河沿いと市役所広場のカラフル化政策，そして2001年以降の現市長によるロゴを用いたカラフル化戦略は，いずれも多色が基本で，青はあまり関係なかった。しかし，長く続く表象はマンネリ化する。そこで，セットの象徴色である青が2010年に再び脚光を浴びた。全身が真っ青のマスコット「リュセット」が市によって作成されたのだ（図4-16）。「リュセット」がクジラを模した姿なのは，市の紋章がクジラであることに因る。そして，市の紋章がクジラをかたどっているのは，サンクレール山の横姿がクジラに見えること，そしてセットの地がかつてラテン語で「cetus（クジラ）」と言われたことに基づく。

そもそも青という色は，小林康夫[30]によれば，身近な果物や野菜の色である赤・緑・黄と違って，地球から最も遠い色とされる。歴史的にも青は人間にとって疎遠な色だった。とくにヨーロッパでは，ギリシャ・ローマ時代

第四章　地中海の港町セットと色彩　　　　　　　　　　　　　　　　　　　　　　　　　*201*

図 4-16　市のマスコット「リュセット」
\# 運河沿いの通りにある広告板。「さあ，みんなが名づけてくれた。リュセットと言うんだ（後略）」と書いてある。

から 11 世紀まで，青はその元になる材料の入手が難しく，避けられる色，認識されない色だった。それが 12 世紀に入り，聖堂のステンドグラスに青が使われ，絵画の聖母マリアが青い衣装を纏うようになって，高貴な色に変わり，13 世紀以降は赤に対比される色となったし，近代に入ると赤を抜いて最も価値を持つようになった[31]。

今日のフランスでは，青は最も好まれる色，かつ売り上げに貢献する色であり，しかも空・海・恋愛・旅・休暇・永遠といったバカンス的なイメージを意味する[32]。「青い島」セットの「青」は海や潟に由来するが，現代的な意味でも，青という色は観光地セットにとって都合が良い。セットは，多文化性やコスモポリタニズムを強調するためにはカラフルさを出し，欧州的な観光性や余暇性を連想させるためには青を用いることで，二種類の色彩を使い分けている。

参考文献
1) Jean SAGNES (1987): *Histoire de Sète*. Privat, p.75, p.101, p.125, p.131.
2) ① 前掲 1) の SAGNES (1987), pp.41-47. ② Ville de Sète (2007): «Sète, une histoire

singulière». *Sète.fr: le magazine de la ville*, no.48, pp.6-11.
3) Alain DEGAGE (1988): *Les rues de Sète*. Ville de Sète, p.31.
4) 前掲 2) ②の Ville de Sète (2007).
5) 前掲 1) の SAGNES (1987), p.70.
6) ① Michel TRECANNE (1985): *Lou Quartier-Naut: étude historique et sociologique sur un quartier de la ville de Sète*. Licence d'administration locale et régionale, Faculté de droit et des sciences économiques, Université de Montpellier, p.88. ②前掲 2) ②の Ville de Sète (2007).
7) アンヌ・ヴァリション (2009):『色 世界の染料・顔料・画材―民族と色の文化史』(河村真紀子・木村高子訳), マール社, pp.124-125.
8) Larissa NOURY (2008): *La couleur dans la ville*. Le Moniteur, pp.50-53.
9) Charles A. RILEY II (1995): *Color codes: modern theories of color in philosophy, painting and architecture, literature, music, and psychology*. University Press of New England, p.208.
10) Jean-Philippe LENCLOS et Dominique LENCLOS (1990): *Les couleurs de la France: géographie de la couleur*. Le Moniteur, pp.24-37.
11) 前掲 10) の LENCLOS et LENCLOS (1990), pp.194-195, p.237, p.241.
12) 前掲 10) の LENCLOS et LENCLOS (1990), pp.38-44.
13) ①前掲 10) の LENCLOS et LENCLOS (1990), p.39, p.132, p.135. ② Jean-Philippe LENCLOS et Dominique LENCLOS (1995): *Les couleurs de l'Europe: géographie de la couleur*. Le Moniteur, p.34. ③樺山紘一・和田久士 (2000):『ヨーロッパの家―伝統の町並み・住まいを訪ねて2 フランス・スペイン』, 講談社, p.59, p.63.
14) 前掲 10) の LENCLOS et LENCLOS (1990), pp.52-55.
15) Christian GOUTORBE (2007): «Guide escapade: idée découverte». *Vent Sud: Art de Vivre en Languedoc, Roussillon & Provence*, no. spécial, pp.66-75.
16) 池田光穂 (1999):「エコ・ツーリストと熱帯生態学」, http://www.cscd.osaka-u.ac.jp/user/rosaldo/991008Eco
17) Jacques ROURÉ et Gérard SIOËN (1999): *Sète: port en ville*. Équinoxe.
18) Caroline SCARLES (2004): «Mediating landscapes: the processes and practices of image construction in tourist brochures of Scotland». *Tourist Studies*, 4-1, pp.43-67.
19) Harold CONKLIN (1955): «Hanunóo color categories». *Southwestern Journal of Anthropology*, 11-4, pp.339-344.
20) ①ミシェル・パストゥロー (1995):『ヨーロッパの色彩』(石井直志・野崎三郎訳), パピルス. ②ミシェル・パストゥロー (2005):『青の歴史』(松村恵理・松村 剛訳), 筑摩書房, p.203.
21) 前掲 10) の LENCLOS et LENCLOS (1990), pp.74-91.
22) ① Michel PERRÉARD, Marie-Claude CORNET et Jean-Louis CHARPENTIER (1985):

«Les enduits et la couleur: aspect technique et tradition». *Monuments Historiques*, no.139, pp.32-39. ②前掲 13) ②の LENCLOS et LENCLOS (1995), p.194.

23) 前掲 10) の LENCLOS et LENCLOS (1990), pp.44-49.
24) ノルマン・プレスマン (2002):『北国の街づくりと景観―気候に結びつけた都市デザイン』(繪内正道訳), 北海道大学図書刊行会, p.67.
25) 前掲 13) ②の LENCLOS et LENCLOS (1995), p.238.
26) ジャン・ボードリヤール (1980):『物の体系―記号の消費』(宇波 彰訳), 法政大学出版局, pp.34-42.
27) 前掲 10) の LENCLOS et LENCLOS (1990), pp.52-55.
28) 前掲 20) ①のパストゥロー (1995), p.37.
29) Rachid AMIROU (2002): «De l'imaginaire populaire à l'imaginaire touristique». *Espaces: Tourisme & Loisirs*, no.199, pp.26-33.
30) 小林康夫 (1999):『青の美術史』, ポーラ文化研究所, pp.6-16.
31) ①前掲 30) の小林(1999), pp.6-59. ②前掲 20) ②のパストゥロー (2005), pp.9-85, p.134.
32) 前掲 20) ②のパストゥロー (2005), pp.199-203.

第五章
国境が結ぶジュヌヴォワ地域

カラ付近にある109番の境界石

I　同じ地形，同じ言語

□　二つの「孤島」と一つの地域

　国境は領域を作る大きな境界で，多くは近代の産物だ。とくに欧州が植民地化の過程でフロンティア（辺境）をバウンダリー（境界）に変えたため[1]，

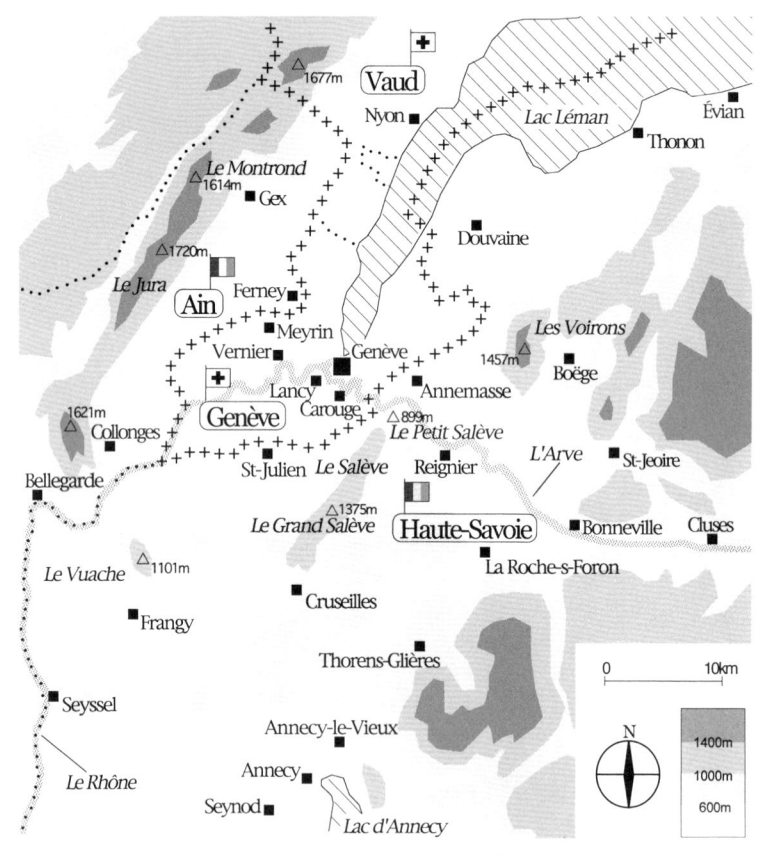

図 5-1　フランス=ジュネーヴ国境間地域

＃　＋印の線は国境，黒点の線は州／県境，点模様の線は河川。スイスの州名とフランスの県名は四角で囲んだ。フランス内の黒四角印は行政単位カントンの中心地。なお，湖面は標高 372 m。

世界各地で紛争や論争のもとになったり，移動や交流の障壁になっている。ところが国境は，逆に地域を活性化し[2]，地域経済に貢献する場合もある[3]。フランスとスイスの間にあるジュヌヴォワ地域の国境（図 5-1）も，そうした国境の一つだ。

ただし国境が透過的になったからといって，領域までもが消えるわけではない。国境の敷居が低くなったとき，領域はどのような形で地域の中に現われるのか。国境が存在する以上，それが領域を強化する面も残っているに違いない。このことを頭に入れ，国境が時代によって，そして場所によって，どう空間の〈領域化〉に関わるのかを考えてみたい。

フランスから見ると，ジュヌヴォワ地域の国境の先にはジュネーヴ州（面積 283 km^2）があり，州都ジュネーヴ（面積 16 km^2）など 45 市町村が含まれる。約二百の国際機関が置かれ，過去には条約締結の場となったり，政治亡命者を受け入れたことから，ジュネーヴには国際平和のイメージが定着している。外国人も多く，ジュネーヴ州統計局 OCSTAT によれば，2012 年でジュネーヴ州人口 47 万の 40％，ジュネーヴ市人口 19 万の 47％が外国籍とされる。

国際性の陰に隠れているが，実はジュネーヴは州境 107 km のうち 102.5 km までをフランスと接し，フランスの中にあるスイスの「孤島」と言える。ところが，フランス側の国境地域もまた，フランスの他地域と分断され

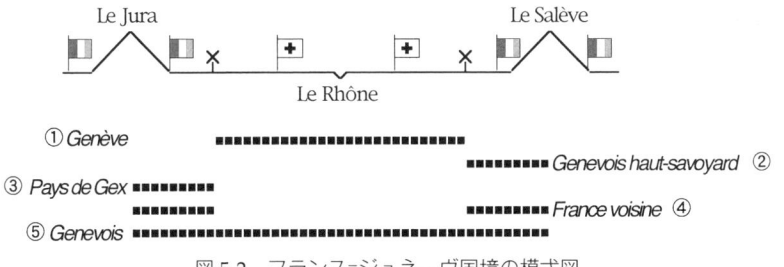

図 5-2　フランス＝ジュネーヴ国境の模式図

\# ×印が国境。フランスの領域は三色旗，スイスの領域は十字旗で示してある。中央の凹みはローヌ川。左の山がジュラ，右の山がサレーヴ。
\#\# ①ジュネーヴ，②ジュヌヴォワ・サヴァイヤール，③ジェクス，④近隣フランス，⑤ジュヌヴォワ。

ている。稜線がフランスのアン (01) 県とオート=サヴォワ (74) 県の内部を走り，国境と一致しないからだ（図5-1）。

　ジュネーヴに接し，山々によってフランスの他地域から離される部分を「近隣フランス」，そのうち74県に入る部分を「ジュヌヴォワ・オー=サヴァイヤール」，01県に入る部分を「ジェクス地方」と呼ぶ（図5-2）。こうしてジュネーヴと近隣フランスという二つの「孤島」が，ジュヌヴォワ地域という盆地の中で一つの国境間地域を作っている。

□ 国境線画定の経緯

　ジュヌヴォワの国境は「フランス=ジュネーヴ国境」と呼ばれるが，それはスイスでもフランスでもないジュネーヴの立場を示している。ジュネーヴは中世以来，フランス南東部からイタリア北西部を支配するサヴォワの干渉を受けていたが，1603年に共和国として独立した。1798年にはナポレオンのフランスに占領され，サヴォワ北部とともにレマン県に組み込まれるが，再度1814年に独立する。そして翌年，現在26州あるスイス連邦に25番目の州として加わる。プロテスタントの小国ジュネーヴは所属先の選択を迫られたが，カトリックのフランスを避け，覇権的でない連邦制のスイスを選んだとされる[4]。

　その後ジュネーヴは，1815年のパリ条約でフランスから北西部を，1816年のトリノ条約でサヴォワ=サルディニアから東南部を獲得し，4.5 kmの幅だがスイス連邦と地続きになり，領土が飛び飛びに存在している状態から解放された。ジュネーヴは，自地域にカトリック系住民が増えることを恐れ，土地の獲得は最小限に留めたという[5]。

　一方，カトリックのサヴォワは1860年にフランスへ統合された。このとき，トノンを中心とするシャブレ地域，ボンヌヴィルを中心とするフォシニィ地域，サンジュリアンを中心とするジュヌヴォワ・オー=サヴァイヤール地域は，ジュネーヴへの統合を望んだものの，フランス=ジュネーヴ間に非関税自由貿易ゾーンを拡大するという条件で，フランスへの帰属が決まった。こうして，地域の声とは関係なく[6]，地形や言語の境界とも一致しない国境線が確定した。地形や河川が作る自然国境も結局は人為的だが[7]，フラ

ンス＝ジュネーヴ国境は，同じような土地が広がり，同じような言葉を話す空間に引かれた一本の線という意味合いが強い。

　国境の現実は，政治経済機能，土地に刻まれた景観，人々の知覚や経験からなる[8]。フランス＝ジュネーヴ国境の研究も，フランスの他の国境と同様，買物や仕事のための越境行動[9]，地域表象やメンタルマップ[10]，二国間の行政協力[11] が中心になっている。本章では，国境が人々の意識や行動にどう影響しているかを考えたい。また，国境を越える感覚や経験についても探ってみたい。

II　通貨レートの影響

□ 隣国への買物

　通貨から見よう。1960 年に 100 フランスフランが 1 フランスフランに切り下げられ，1 スイスフランは約 1 フランスフランになった。ところがスイス経済が伸び，2000 年には 1 スイスフランが約 4 フランスフランに上昇した。国境地域の人々は日常的に通貨レートを気にしている。2008 年 2 月のこと，モワルシュラ国境税関のジュネーヴ側で市電に乗ろうとしたが，スイスフランがない。近くの人に尋ねると，3 スイスフランの表示の所に 2€ 入れればいいと言う。そして「20 サンチーム得」と付け加えた（2008.2.21 メモ）。レート換算では 2€20 になるが，販売機では 2€ で済むのだ。

　通貨レートの影響は物価に現われるが，それをかつて調べていた出版社が近隣フランスのアンヌマスにある。メルル・ブラン社という出版社で，雑誌『マガジンヌ 100 フロンティエール Le magazine 100 Frontières』や冊子『ギド 100 フロンティエール Le guide 100 Frontières』を発行してきた。とくに，1991 年秋に刊行が始まった冊子の方は 25 万部以上配布され，日用品から家具や旅行まで，ジュネーヴと近隣フランスの商品価格や品揃えを比較する地域随一の買物情報誌だった。

　この冊子を使って，1992 年（1991 年暮れ～1993 年初め）と 2002 年の状況を比べてみたい。肉類，乳製品，青果，冷凍食品などは，両年とも，近隣フ

ランスの方が1.5〜4倍ほど得とされている。それに対して衣料品と書籍は，1992年ではジュネーヴの方が得だが，2002年は差がない。ただ音楽ディスクだけは，両年ともジュネーヴの方が安い。つまり，一次産品はフランス，嗜好品はジュネーヴが有利と言える。ジュネーヴ中心街には，充実したチェーン書店パイヨ，大型音楽ディスク店，流行のブティックがあり，品揃えは問題ない。

　隣国での買物には関税が掛かる。2002年の消費税率TVAはフランス19.6%，スイス7.6%で，これが税関での免税と課税の率になる。ジュネーヴ人の場合，フランス内の1店舗で175€以上購入すると19.6%が返還され，一人当たり300スイスフラン以上の購入品を持ち込むと7.6%（食料品と書籍は2.4%）の税を取られる。フランス人の場合は，ジュネーヴ内の1店舗で500スイスフラン以上購入すると7.6%が返還され，一人当たり175€以上の購入品を持ち込むと19.6%（食料品は5.5%）の税を取られる。したがって，免税率と課税率の差は12%で，隣国での買物の際は，ジュネーヴ人が12%安く，フランス人が12%高く払うことになる。基本的にジュネーヴの方が物価高だが，人々は品質・価格・品揃え・手間・関税を総合して購入の損得を考える。

　メルル・ブラン社の雑誌や冊子は買物情報誌という枠を超えている。例えば，ジュネーヴ人「デュナン」（赤十字の父アンリ・デュナンから）とフランス人「デュポン」（フランス人に多い姓なので）というキャラクターを使った企画は，積極的な交流を作ろうとしている。1992年9月，国境間地域の1,660人に行なった『ギド100フロンティエール』のアンケートを紹介しよう。ジュネーヴ人の25%とフランス人の36%が隣国で定期的に（最低三週間に一度）買物するという結果からイラストが描かれる（図5-3）。左の「デュナン」が「ジュネーヴの四人に一人が我が友フランスで定期的に買う」と言うと，右の「デュポン」が「我々の三人に一人以上はジュネーヴの店へ定期的に行く」と答え，互いに越境購買の多さを競い合っている。

　ちなみに，このイラストに描かれるジュネーヴ人は，創刊号（1991-92年秋冬号）では「エルムート」という別のキャラクターだった。アルプスの山岳民風の帽子と服装を身に付けた姿と名前は，独語圏スイス人を連想させ

QUI ACHETE DE L'AUTRE COTE ?

«*On peut dire qu'à Genève nous sommes un consommateur sur quatre qui achetons régulièrement chez nos amis français*»

«*Vous allez rire ! savez-vous, cher voisin que nous sommes plus d'un sur trois qui fréquentons régulièrement les magasins de Genève?*»

図 5-3　デュナンとデュポン

\#　*Guide 100 frontières*, no.3, automne/hiver 92/93, p.5 から。
\#\#　左の金髪が「デュナン」，右のベレー帽が「デュポン」。

た。そのため，ジュネーヴ人読者から不満が出され，第 2 号（1992 年春夏号）では「デュナン」に変更された（p.4）。この変更は地元の新聞・雑誌から歓迎され，そのことが第 3 号（1993 年秋冬号）に紹介されている（p.10）。国境間地域では，ちょっとした表象の違いでも問題になるのだ。

　近隣フランスの人にとってジュネーヴはスイスという領域の一部であり，スイス内のマジョリティを構成する独語圏スイス人と繋がる。逆に，「近隣フランス」という表現は，フランスの一部がジュネーヴの付属領域であるかのような印象を与えるので，近隣フランスの人はあまり使わない。

　『マガジンヌ 100 フロンティエール』掲載の百店舗についても見ておこう。100 フロンティエール・カードを示せば割引が効くという百店舗は，越境買物客を対象にしたもので，その分布から国境間地域の実質的な範囲が分かる（図 5-4）。割引店は，アヌシィやトノンといった 74 県の中心地にもあるが，

図 5-4 カード割引店の分布

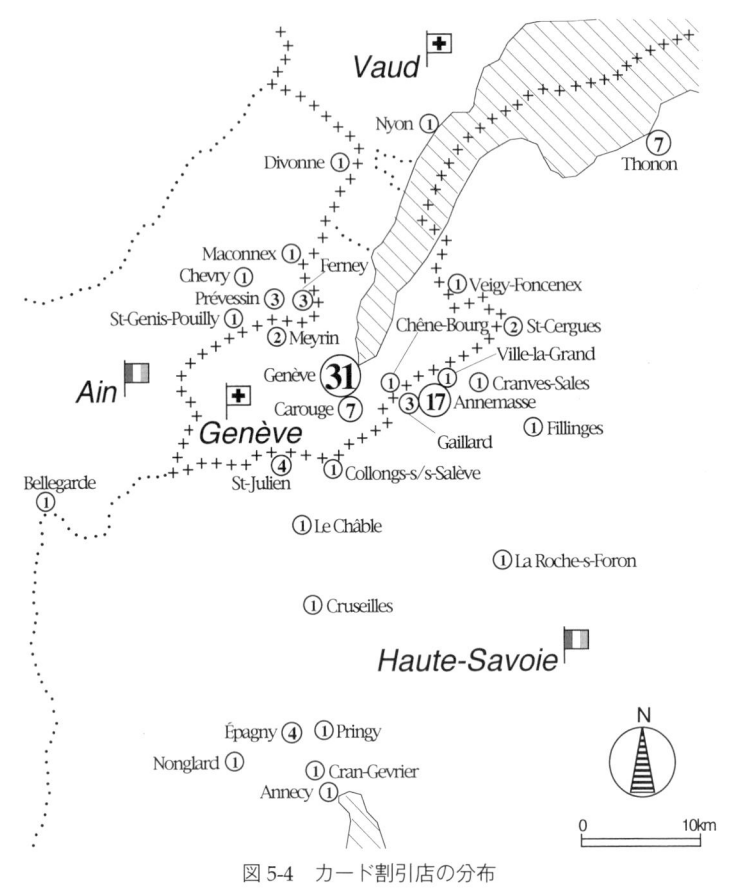

Magazine 100 frontières, no.1, 1993, p.22 掲載の家具店，電器店，衣料店，ワイン店，書籍店，音楽 CD 店，旅行代理店などの分布。丸印の数字は掲載店舗数，＋印の線は国境，黒の点線は州/県境。

ジュネーヴ市および近隣フランス内の国境沿いの町に多い。なお，「100 フロンティエール」とは「百国境」の意味で，100 km の国境線を表わす。しかし，発音上は「sans frontières（国境なき）」と同じなので，国境が障壁でないことも示唆する。それでも，実際に国境線が 100 km もあるからこそ，多くの商品の比較が可能になるのかもしれない。

2002 年以降，ユーロの上昇に対し，スイスフランは相対的に下がった。

第五章　国境が結ぶジュヌヴォワ地域　　　　　　　　　　　　　　　213

図 5-5　ミグロの大型郊外店
　ミグロ Migros は近隣スーパーの印象が強いが，大型店もある。M，MM，MMM の 3 タイプあり，それぞれ近隣店，中型店，大型店に当たる。写真はジュネーブ郊外ヴェルニエにあるバレクセール・コマーシャルセンターの MMM タイプ。

　トリビュン・ド・ジュネーヴ紙は 2008 年 2 月 21 日の第一面に，大型スーパー・オーシャンの写真付きで「ジュネーヴに住み，ジュネーヴで買う」という記事を出した。小見出しは「ジュネーヴ人はもうフランスへ買物に殺到しない」で，ユーロ高のためフランスで買う利点が減ったことを伝えている。第十面には関連する風刺画も掲載された。「近隣フランスでのスイス人の買物減少」というキャプションが付けられ，買物する画中の女性は「フランスの価格もすごく近隣だわ」と発言している。価格の近さが，距離の近さを表わす形容詞「voisine」で表現され，言葉遊びになっている。
　また，第三面の解説記事によれば，ジュネーヴ人がジュネーヴ州と近隣フランスで購入する金額の比は，食料品が 2001 年で 83％対 15％，2007 年で 88％対 10％，非食料品が 2001 年で 79％対 10％，2007 年で 89％対 3％だという。ただ，近隣フランスでの購入額の比率減少の背景には，ユーロ高だけでなく，ジュネーヴに大型コマーシャルセンター（図 5-5）が増えたこともあると新聞は指摘する。実は，この記事が出る前日，筆者がインタビューし

たベビー・プラージュ付近（図6-1）を散歩中のジュネーヴ人男性も，国境の両側での物価の差とともに大型コマーシャルセンターに言及していた．

> フランスは私達にとって隣にある村．数分の所．（中略）今はフランスであまり買わない．以前は買ったが．今はだんだん（価格が）拮抗してきた．とくにヨーロッパ中でユーロが一般的になってきて．以前は確かにフランスへ行く意味があった．だが今は，家賃まで大きく上昇した．（中略）たくさん買物があるときは，ジュネーヴでも車で行かなくては．周縁地域に店があるから．世界中どこも同じだが，（郊外の）大型店のことだ．大型店は安いのではなく，単に大きいだけ．それでも品物を選べるし，駐車場もある．
> （湖畔を散歩中のジュネーヴ人退職男性，2008.2.20 採録）

□ フロンタリエの流動

　カタルーニャ人記者が書いたジュネーヴ滞在記がある．そこに滑稽な話が出てくる．国境から1kmのフェルネに住む国際機関の職員がいつものように国境税関を越え，ジュネーヴ側に数m入ると，税関吏からタイヤの摩耗を指摘され，スイスの法律では走行禁止だと言われた．税関吏は，そこがスイス領内である以上，数mの後退も認めず，職員は歩いてフランスへ戻り，新しいタイヤをタクシーで買いに行き，また税関へ戻った[12]．この話は，地中海人から見たスイス人の堅苦しさを風刺しているが，それとは別に，国境周辺には越境通勤する人がいることが分かる．

　ジュヌヴォワ地域では，越境労働者はフロンタリエ資格を与えられているが，特別に越境できる国際機関職員には適用されない．賃金が高く雇用の多いジュネーヴに来るフロンタリエは州の就業人口の15％を占め，隣のヴォー州の4％を大きく上回る[13]．また，こうしたフロンタリエの数は，ジュネーヴから近隣フランスへ行く逆方向のフロンタリエの160倍に達する[14]．

　フランスとスイスがフロンタリエ制度を定めたのは1946年で，フロンタリエ資格を得るには瑞仏独伊墺の国籍を有し，国境から10km圏内に半年以上住んでいることが条件とされた．また1958年には，新しい条件として，居住国へ毎日帰宅することや一年毎に資格を更新することなどが追加され

た。さらに 1966 年には，フロンタリエが支払う税金に関する協定が取り交わされた。これは二重課税を防ぐためで，スイスでフランス人フロンタリエが得た収入は，すべてスイスで課税されることになった。

　しかし，課税協定以降，ジュネーヴへのフロンタリエは急増する[15]。その結果，経済中心地であるジュネーヴは，州内に住まないフランス人の所得税まで得ることになり，労働力を供給するフランスは，税金を払わないフランス人居住者へのサービスをますます担わされるようになった。そこで両者は 1973 年に，「ジュネーヴに就労するフロンタリエの税金返還協定」を結んだ。そして，フロンタリエが得た税込み総収入の 3.5％を，ジュネーヴ州が近隣フランス市町村に戻すことが決まった。協定は歴史的なもの，ローカルな国境間協力に道を開いたものと評価されている[16]。また，協定締結の半年後，合同諮問委員会が設置され，翌年にはその実働機関としてフランス＝ジュネーヴ地域委員会 CRFG が作られ，国境間の諸問題に対応している。

　フロンタリエ規定は以後も変更されるが，当該国境に関わるのは 1999 年のスイス＝EU 二国間協定だった。スイスは国民投票で EU 加盟を拒否した。仏語圏では賛成が過半数だったが，マジョリティの独語圏が反対した。しかし，スイス・EU 双方にとって交流制限は得策ではない。そこで，地上交通や農産物など七協定からなる二国間協定を結び，2002 年 6 月 1 日に発効させた。この協定でフロンタリエに関わる部分は「人の自由移動に関する二国間協定」と呼ばれ，EU と EFTA 出身者に限り，資格の更新期間が一年毎から五年毎へ延長され，居住国への帰宅義務が日一回から週一回に緩和され，資格取得前のフロンタリエゾーンでの半年間の居住義務が撤廃された。

　ジュネーヴ州統計局 OCSTAT によると，フランスからジュネーヴ州へ働きに来るフロンタリエ数は，1990 年代には 27,000 人と 33,000 人の間を行き来していたが，二国間協定が発効した 2002 年は 35,514 人，それ以降，2005 年は 51,316 人，2008 年は 65,126 人，2011 年は 75,847 人と急増し，2012 年には 82,218 人に達した。また居住地別では，1990 年代はアン県約 20％，オート＝サヴォワ県約 80％の計 100％近くで安定していたが，2002 年以後は範囲が広がり，2012 年にはアン県 19％，オート＝サヴォワ県 76％となって，他地域からのフロンタリエが増えてきた。同様に，1990 年代はフランス国

籍のフロンタリエがつねに 97％以上だったが，2002 年は 96％，2005 年は 95％，2008 年は 93％，2011 年は 92％と減ってきた。例えば 1999 年と 2009 年を比べると，フランス国籍が 2.2 倍，アジア国籍が 2.8 倍，アフリカ国籍が 3.3 倍，南北アメリカ国籍が 3.4 倍，仏を除くヨーロッパ国籍が 6.1 倍に増えている。増加率は，とくにポルトガル国籍が 11.6 倍，アイルランド国籍が 9.9 倍，ギリシャ国籍が 8.0 倍など，経済的に厳しい国々が非常に高い。

次に，1999 年時点でフロンタリエが百人以上いる郡 canton（数コミュンを集めた行政単位）を選び，人口千人当たりのフロンタリエ数を 1999 年と 2009 年で比較してみたい。すると，例えば 74 県ではアンヌマス郡が 104 人から 184 人へ，サンジュリアン郡が 128 人から 200 人へ，01 県ではジェクス郡が 72 人から 140 人へ，フェルネ郡が 82 人から 151 人へと大幅に増えている。

地理学では，二地点間の距離が対数的に増えれば，その二地点間の移動者数は対数的に減るという距離減衰作用が知られている。そこで，74 県と 01 県の 22 の郡別にフロンタリエ数とジュネーヴ中心街への道路距離の関係を調べると，三つのことが分かった（図 5-6）。第一に，距離減衰作用はジュネーヴ盆地外で強いが，盆地内ではあまり現われず，フロンタリエにとって盆地内に住むことが重要と言える。第二に，以前から指摘されているが[17]，盆地内に関するかぎり，フロンタリエ数はオート=サヴォワ県側で高い。第三に，フロンタリエ数の増加は盆地内より盆地外で著しく，フロンタリエ圏は明らかに広がっている。

さて，越境の様子を知るため，2008 年 2 月 19 日の昼に両国のジュネーヴ通りで，モワルシュラ国境税関（口絵 5-1）に最も近いスーパーの駐車場を観察してみた。フランス側のスーパー・カジノでは，ジュネーヴ州の GE ナンバー 6 台，オート=サヴォワ県の 74 ナンバー 30 台，その他の仏ナンバー 6 台だった。ジュネーヴ側のスーパー・ミグロでは，GE ナンバー 8 台，74 ナンバー 6 台だった。ミグロの店員によれば，客の半数はフランス人フロンタリエだという（2008.2.19 メモ）。2007 年で，ジュネーヴ州が 45 万，ジュヌヴォワ・サヴァイヤール地域が 19 万，ジェクス地方が 9 万という人口を考えれば[18]，国境周辺には，ジュネーヴ人よりもフランス人の方が人口に比

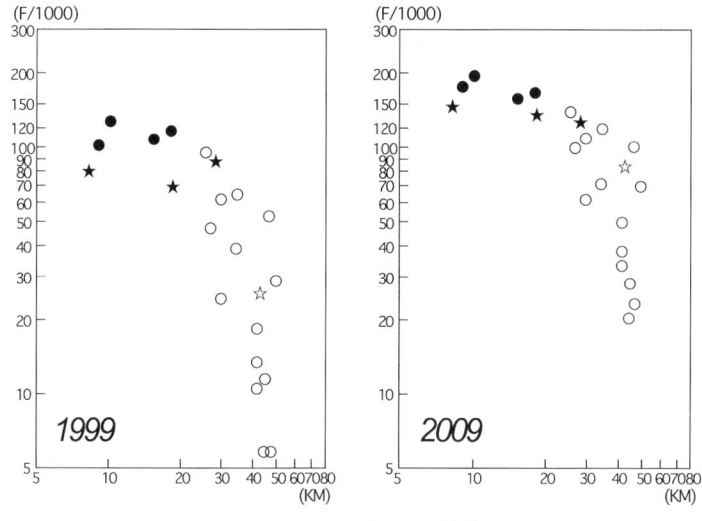

第五章　国境が結ぶジュヌヴォワ地域　　　　　　　　　　　　　　　　*217*

図 5-6　フロンタリエの比率

\#　縦軸は OCSTAT（http://www.geneve.ch/statistique/statistiques/domaines/domaine.asp）から算出した人口千人当たりのフロンタリエ数，横軸はミシュランの距離計算サイト（http://www.via michelin.fr/web/Itineraires）から算出したカントン中心地とジュネーヴ中心街との道路距離。

\##　黒星印は盆地内の 01 県内カントン，白星印は盆地外の 01 県内カントン，黒丸印は盆地内の 74 県内カントン，白星印は盆地外の 74 県内カントン。

して多く来ていることになる。やはり，二国を行き来するフランス人フロンタリエの存在は大きい。

　また越境する車を，近くのピエラ＝ボシェ国境税関で一定時間数えた。ジュネーヴ側にスタンドがあり，そこでの給油のためだけに国境を越えて戻る車を除けば，次のようになった。すなわち，ジュネーヴ側からフランス側へは，GE ナンバー 19 台，74 ナンバー 28 台，その他の仏ナンバー 1 台，フランス側からジュネーヴ側へは，GE ナンバー 15 台，ヴォー州の VD ナンバー 1 台，74 ナンバー 49 台，その他の仏ナンバー 4 台だった。近隣フランス住民はジュネーヴ人に比べて 1.5 倍，越境に車を利用するが[19]，それを考慮しても，フランス車の方が目立つ。

III 国境の両側の非対称性

□「別荘」は隣国に

　都市圏の拡大に関して，ジュネーヴ市が1991年に作成した地図がある（図5-7）。市街域を表わす黒い部分が1868年から1974年へと急激に拡大している。しかし，1974年から1986年は，点線の内側のジュネーヴ州に変化はなく，点線の外側だけが都市化する。こうした近隣フランスの都市化は1990年代に入ってさらに強まる[20]。なぜ市街域の拡大は，ジュネーヴ州を越えて，近隣フランスに飛び火したのか。

　答えはスイス連邦法にある[21]。1979年に制定された国土整備連邦法の第16条によると，紛争時の自給自足を守るため，各州は一定の農地を確保することになっている。また1980年には，連邦全土で4,500 km²（国土の11％）の農地を持つことが決められ，ジュネーヴ州の負担は105 km²とされた。これは，湖を除く州面積246 km²の実に43％に当たる（図5-7）。州内には，工場や森林や空港もあるので，こうした用地を引くと，住宅用の土地はあまり残らない。

　そこで，ジュネーヴ人は近隣フランスに目を付けた。つまり，ジュネーヴに仕事を持ったまま，フランスに住もうと考えたのだ。近隣フランスにあるジュネーヴ人の住宅は，1970年に2,400戸，1989年に4,130戸と増え

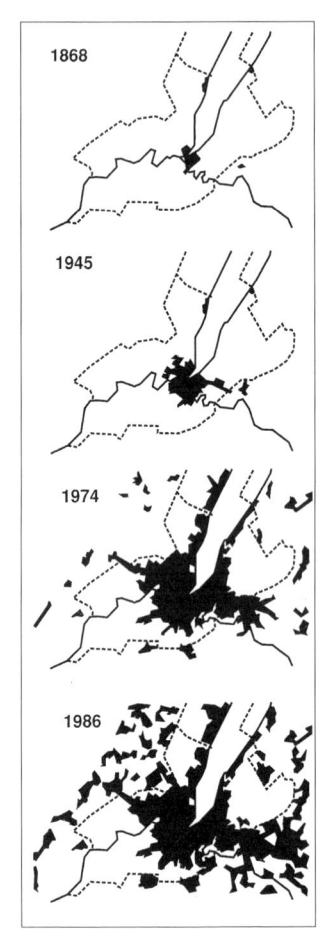

図5-7　ジュネーヴ都市圏の拡大
\#　Ville de Genève, *Genève 2001: options d'une politique urbaine*, 1991の図版から。
\#\#　黒色は市街地，点線は国境。

図 5-8　国境沿いのジュネーヴ州農地
　境界石の小道付近。左手の柵がフランス側オート=サヴォワ県との国境で，右側がジュネーヴ州内に広がる農地。

ていく[22]。またジュネーヴ人の所有地は，すでに 1975 年時点で 7,000 件，総面積は 70 km^2 に及んでいた[23]。ところが，ジュネーヴ人がフランスに常住することは違法だった[24]。そのため，表向きはそれらを週末やバカンスの副住居としたのだった。

1999 年 1 月にアンヌマスのヴァレ街道にあるフランス=スイス不動産で，「なぜフランスにジュネーヴ人の副住居が多いのか？」と聞いてみた。事務員の答えは次のとおりだった。

> 経済的な理由による。フランスは土地が安い。けれど，家の造りはスイスの方が上だと思う。（筆者 A：他に理由はないか？）ジュネーヴは盆地だが，フランスは（標高が）高いので見晴らしがいい。フランスにはジュネーヴ人のセカンドハウスがたくさんある。実際は常時住んでいるので，税関職員が見まわりに来るが，摘発は難しい。一週間ずっと見張っていることもある。私の住んでいる通りには，22 軒あるが，3 軒がフランス人で，あとはスイス人やドイツ人やフロンタリエ。でも，本当にスイス人が多いのは湖沿い。
>
> （不動産屋の事務員，1999.1 メモ）

フランス側としては，現実に常住していても，書類上はジュネーヴに居住・就労しているジュネーヴ人から所得税を取れない。しかも，そうしたジュネーヴ人はフロンタリエではないので，ジュネーヴへ納められた税金の一部が近隣フランスへ戻ることもない。なお，不動産事務員の言った「湖沿い」というのは，とくにレマン湖南岸の高級住宅地を指す。フランス人には，ジュネーヴ人は裕福というイメージがある。

「湖沿い」と言えば，ジュネーヴ州側のレマン湖南岸にも，フランス側以上の高級住宅地が広がっている。一般経済誌『ビラン』の1998年9月号に，スイスで「最も魅力ある百コミュン」が発表された。指標には，税率の低さ，収入の高さ，インフラへの近さ，新規住宅建設の多さ，空き家の少なさなどが使われ，順位は高級度や住み心地を示すものになっている。スイス・ロマンド（スイス仏語圏）の一位はコロンジュ=ベルリーヴ，二位はコロニィで，ともにジュネーヴ州内だった。レマン湖南岸に沿って，ジュネーヴの隣に高級住宅地コロニィが，その隣にコロンジュ=ベルリーヴが位置し，裕福であれば，州内に良好な住まいを得ることも不可能でない。一位のコロンジュ=ベルリーヴは，静寂と自然に包まれた環境が評価されている。

> ジュネーヴとトノンを結ぶバイパス道をヴェズナで降り，木々に囲まれた左手の小道を入り，並木の間から身を乗り出すと，裕福な邸宅が隠れている。都市から10分で田舎のような静けさの王国に着く。空港へ降りる飛行機が湖の対岸を飛ぶ。夜，聞こえるのはレマン湖のさざ波と近くの畑のコオロギだけだ。
> （*Bilan*, no.9, 1998）

上の不動産事務員によれば，国境間地域の住宅事情は，大衆情報紙GHIで分かるということだった。生活情報を多く載せるGHI紙は，毎週木曜にジュネーヴを中心に発売されている。手元にある二国間協定発効前の1999年1月28日発行分の不動産欄を使って，住宅事情を把握してみよう。多様な物件が混じる個人売買は除き，地域性を示す不動産業者の物件だけに注目すると，掲載されているのは，全部で15社，88物件になる。このうち所在の不明確な10物件，ジュヌヴォワ地域外の4物件，二業者に重複依頼している1物件を引くと，73物件が残った。

第五章　国境が結ぶジュヌヴォワ地域　　　　　　　　　　　　　　*221*

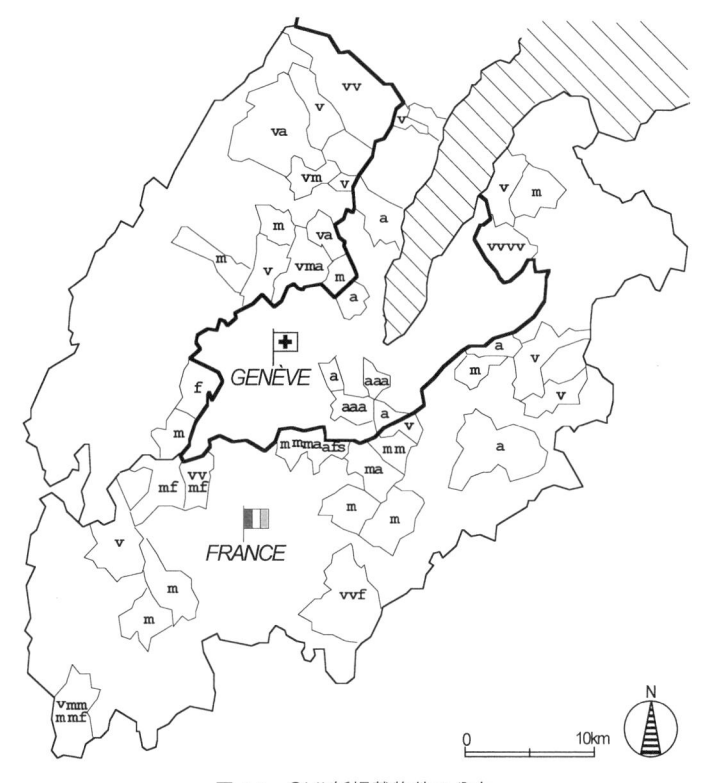

図 5-9　GHI 紙掲載物件の分布

＃　v はヴィラ（現代風戸建て），m はメゾン（一般的な家），a はアパルトマン（集合住宅），f はフェルム（農家），s はステュディオ（ワンルーム）が各1物件あることを示す。物件のあるコミューンだけを表示。太線は国境，中太線は県境，細線は市町村境。

　地域別では，オート＝サヴォワ県 43，アン県 19，ジュネーヴ州 10，ヴォー州 1 で，近隣フランスが 85％ を占める。地図に描くと，かなりの物件が国境付近に集まっていることが分かる（図 5-9）。国境に接するコミューン内だけで 40 物件に上り，全体の 55％ に達する。国境付近に物件が多いのは，GHI 紙の主な対象者であるジュネーヴ人が，近隣フランス内でも，できるだけ国境近くに住みたいと考えているからではないだろうか。ちなみに，ジェクス地方内の国境沿い市町村の物件が 10 なのに対し，ジュヌヴォ

ワ・オー=サヴァイヤール地域内の国境沿い市町村の物件は 24 で，後者の方が国境の透過性が高いと推測できる。

　2002 年の「人の自由移動に関する二国間協定」によって，近隣フランスにジュネーヴ人が常住することは，州公務員を除いて可能になった。協定発効の直前，トリビュン・ド・ジュネーヴ紙は，土地付きの家を持つことがジュネーヴ人の夢で，それは近隣フランスならば叶うと書いている。

> 高収入でないと，ジュネーヴ州には土地を持てない。（中略）しかし国境を越えれば，夢はかなう。二国間協定を待たずに，一片の土地に小さなスイス国旗を掲げる人もいる。（中略）ジュネーヴで働きながらアン県やオート=サヴォワ県に主住居を持つにはフランスの役場に申請書を提出すればいい。「1999 年以降スイス人の申請書が目立って増えた」とサンジュリアンの不動産業者は言う。オート=サヴォワ県議会でも，1999 年以降「（新規）戸建ての 3 軒に 1 軒はスイス人の取得」とみている。
>
> （http://archives.tdg.ch/TG/TG/-/article-2002-05-557/…）

　ところが，申告しないでフランスに常住するジュネーヴ人もいる。これでは，フランスに住むジュネーヴ人の所得税はジュネーヴへ納められ，フランスへ還元されることはない。フランス側にとって税収減の問題は大きい。しかし，ジュネーヴ人も正式にフランスに住みジュネーヴで働くとなると，2012 年 5 月 2 日付け GHI 紙が以下に述べるように，車に乗った時は外見上フロンタリエと同じになり，ジュネーヴ内を走るには抵抗を感じる。

> フェルネ市長フランソワ・メランは言う。「常住なのにフランスへ副住居で届けるスイス人は，フランスの行政に無理な（公的サービスの）出費を強いている」。（中略）フェルネの（人口の）15％が不正行為者だ。（中略）「見つかった不正行為者の多くはスイスに職があってフランスに住所変更しにくいと言い訳する。フロンタリエへの社会圧力を理由にフランスのナンバーを（車に）付けたくないと言う者もいる。また，手落ちで申告しない者もいるし，ジュネーヴ州から補助を受けた（ジュネーヴの）住まいを不正に又貸しする者もいる」と市長は詳述する。（http://www.ghi.ch/le-journal/la-une/faux-residents-secondaires-des-fantomes-qui-coutent-cher）

表 5-1　GHI 紙掲載物件の価格

1 部屋当たりの平均価格		ジュネーヴ州	ヴォー州	アン県	オート＝サヴォワ県
戸建住宅	1999 年	—	79,687€	59,352€	49,921€
	2008 年	180,698€	140,000€	110,000€	96,506€
集合住宅	1999 年	65,543€	—	30,906€	30,357€
	2008 年	114,000€	—	84,782€	83,734€

\#　居住面積よりも部屋数の情報が多いので，それが明記され，価格算出が可能な売り物件で平均値をユーロ換算で算出。対象数は，1999 年がジュネーヴ州 10，ヴォー州 1，アン県 17，オート＝サヴォワ県 21，2008 年が同じ順に 10，1，13，30。レートは，1999 年が 1 フランスフラン＝0.152€，1 スイスフラン＝0.625€，2008 年が 1 スイスフラン＝0.60€。

\#\#　部屋数は寝室＋居間。「F3」や「type4」など部屋数表示の場合はそのまま，「4 chambres」など寝室数表示の場合は 1 加えて 5 部屋とした。また，3 部屋→2 部屋の改装を示す「type 2/3」や「T2/3」は 2 部屋で計算。集合住宅はアパルトマン appartement，ワンルーム studio，戸建住宅は現代風庭付きヴィラ villa，従来風の戸建てのメゾン maison，農家 ferme。

さて住宅価格は，地価やレートの変動があるので，国境の両側で比べるのは難しいが，国境間統計局 OST が 1 m² 当たりのアパルトマン価格を見積もっている[25]。それによると，2004 年でジュネーヴ州が約 3,000 €，近隣フランスが約 2,000 € で，これは 2000 年の二倍の差から縮まった結果だという。GHI 紙の掲載物件でもある程度は分かる。戸建住宅，集合住宅とも，1999 年にあった地域間の差が 2008 年には明らかに縮まっている（表 5-1）。ただし，これは二国間協定後の需要増加で，近隣フランス側の住宅価格が上がったからであり，ジュネーヴ州側の住宅価格が下がったわけではない。2008 年 2 月，モニデ国境税関近くで会ったジュネーヴ人退職夫婦も次のように話す。

　　私達はフランスに家を持っていて，こんなふうによく国境を越える。なぜフランスかって？　フランスは家が多くて物価が低いからだ。スイスよりフランスの方が土地や家屋に関する不動産投機が少ない。ジュネーヴはすごく高い。
　　（モニデ国境近くのレストランに来たジュネーヴ人退職者，2008.2.19 採録）

□ 越境する観光・余暇

　観光や余暇は国境の作用をどう受けているのだろうか。スキー・ゴルフ・キャンプなどの余暇活動は広い土地が必要なので，フランスで展開される。州内にスキー場を欠くジュネーヴの人々は，フランス・サヴォワのスキー場へ行く。しかし，ここではレストラン，ホテル，ラジオを対象に，観光・余暇での越境現象を検討してみたい。というのも，これらは単純に土地や環境に左右されるものではなく，国境の影響を考えるのに興味深いからだ。

　『ギド 100 フロンティエール』は，ジュネーヴとフランスのレストランを価格や品質で比較し，1992 年時点では互角としている。その理由として，ジュネーヴには世界中の料理店があること，フランスにも各国料理店が増え，昼食はジュネーヴより 20% 安いことなどを挙げ，「フランスはフランス的なガストロノミーの国，ジュネーヴは文句なく国際的なガストロノミーの国」とまとめる。

　次に，1999 年版と 2009 年版の『ギド・ミシュラン・フランス』および『ギド・ミシュラン・スイス』を使って，レストランの差とその変化を把握してみたい。ミシュラン掲載店は，ジュネーヴ州内では両年ともジュネーヴ市に集中し，それ以外は，州第二の町カルージュや国際空港を抱えるメランなど都市的な町か，風光明媚な湖畔の町に見出せる。近隣フランスについては，市街地化されている国境付近，それに観光地化されているジェクス地方の山間部やオート＝サヴォワ県の湖岸部が主な分布域になっている。なお，「星付き店」に限れば，ジュネーヴ州 4 軒，近隣フランス 3 軒で，フランス側が健闘している。

　また，ミシュラン掲載店の変化に注目すると，ジュネーヴ市内では，ローヌ川左岸が 15 軒から 11 軒に，ローヌ川右岸が 32 軒から 31 軒に変化している。ジュネーヴ以外のジュネーヴ州内では，オート＝サヴォワ県に接するローヌ川左岸が 20 軒から 15 軒に減り，ジェクス地方に接するローヌ川右岸が 10 軒から 12 軒に増えている。一方，近隣フランス内については，オート＝サヴォワ県が 16 軒から 20 軒へ増え，ジェクス地方が 22 軒から 19 軒に減っている。ジュネーヴ盆地全体で見れば，ローヌ川の東南側地域が 51 軒から 46 軒へ，ローヌ川の北西側地域 64 軒から 62 軒で，10 年間でミシュラ

ン掲載店の分布の重心はあまり移動していない。

　ホテルはレストラン以上に観光性や非日常性が強い。国境とホテルの関係を考えるのに，アンヌマス観光協会の地図が役立つ。1998 年版と 2008 年版を比べてみよう。2002 年の二国間協定で国境の透過性は高まったが，その影響は地図にも出るものなのか。

　両年とも，表側はアンヌマス市内の地図とホテル・商店の広告で，裏側はアンヌマス都市圏の地図になっている。しかし，地図に載っている広告は 10 年間で変わった。1998 年に広告が掲載されたホテルは 6 軒で，うち 2 軒が「モワルシュラ税関まで 500 m」，「モワルシュラ税関まで 300 m」と，アンヌマス都市圏にありながら，ジュネーヴへの近さを宣伝している。それが 2008 年になると，掲載ホテルは 8 軒になり，うち 6 軒が「モワルシュラ税関まで 800 m」，「ジュネーヴ中心街まで数分/ジュネーヴへの門」，「ジュネーヴへの門」，「ジュネーヴ中心街まで 7 km」，「モワルシュラ税関近く」，「国境近く」と，ジュネーヴへの近さを強調している。アンヌマス都市圏の安価なホテルには，ジュネーヴ滞在のための役割があり，それをアピールする傾向が強まったと言える。

　オート=サヴォワ県内のホテルのジュネーヴ志向は，OST の報告書[26]からも確かめられる。報告書の資料では，2008 年のホテル数が，ジュネーヴ州 132，近隣フランス内のオート=サヴォワ県 49，ジェクス地方 46 で，ジュネーヴ州が突出し，近隣フランス二地域に差はない。ところが，同じ報告書の分布図を見ると，近隣フランス内のオート=サヴォワ県では国境付近にホテルが集中している。つまり，ジュネーヴの補完ホテルという性格が強い。逆にジェクス地方では，ホテルは国境付近に多く立地すると同時に，フランス領内をかなり入った山間部にも少なくない。これは，国境近くに国際空港や国連機関があることと，山間部のディヴォンヌ=レ=バンが温泉保養地として有名なことが，理由と思われる。

　ラジオの電波も越境する。フランスの公営局はジュラ山地のモンロン山の 1,534 m 地点を，フランスの民営局はサレーヴ山の 1,220 m 地点を，スイスの公営局と民営局はサレーヴ山の 1,097 m 地点を，それぞれ発信地としている。このようにジュヌヴォワ地域のラジオ局の発信基地は標高の高い所に置

かれるので，電波が国境を越えることは難しくない。

　民営ローカル局に注目してみよう。トノン=レ=バン（74県）のラディオ・トロンは，1981年に誕生し，ポップな仏語音楽を中心に，リスナー参加の会話，クイズ，リクエスト，ニュース，地域情報などを流す。放送範囲は，フランス・オート=サヴォワ県のアヌシィからスイス仏語圏最外縁のフリブールまで広範囲にわたり，アルプス地域を代表するラジオ局と言える。かつてラディオ・トロンは強力すぎる電波を送り，そのことで裁判所から罰金を命じられたが，それでも上告して放送を続けたという歴史を有する[27]。実際に放送を聴くと，フランス・サヴォワだけでなく，スイス仏語圏の聴取者からのリクエストや質問が多かった。地域ニュースでも，オート=サヴォワ県だけでなく，ジュネーヴやローザンヌの出来事を積極的に取り上げていた。

　ここで参考に，近隣フランスを代表するラディオ・トロンおよびジュネーヴを代表するワンFMの聴取域を地図に描き，ジュネーヴの地理学者アントワーヌ・バイイが調べたジュネーヴの学生および近隣フランスのフロンタリエの熟知域（対象者の70％以上がよく知っていると回答した地域）[28]と対照させておこう（図5-10）。ワンFMもトロンも，その聴取域はジュネーヴからオート=サヴォワ方面に広がっている。とくにトロンの聴取域は，北東方向が言語境界のフリブールまで，南東方向がラ=クリュザ，ムジェーヴ，サンジェルヴェ，シャモニーなどのスキー場地帯まで伸び，さらにヴァル=ディゼールのスキー場地域も飛び地として続く。形としては，ワンFMの聴取域をほぼそのまま拡大している。ジュネーヴ人とフロンタリエの熟知域も同様の傾向で，フロンタリエにとってリヨンが70％熟知域の飛び地になる点だけが違う。

　いずれにしても，アン県側よりも，オート=サヴォワ県側の国境の方が透過的だ。これを補完する事実もある。地域を自由に描いてもらう手描き地図を用いた報告[29]によれば，ジェクス地方にあるフェルネの高校生の67％は国境線を描き，オート=サヴォワ県にあるサンジュリアンの高校生の75％は国境線を描かなかった。調査したイヴ・アンドレは，ジュネーヴとの間に国際空港が分断的に立地する前者と，歴史的にジュネーヴとの交流が絶えな

第五章　国境が結ぶジュヌヴォワ地域

ONE FM
(Genève 107.0)

RADIO THOLLON
(Thonon 93.0)

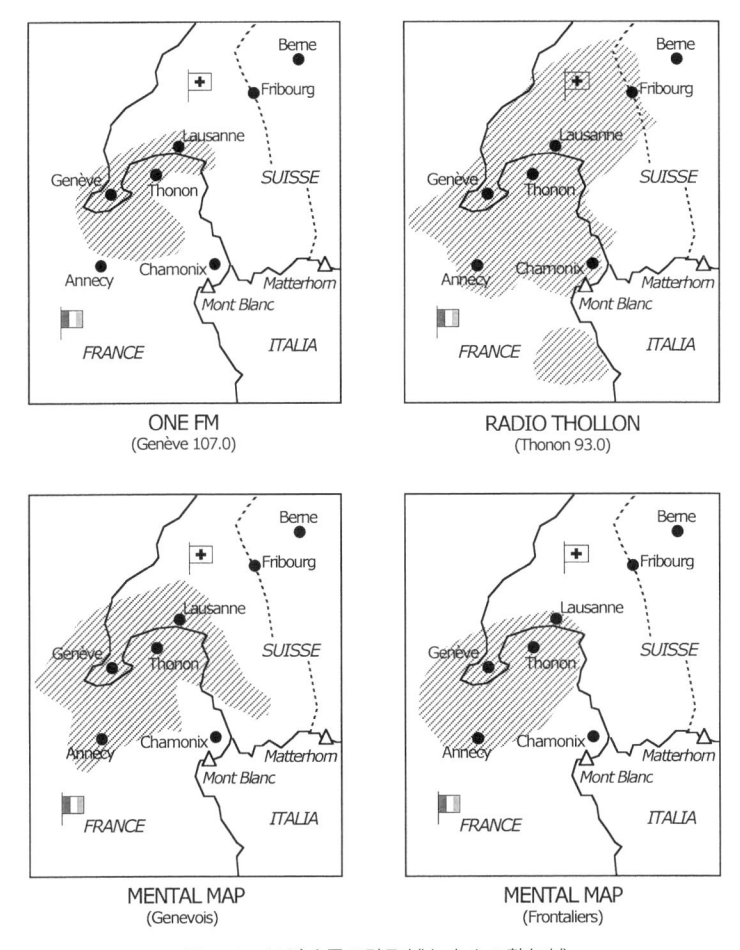

MENTAL MAP
(Genevois)

MENTAL MAP
(Frontaliers)

図 5-10　ラジオ局の聴取域と人々の熟知域

\# 　上側は，左図がワン FM（http://www.onefm.ch/radio/onefm_frequences.asp 2004 確認），右図がラディオ・トロン（http://www.thollon.fm/frames/zones.html 2004 確認）。下側は，注 23）の Bailly, 1987 によるもので，左図がジュネーヴ大学の学生の熟知域，右図が近隣フランスのフロンタリエの熟知域。フロンタリエの熟知域には，飛び地的に地図の左下方向のリヨンもあるが，図では省略。

\#\# 　地図中の実線は国境で，フランス，スイス，イタリアの三ヶ国を示した。点線は言語の境界で，点線の左側が仏語圏スイスで，右側が独語圏スイス。三角印は山で，左がモンブラン，右がマッターホルン。黒丸印は主な都市。地図に縮尺は示していないが，二つの山の直線距離が約 60 km。

228

かった後者の違いだと説明している。そこで次に、オート=サヴォワ県側の国境景観を見てみたい。

□ 非対称な国境景観

一般に国境周辺では，通貨の弱い国の方に売店やホテルやスーパーが集まる[30]。国境の町の非対称な景観はフランス=ジュネーヴ国境でもありそうだ。

近隣フランス最大の都市はサヴォワ側にあるアンヌマスで，都市圏人口7万を有する。このアンヌマスへは，1998～99年にモワルシュラ国境税関（口絵5-1）を抜けて何度も行った。また，2008年2月にはアンヌマスに滞在して，逆にジュネーヴを訪れた。

モワルシュラ国境税関は，アルヴ川の支流フォロン川が国境線になっている部分に位置するが，大きな道路の下に隠れて，川の存在は感じられない。しかも，モワルシュラ国境税関は人や車の通過量が多いので，そこを何度も越えていると，国境が特別でないように感じてくる。ジュネーヴの市電から降りてきた人の相当数はフロンタリエだが，皆淡々と足早に国境を抜けていく（図5-11）。現在は国境警備も麻薬取締りが中心で，それ以上はしない。

図5-11 モワルシュラ国境税関を通る人々

だから，税関で少し詳しく取り調べられている車があると，「麻薬だ」という人々の囁きが聞こえたりする。

モワルシュラは，ジュネーヴとフランスで綴りの表記が若干違い，景観も異なる。通りの名称は同じジュネーヴ通りでも，ジュネーヴ側トネの町では比較的大きな建物が並び，道幅約25 mの幹線道路が国境まで続いているが，フランス側ガイヤールの町では建物は小さく，道幅も約15 mに狭まる（図5-12）。また，トネでは現代的な市電が高頻度でジュネーヴ中心街へ向かっているが，ガイヤールではローカルなバスがアンヌマス中心街へまばらに出ている。国境のフランス側には，アーケードを多用した人工的な街並みが作られていて，〝税関バー〟という名のカフェも見える（図5-13）。しかしジュネーヴ側には，国境を感じさせる広場やカフェはない。

ジュヌヴォワ盆地の多くの住民にとって，国境は境界線というより，通過点だ。「以前は国境を越える際にいつも多少恐かったが，シェンゲン協定以降は完全に何でもなくなった」，「今朝いつものように何も気にせず国境を越えたが，税関の警備隊にチェックを受けてトランクを調べられたら，毎日国を移っていると思い出した」などの発言から分かるように[31]，今や国境が強く意識されることはない。ジュネーヴ人にとってはローヌ川左岸・右岸の差の方が大きいとも言われるし，かつてはカトリックかプロテスタントかの違いの方が重要だった[32]。

図5-12　モワルシュラ国境の非対称性

\# 左はジュネーヴ州のトネの町の通りで，市電の線路があり整然としているが，右は近隣フランスのガイヤールの町の通りで，セネガルの世界的歌手ユッス・ンドゥールのポスターが貼られ，多文化らしさを出している。

230

図 5-13　国境を意識させるフランス側
BAR DES DOUANES とあるのが〝税関バー〟。ORION は長期滞在型ホテルであるコンドミニアムで，主にジュネーヴを訪れる人が使う。

図 5-14　ポルト=ド=フランスの変化
左は 1998 年の緊張感，右は 2008 年の場末感。別の場面を出しているのは，それぞれの時期において，場所を特徴づけているものが違うから。

　1998 年と 2008 年を比べ，国境を意識させるのは相変わらずフランス側だが，様子は変わった。以前，ポルト=ド=フランス広場周辺にあった緊張感は消え，それに代わって場末感が強まった（図 5-14）。広場にはアフリカ系の人々が，何をするわけでもなく集まっている。スケートボードを飛ばす少年もいる。こうした光景は 1998 年にはなかった。また，広場からアンヌマス

へ向かうジュネーヴ通りには，低価格のインド，レバノン，イタリア，ポルトガル，中国，日本料理店が目立つようになった。それに比べて，ジュネーヴ側は特徴がなく，国境を挟んで軽い断絶がある。

　よく言われることだが，フランスからスイスに入ると急に清潔になる。確かにアンヌマスの通りはジュネーヴほど掃除されていない。スーパーへ入れば，もっとおもしろい光景に出くわす。1990年代末，ジュネーヴ最大のチェーンスーパーであるミグロでは，棚に並ぶビン詰め食品を正面に向け直している几帳面な店員の姿をよく見かけた。しかし，アンヌマスのスーパーでは商品は乱雑に置かれ，客が手にとって置き返したままになっていた。今は封も厳しいので，あまりないが，フランス人は平気で食品のビンを開け，そのまま買わずに行ってしまうことが少なくなかった。

IV　人々の領域アイデンティティ

□〈領域化〉した意識と行動

　国境の非対称性は人々の意識にもあるのだろうか。最初に自分自身の体験をもとに考えてみたい。筆者が留学していたジュネーヴ大学にアブデルカリム・ムズンヌというモロッコ人の研究員がいたので，1998年のある日，その研究員に近隣フランスによく行くのか聞いてみた。返事は，「フランスはアラブ排斥があって怖いから行かない」というものだった。すぐ隣の地域でも，そこは別の領域という意識がカリム（本人がそう呼んでほしいと言う呼び名）には感じられた。

　また1998年の別の日，アンヌマスの通りで若者数人が車のボンネットにツバをはき，フェンダーを蹴飛ばしながら歩いていた。ジュネーヴでは見たことのない光景だった。ただし，行動の乱雑さは気軽さと背中合わせになる。同じアンヌマスで，十歳くらいの少年が，こちらが何も言っていないのに，バスの降り場所を教えてくれたことがあった。こうした交流はフランスでは一般的だが，ジュネーヴでは珍しい。かつてスタンダールが指摘したように，社交的なフランス人と慎重なジュネーヴ人との違い[33]かもしれない。

図 5-15　ヴァロンベ競技場
　# フルサイズのサブコート。早く来た数人が試合前に練習している様子。白く見えるのは丈の短い人工芝。

　ティール通りの体育館では，ジュネーヴ大学が提供する週二回のサッカー練習に参加した。そのとき，リカルド・ココスというアルゼンチン人が，学生ではないのに，この練習に来ていた。大学主催のトーナメントにも，ローザンヌ出身のフロリアン・ストベルが中心になって作ったチーム「ブルー」に，筆者とともに参加した。また，そのリカルドに誘われ，セルヴェット界隈のヴァロンベ競技場で毎週土曜にもサッカーをすることになった（図 5-15）。ベルギー人のジャンがリーダー格で，イタリア人，東欧人などメンバーは多様だった。米国人やロシア人などは，気が向いたら集団でやってきた。雪の日でもコートを着てサッカーをしたし，フェンスにカギが掛かっている日は，よじ登って中へ入った。リカルドはコートを「占領している」と言っていた。ジュネーヴ市街にあるのはコスモポリタンな空気で，近隣フランスにある微妙な空気とはだいぶ違った。
　けれども，気になる出来事もあった。体育館にときどきアラブ人三人組が現われた。ここで行なう試合はキーパーを含めて四対四で，球はふつうのサッカーボールより一回り大きく柔らかめで，体育館の壁を使ったパスも有効だった。そのため，絶えず動く必要があり，アイスホッケーのように短時

間で交代する形式だった。その日ごと四チームに分かれて試合をするのだが、三人組だけはいつも同じチームに入った。ある時、筆者が同じミスを二度して、三人組の一人が異様に激怒した。コート外にいたリカルドが「彼らはアラブ人だ」と筆者の耳元に後で囁いた。

　違う日にリカルドが偶然キーパーをしているとき（通常はキーパー役が決まっていた）、自分がタイミングをずらした左足のボレーで浮き球をゴールに入れたことがあった。褒めるのかと思ったら、怒った顔をしている。ところが、ヴァロンベ競技場で良いシュートを決めたときは、「セ・ジョリ！（ナイス！）」と言った。リカルドは、相手との関係ではなく、一つひとつの行為と、そのときの彼自身の立場（味方チームか、相手チームか、コート外か）で判断しているのだ。すると、リカルドが耳元で囁いたのは、アラブ人の行為に対する一種の解説だったと考えられる。

　もう少し地域意識を探ってみたい。2008年2月、路上でフリーインタビューを試みた。断られたり、最低限の答えしか得られないことも少なくなかったが、ジュネーヴの若い女性と退職男性、アンヌマス都市圏の若い女性と退職男性の四人の見方を並べてみたい。

　　　（筆者A：フランスへ行くか？）あまり行かない。一ヶ月に二度ほど。肉を買いに。（A：フランスへ行くのは興味ない？）とくには。今は見習い中で、そんなに時間がない。フランス人の方がこっちへよく来る。なぜか分からないけど、フランス人を多く見かける。
　　　　　　　　（モニデ国境税関近くにいた若いジュネーヴ人女性、2008.2.19 採録）

　　　（筆者A：余暇の点で近隣フランスはどうか？）ここ国境地域はあまり美しくない。ジュネーヴの方が文化的におもしろい。ジュネーヴは人々が来る中心。オペラも演劇もある。だから近隣フランスは、言ってみれば、多少郊外の感じ。（中略）オート＝サヴォワは、冬はこんなふうに山があるが、なんていうか、山ならスイスの方が好き。つまりローヌ川の（上流の）谷の方。この湖の先にはヴァレ州がある。アルプスの谷で、とても美しい。とても好きだ。だから個人的にはスイスの方が気に入っている。
　　　　　　　　（湖畔を散歩中の退職ジュネーヴ人男性、2008.2.20 採録）

(筆者 A：ジュネーヴへは何をしに行く？) ジュネーヴへは毎週お店に行く。選択の幅も大きいし，品数も多いから。以前はスイスフランが強かったが，今はだいたいこっちと同じ。物によっては，ジュネーヴの方が安いことも。フランスフランではダメだったけど，ユーロになってよくなった。CD や DVD なら，フランスよりスイスが安い。私達にとって，向こうで買うのは得。ジュネーヴには友達がいるので，国境を越えて会いにも行く。(A：国境間地域に住む問題は？) 唯一あるのは物価が高いこと。フランスで働き，フランスに暮らす場合はとても高い。アパートも食料品もそう。例えばフランス中部に行けば，ここの半額で一軒家が買える。フランスで働いて，フランスで生活するのは高くつく。だけどスイスで働いて，フランスで生活すれば，問題ない。向こうの給料はフランスよりずっと高いから。困っている人もいるけれど，まあ大丈夫。　　　　　　　　(アンヌマスのドゥフォ広場のホテルで働く若いフランス人女性，2008.2.18 採録)

(筆者 A：ジュネーヴへ行くか？) いや。行く必要がない。スイスに行くお金がない。高すぎる。スイスフランも持ってないし，スイスの給料ももらってない。(A：余暇でもジュネーヴには行かないのか？) フランスでも楽しめる。以前はジュネーヴをよく知っていた。今はもう行かない。昔スイスで働いていたということだ。よく働いた。　　　　　(コルニエール国境税関の仏側スーパーに来ていた退職フランス人男性，2008.2.19 採録)

　近隣フランスの若い女性の場合，ジュネーヴは物価的には厳しいが，CD や DVD の品揃えが充実していて，外出先として魅力が大きい。ジュネーヴへ行くことは，郊外から中心街へ出掛ける感覚に近いのだ。逆に，ジュネーヴ人女性の返事はそっけなく，近隣フランスに関心がない。ジュネーヴにフランス人が多く来ることは確かに認識している。しかしその理由を，「なぜか分からない」というあたり，本当の無関心か，興味のなさの表明かは別として，アンヌマスの女性の態度とは違う。いずれにしても，若い女性の立場からすると，ジュネーヴは中心地で，近隣フランスにはない利点がある町と映っている。
　退職男性の意見は，単純に対比できない。ジュネーヴ人男性にとって，ジュネーヴは演劇やオペラが催される文化的中心地で，面白みのない郊外的

な近隣フランスとは異なる。さらに山を見ても，近隣フランスよりは，ローヌ川上流域のスイス・アルプスの方が美しいと感じる。ところが，フランスへの関心が全然ないわけでない。実は，この退職者はコート=ダジュールの内陸部に別荘を持っている。つまりフランスの魅力は，近隣フランスから遠く離れた有名観光地にある。一方，フランス側の退職男性は，以前フロンタリエだったので，ジュネーヴはよく知っている。しかし退職後は，ジュネーヴの物価高と，フランスでも充分楽しめるということで，ジュネーヴに行かなくなった。退職男性の場合，ジュネーヴ側ではジュネーヴの充実した生活が評価されるが，近隣フランス側では物価の高さからジュネーヴへの関心は低い。

　ちなみに，オート=サヴォワ側と反対のジェクス地方側でも，住民意識は似た傾向を示す。国境に関するジェクス地方の住民の話を集めた資料がある（表5-2）。そこで語られる国境の様子は，仕事や買物など日常の生活と生計の問題，カトリックかプロテスタントかといった宗教問題，どこに帰属意識があるかというアイデンティティの問題，20世紀の二つの大戦の問題，イタリア系移民やフロンタリエの問題が中心になっている。そして具体的には，ジュネーヴとの結び付きの強さ，ジュネーヴの中心性，フロンタリエに対する距離を置いた姿勢などが話の中に何度も出てくる。

□ アンヌマス都市圏
　ジュヌヴォワ・オー=サヴァイヤールの人々にとって，手描き地図が示すように，国境は意識されないものなのか。仮にそうだとしても，ジュネーヴに対する考えは何か持っているだろう。

　それを知るため，アンヌマス市長ロベール・ボレル氏（1977～2008年在職）の発言を取り上げてみたい。ボレル氏は市長という立場から，いろいろ発言しているが，ここで紹介するのは，1991年2月14日に行なわれたジュヌヴォワ国境間関係進展協会AGEDRIでのスピーチで，聞き手はジュネーヴ州とオート=サヴォワ県の行政・議会関係者となっている。スピーチは長いので，国境やジュネーヴとの関係を概念的に語った部分を抜き出してみる（表5-3）。

表 5-2 ジェクス地方の住民の語り

①	ジェクス地方は私達の国。他のどこへも行けないし，どこだって異国になる。ここがいい。私達の仕事はこの国境の上に生じた。というのも，父がフランスの牛乳をスイスへ輸出し始めたから。(ジゼル・ミュレール & ウィリィ・ミュレール夫妻)
②	私達の家族はスイスを向いている。(…) 娘の一人はジュネーヴでデザインを学んだが，リヨンだったら多分もっと困難だったと思う。(…) スイスに住んで働いている。もう一人の娘はスイスで養護教育学校へ行って，資格も取った。(エイアンヌ・ダルマーニュ)
③	昔はフロンタリエがなく，いるのはジェクス人とジュネーヴ人だった。語彙もアクセントも同じだった。〝下〟で働くため，他所から人が来て出来た言葉がフロンタリエ。(アンヌ=マリ・プロドン)
④	フェルネは明らかにジュネーヴだった。昔フェルネとジュネーヴの間には市電が走っていた。ジェクスまで行っていたが，やがて廃止になった。フェルネ・ジュネーヴ間は続き，それもあって，ジェクス人が同じ集合体に属するという感覚を抱くまでに時間が要った。なぜなら，出掛ける中心地が異なっていたからだ。サンジャン=ド=ゴンヴィルから先はベルガルドが中心地で，そこの人々はベルガルドへ行き，スイスへはあまり行かなかった。(パスカル・メラン)
⑤	ジュネーヴで働くフロンタリエは皆たくさん稼ぐ。ジュネーヴで働かない人は大変。ジュネーヴで働けば一戸建てを買えるが，フランスで働くと僅かの給料しか貰えないし，一戸建ては買えない。(ジュリア・シュヴァレ)

\# *Récits de frontière*. Direction de la Conservation départementale et Musée des pays de l'Ain, 2004 から一部紹介。
\#\# ③の〝下〟はジュネーヴのこと。ジェクスより標高が低いから。
\#\#\# ④のサンジャン=ド=ゴンヴィルは国境沿いにあり，距離は 4：6 の比でジュネーヴの方がベルガルドより少し近い。

スピーチでは，いくつかの主張が繰り返されている。すなわち，ジュネーヴは近隣フランスにとって大切な中心であること (①③⑤⑧)，フランス＝ジュネーヴ国境は交流と連帯の場であること (②⑨)，フランス＝ジュネーヴ国境間地域では同じ世界に同じような人々が住んでいること (③④)，フランスとジュネーヴの間には対等の都市共同体を作る必要があること (③⑦⑧) だ。最も重要なのは都市共同体だろう。アンヌマス市長は，「繁栄の源」，「中心」，「リズム」，「依存」といった表現でジュネーヴの重要性を認めつつ，「ジュネーヴとフランスの田舎という図式は終わった」，「隣人と話し合う都市ジュネーヴ」，「ジュネーヴ地域ではなく都市共同体」などと発言し，対等な関係を築くべきだと主張している。

第五章　国境が結ぶジュヌヴォワ地域　　　　　　　　　　　　　　　237

表5-3　アンヌマス市長のスピーチ

①	ジュネーヴが，隣人のオート＝サヴォワやジェクスの人々の繁栄の源であることは疑いない。（…）ジュネーヴがなかったら，アンヌマスもフェルネも今の姿はないだろう。
②	ヨーロッパの進歩で，おそらく国境は，より盛んな交易の十字路となるだろう。
③	ジェクスからボンヌヴィルまで私達は同じ領域，今流行の語を使えば〝生活の場〟を共有している。似た人々が家と職場を往復し，欲しい物のある店を探し，くつろぎとレジャーの場を求める。ジュネーヴは活動と労働，とくに文化の中心だ。（…）すでに何度か言ったが，1950，60年代と違い，郊外は農村レジャーのための郊外ではない。
④	私達は同じ国の住人。モンブランを遠くに望み，レマン湖畔，ここサレーヴとジュラの間の住民だ。文字どおり同じ宇宙を共有している。
⑤	人々はどこを自分の家と思うか。直感的に言わせてもらうなら，ジュネーヴのリズムで生きる部分すべてだ。つまりオート＝サヴォワ県北部，ベルガルド，ジェクス地域，そしてニヨン地区も。
⑥	もしそう言ってよければ，この地域には三つの人々がいる。スイス人，フランス人，フロンタリエ。
⑦	ジュネーヴ国やジュネーヴ州といった発想をやめ，隣人と話し合う都市ジュネーヴと考えよう。メランもアンヌマスも協力相手として同レベル。フェルネもシェンヌ＝ブールも同レベルのはず。そしてサンジュリアン，ニヨン，カルージュ，ベルガルドも。（…）今日，私達の盆地には，一つの都市でなく，相互補完する一貫性のある都市群がある。
⑧	私の町はジュネーヴに依存している。しかしそれは，ローヌ＝アルプ地域圏の都市として，フランスの連帯の中にある役割をしっかり果たす妨げにはならない。繰り返すが，私はジュネーヴ地域でなく，都市共同体について話していると言いたい。それは国境や地域や国家を越えるものだ。
⑨	かつて国境には，諸国家が自国の利益を守るため対立し，個人が規制の隙間を最大限利用して利益を求める時代があった。しかし国境は進歩の時代に入った。積極的な連帯が創られ，知性と心が，個人と一般の利益を可能な限り結び付ける。ジュネーヴ国境がこのまま存続しても，部分的で相対的な進歩に甘んじることは無理だろう。

\# ジュネーヴ大学経済社会学部図書館所蔵の AGEDRI, *Genève: région ou communauté urbaine? Exposé prononcé le 14 février 1991 par Monsieur Robert BORREL* から。

　アンヌマス都市圏二位の人口を有するガイヤール（人口1万）の市長ルネ・マニャン氏（1979年～）のスピーチも見ておこう。フランス＝ジュネーヴ地域委員会 CRFG から，国境に関する2009年の特別展「フリュ」に招かれた時のもので，市の広報誌にその内容が掲載されている。

　モワルシュラ近くに生まれ，国境とともに育ったという市長は，第二次大

238

表5-4　ガイヤール市長のスピーチ

①	国境は政治交渉の偶然で，一つの領域に人が引いた線だ。しかし，1815年のトリノ条約でシェンヌ＝トネから分離されたガイヤールは，トネと密接な関係を保ってきた。(…) 友好に国境はない。
②	1979年にガイヤール市長に選ばれ，この町の運命がどれだけスイスにかかっているか知った。(…) スイスで働くフランス人も，フランスに住むスイス人も，ますます増える以上，一緒に考えなければいけない。国境を見つめることは，二国間に開かれた共通の空間を見つめることになる。
③	窓を開ければ，同じ風景が見える。だから，この地域の文化・経済・社会・政治の多様性を認めつつも，国境を結び目とみなさなければならない。
④	地域整備に関する大きなプロジェクトを共に制御しながら，質と量の両面で発展して行こう。
⑤	国境を忘れよう。フランス＝ヴォー＝ジュネーヴ都市圏は，発展のための有効な土台となるべきだ。

\# *Gaillard*, no.103, 2010, p.8 による。

　戦中に国境が有刺鉄線で閉鎖されたこと，終戦後に隣のトネから小学校用の机が贈られたこと，フロンタリエが現われ始めた頃に自身もその一人だったことを紹介しながら，国境がどんな存在で，どうあるべきかを語っている。アンヌマス市長と同様に，国境の意義を理念的に語った部分を挙げてみたい（表5-4）。

　発言の場が地元の特別展なので，主張もローカルなものが多い。しかし，基本的な立場はアンヌマス市長と変わらない。すなわち，「一緒に考えなければ」など，国境を越えた協力の必要性（①②④）や，「大きなプロジェクトを共に制御」など，国境が結び目となること（③⑤）が述べられる。

□　国境に接するボセ村

　国境に対する意識を知るため，2010年2月にモワルシュラ国境付近のフランス側の六市町村，ジュネーヴ側の五市町村の役場に質問のメールを送った。質問は，国境から遠い市町村と比べて，何か特別な様子があるかに限った。返事があったのは，フランス側のガイヤールとボセだけだった。ガイヤールの回答は一般的だったので，ここではボセの回答を紹介したい。

　ボセは，モワルシュラ国境税関の南西6kmに位置する人口900の村で，土地の出身者は576人しかいないという。国境から500mの所に32年間住

んでいるマリ・レボワ氏と，その夫でボセ村助役のギィ・レボワ氏から返事を貰った。

　二人とも，ボセが歴史的にジュネーヴやカルージュとの関係を持っていたこと，非関税自由貿易ゾーンのためジュネーヴ領内でのフランス人の野菜栽培が可能なこと，国境パトロールが数年前からジュネーヴ側だけになっていること，村にはジュネーヴで働くフロンタリエとジュネーヴ人という二つの新しい集団がいることを述べている。さらに，問題点の指摘でも二人は共通する。すなわち，フランス人よりも「四倍」多い給与を得るジュネーヴ人が増えて村がベッドタウン化したこと，ジュネーヴ人は子供を村内ではなくジュネーヴの小学校へ通わせていること，土地も家も購入できないフランス人は県内の他地域へ行くしかないこと，フロンタリエとジュネーヴ人には村への協力姿勢がないことを挙げている。

　他方，マリ氏だけの意見，ギィ氏だけの意見もある。それはより個人的なものと言えるので，実際の文面をマリ氏，ギィ氏の順に並べてみよう。

　　実際，国境は大した意味がない。この地域で言う〝反対側〟へ，特定のものをよく買いに行く。ガソリン税はフランスより常にかなり低い。タバコも同じ。また（越境は），コンサートや展覧会や買物に行く機会にもなる。（中略）気候の良い季節には，ボセは山麓で道が平坦なので，いつも自転車で国境を少し越える。それから，フランス人野菜農家の土地にある私達の小さな農園にも作業に行く。スイスの土地でサヤインゲンやフランボワーズを作り，フランスで食べる。以前からおもしろく，また不思議に思うことがある。それは，スイス人つまりジュネーヴ人のイントネーション。ボセの小学校の子供と 2 km 離れたトロワネの小学校の子供は，全然違うイントネーション。イントネーションの国境は存続するようだ。（ボセ村のマリ氏，2010.2.15 回答）

　　最近 10 月だったと思う。危機にはお決まりのことだが，フロンタリエがポピュリスト運動の標的にされ，〝ラカイユ〟扱いされた。給与水準を下げているといって，フロンタリエが非難されたのだ。（中略）フランス人側の〝強い感情〟は，スイス人に付けられた呼び名が示すように，昔からあった。それは，自分達の土地に無い野生の木苺やキノコを平気で採りに来る人々という

意味の〝木苺泥棒〟という呼び名だ。スイス人の多くはジュネーヴやカルージュでの生活を守っている。村の学校に子供を行かせ，村の行事に参加するスイス人は少ない。（中略）ジュネーヴの大噴水が見にくいという理由で村の木を切ってほしいという人もいる。また，村の規則を無視し，土地を侵食する人もいる。
（ボセ村のギィ氏，2010.2.16 回答）

　マリ氏は個人の行動に関心がある。国境は障壁ではなく，望むものが簡単に隣国で入手できると語る。イントネーションの違いに興味が行く点も，裏を返せば，国境が生活行動面での妨げになっていないことを示す。一方，ギィ氏は土地の人の困惑した感情を中心に述べる。とくに「ラカイユ」事件が注目に値する。これは，2009 年 10 月 5 日付けのトリビュンヌ・ド・ジュネーヴ紙に掲載された反動的なポピュリスト政党 UDC の選挙広告にあったスローガン「アンヌマスのラカイユ，外国人の犯罪を阻止しよう」を指す。
　このスローガンは，ジュネーヴ市内のローヌ川右岸の中心地であるコルナヴァン駅，左岸のオーヴィーヴ界隈，近隣フランスの中心地アンヌマスを結ぶ郊外鉄道 CEVA の計画と関連している。CEVA が出来れば，フロンタリエが短時間でジュネーヴ中心街へ出られるようになり，交通渋滞や空気汚染も緩和される。それに対して，ジュネーヴのポピュリスト政党は，大量のフロンタリエが近隣フランスからやって来て，ジュネーヴ人の仕事を奪うと危機意識を煽り，フランスの郊外暴動時に，当時の内務相サルコジが移民系の若者に対して挑発的に使ったのと同じ「ラカイユ（社会のクズ）」という表現を，フランス人フロンタリエに用いたのだった。
　こうした過激な表現の出現は，2002 年の二国間協定による移動の自由化が深刻な状況を生み出していることを示す。ジュネーヴ人はフランス人を排除しようとし，フランス人はジュネーヴ人をますます問題の種と考えるようになった。昔から「木苺泥棒」だったジュネーヴ人は，今や合法的に近隣フランスに住み，給与水準の高さを背景に，小さな村の木まで邪魔者扱いし，規則を無視するようになった。それがギィ氏の「侵食」という語に表われている。
　マリ氏は国境の透過性を，ギィ氏は国境間の対立を述べているが，二人の

意見はそれほど違わない．二国間協定以降，国境がより透過的になったせいで，問題は深まった．マリ氏は「（ジュネーヴ人とフロンタリエという）二つの集団は村の生活に関心がない．（中略）村の共同生活に対する関心も少なかったり」と言い，ギィ氏は「二つの集団の間に〝共存と無関心〟があるように思う．〝土地の人〟には，〝侵食されている〟という漠然とした感情がおそらくある」と言う．国境を前にしたフランスの小さな村が，より大きな地理的スケールの趨勢に翻弄されている様子が分かる．

□ 国境にモスク？
　国境は，二国を隔てる境界線，あるいは買物や仕事のために通過する税関といったローカルな対象から，ますますナショナル，そしてグローバルな問題に結び付けられるようになっている．その結果，以前は考えられなかったことも起きるようになった．
　2012 年 7 月 17 日，トリビュン・ド・ジュネーヴ紙インターネット版の近隣フランス面に，「まもなくジュネーヴ国境に大きなモスク？」という記事（http://www.tdg.ch/geneve/france-vosine）が掲載された．内容は，だいたい次のようなものだ．
　国境から 2 km 入ったフランス領内にモスクが建つかもしれない．アンヌマス都市圏には 1 万人のイスラム教徒がいるが，150 m^2 の祈祷室が二つしかない．アンヌマス・ムスリム協会は過去 10 年間，新しい祈りの場を設けるために，倉庫や工場跡地の購入を試みてきたが，うまくいかなかった．ところが，アンヌマス市当局は，30 年間にわたってフランス近隣の農家に野菜生産用として貸してきた土地を，協会に 70 万 € で売ろうと考え出した．資金も集まった今，協会の方は，植物で覆われたドーム付きの大きなモスクを，プロテスタント教会の向かい側に建てる準備が出来ている．しかし，それならば野菜農家も土地を買いたいということで，問題が生じている．
　記事の多くが場所に言及している．モスクの建設予定地は，国境近くにあって，近隣フランスの農民が耕してきた土地だが，そこはプロテスタント教会の対面にも当っている．国境線から 2 km 離れていれば，実際は国境と関係ないが，それをジュネーヴの代表的な新聞は，国境に関する問題である

かのように語り，さらにプロテスタント教会の正面を遮り，フランス人農民の土地を奪うようにして，モスクが建つかもしれないと書いている。こうした表現をすれば，論争が生まれるのは当然だろう。事実，この記事に対する読者コメントのうち，最も議論の多かったものを見ても，この話がローカルスケールの問題にとどまらず，人々の間で，ナショナルスケールやグローバルスケールの問題に拡大されていくことが分かる。

具体的にコメントを挙げよう。まずゾラ・マゼが，「キリスト教国ではモスクを建て，イスラム教国では教会を壊す。宗教的寛容は一方通行だ」と記事にコメントすると，オリヴィエ・ルケは「多くのイスラム教国では礼拝は権利で，教会が壊されることはない。一般化はいけない」，スティーヴ・オヴィッチは「イスラム教国と一般化はできない。(中略) 大半のイスラム教国にはキリスト教会もあるし，礼拝の自由もある」と反論する。それに対し，最初にコメントしたゾラ・マゼは「エジプトでは礼拝は権利でも，教会が焼かれている」と言い，さらにヴィルジニィ・Gが「彼らは，教会どころか，彼らが異教のシンボルとするものすべてを壊す。エジプトで言うなら，次の目標はピラミッドか」，そしてジャン=ピエール・ベッケールが「メッカには教会もシナゴーグもないが，エルサレムやローマにはモスクがある」と付け加える。

この読者コメントには，もう一つ大きな流れがある。グザヴィエ・Bが「記事はフランスでのモスク建設についてで，フランスはキリスト教国ではなく，ライシテの国だ。ライシテは礼拝の自由を意味する」と記事自体ではなく，社会背景を正しく理解する必要性を説く。ところが，ドミニク・ヴュアニャは「フランスはカトリックの長女だ。確かに今は2000年間の文明を否定する背教者が政治を行なっているが，それでもフランスに深く入ったキリスト教の根は引き抜けない」と言い返す。議論の中でバランスを保とうとしているのは，ファブリス・ブリックだけで，「〝そっちがそれを認めないなら，こっちもそれを認めない〟のような社会では前進しない。宗教的なことは，国境と同じで，無秩序を作る」と発言している。

対立的な議論が起こる理由は，もちろんモスクの話題をことさら場所に結び付け，論争を誘うような記事の書き方にある。しかし，それだけでなく，

最初の人間のコメントも適切でない。ゾラ・マゼの立場を逆にすれば，その不適切さがはっきりする。つまり，「イスラム教国の人々はキリスト教国で労働者として働いて社会に貢献するが，キリスト教国はイスラム教国の町を空爆する。関係は一方通行だ」と書けば，不毛な議論が続くことは目に見えている。

V　境界線を越えるとき…

□　ジュネーヴ人のサレーヴ山！

　ガイドブックでは，国境はどう記述されるのだろうか。通常，ガイドブックは地域ごとに編集され，国境越えの移動が取り上げられることはない。それでも，近隣フランス側のアンヌマス市立図書館の郷土コーナーで，越境を扱ったガイドブックを二冊見つけることができた。ともにジュネーヴのスラトキンヌ社から刊行されたもので，2002 年の『国境間遺産の探訪ガイド～ジュネーヴ盆地の道 *Guide des découvertes du patrimoine transfrontalier: les chemins du bassin genevois*』（本文では『探訪ガイド』，引用では「G.DPT」と略）は国境を横切って歩くガイドブック，2001 年の『フランス=ジュネーヴ国境の散策 *Promenade sur la frontière franco-genevoise*』（本文では『国境の散策』，引用では「P.FFG」と略）は国境に沿って歩くガイドブックとなっている。

　両者は著者が異なり，国境に直交か平行かの違いもあるので，紹介地域は多少異なる。構成も，前者では「ルート第△，〇〇〇」の見出しのもと，対象がコース上に出てくる順に紹介され，後者では「第△ステージ，〇〇〇」の見出しのもと，境界石の番号順に対象を見て行く形になっている。

　まずは『探訪ガイド』において，ヴェリエからサレーヴ山への越境ルートがどう記述されているかを考察してみたい。ガイドブックは，土地の領主の館が残るシエルヌのアモ（小集落）を出発し，ルート上（図 5-16）に出てくる重要な場所や施設を，次々に歴史的経緯や動植物相の点から説明していくが，移動の臨場感は見出しにくい。それは，サレーヴ山麓の教会や城館，あるいはサレーヴ山中の草地や断崖が主に扱われているからではない。ロープ

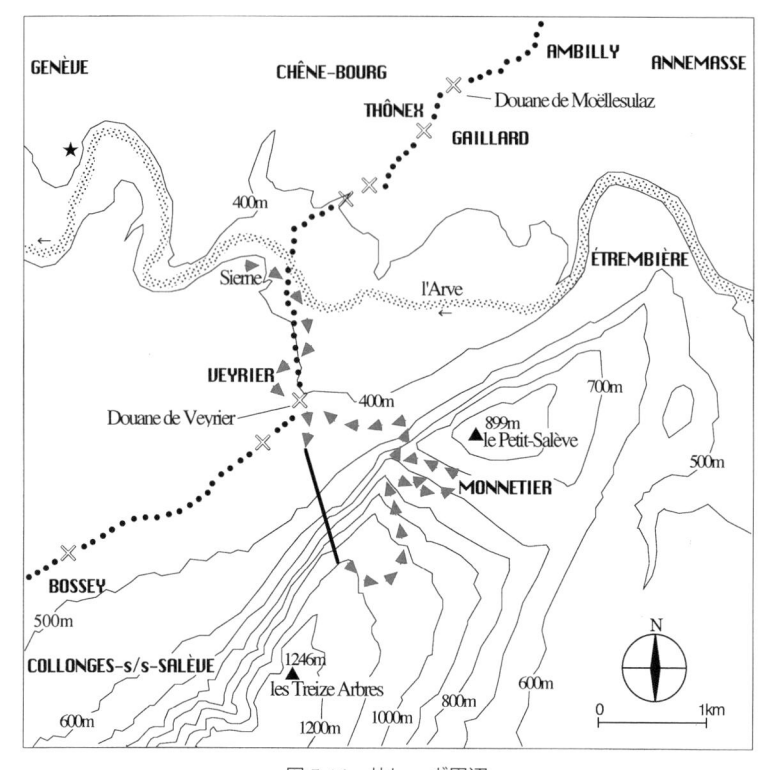

図5-16 サレーヴ周辺

\# MPA発行の1/30000地形図「ジュネーヴ」(1998年) を参考に作図。
\#\# 黒丸の点線が国境。それより左上がスイス・ジュネーヴ州，右下がフランス・オート＝サヴォワ県。×印は国境税関，黒三角印は山頂や眺望地，星印はションペル地区，太直線はロープウェー，網掛の線は河川。大文字表示はフランスとスイスの市町村。矢印の連続はガイドブックが示すステージ。

ウェーを降りてすぐ，ジュネーヴとの感覚的な違いがあるはずの高みでも，このガイドブックは古典的に記述する。

　ロープウェーの終点からジュネーヴ盆地全体へ素晴らしい眺めが拡がる。西から東に，ヴュアシュ山，(中略)，モンロン山，(中略)，ヴォロン山と続く。中央ではジュネーヴ市街と大噴水が詳細に分かる。　　　(G.DPT, pp.89-90)

高みから見渡す景観を述べているが，それはジュネーヴ市街からでも見えるもので，視点の変化を感じさせない。この後，サレーヴ山中の豊かな動植物相を見て回るが，眺望地のトレーズ=アルブルへは登らない。移動によって世界や環境が変わるという言説は示されないのだ。

　また，このルートは国境を直線的に横切っていない。国境税関より前に，国境を二度またいでいる。すなわち，シエルヌを出発し，フランス側のユダヤ人墓地を見るために越境し，いったんジュネーヴ州に戻ってから，ヴェリエの村で城館と教会を見るために再び越境している。しかし，その目的は自然環境と歴史遺産の見物であって，国境自体ではない。

　ところで，サレーヴはどんな山なのか。なによりジュネーヴの街角からよく見える。とくにジュネーヴ側の北西面は急な岩壁になっているので，街の縁に置かれた巨大な壁絵のようだ（口絵5-2）。

　サレーヴを主題としたジュネーヴ大学の卒業論文[34]から，この山のイメージを確かめてみよう。小さく尖ったプティ=サレーヴ（899 m）と，大きく長々としたグラン=サレーヴ（1,375 m）は，さまざまに形容される。例えば，トリビュン・ド・ジュネーヴ紙記者は「岸に打ち上げられたクジラ」，ジュネーヴ州土地整備局長は「湖の端に寝そべる巨大な恐竜」と言う。山の表情も豊かで，サレーヴ・ロープウェーのジュネーヴ人営業部長は「秋はオレンジ，初冬は薄紫，真冬は白，早春は淡い青，夏は深緑」と語る。

　特徴的な形と色の山に対するジュネーヴ人の愛着は深い。その理由は，太陽と空気と眺望にもある。冬，霧に埋まるジュネーヴに対し，サレーヴの標高800 m以上では太陽が照る[35]。晴れた日は山上から，北西にジュネーヴ市街，南東にモンブランが望める。ジュネーヴには，アン県側にジュラ山地もある。寒い季節には雪を頂いた峰々が長く連なる（図5-17）。それでも，サレーヴの方にジュネーヴ人の親近感があるとすれば，それは山の形や色だけでなく，山との地理的な近さや歴史的な繋がりがあるからだろう。

　今日まで，ジュネーヴ人はサレーヴを本に書き，詩に歌い，絵に描き，そして登ってきた。サレーヴはロマン主義の中で注目され，ベルエポックの時代に避暑地となり，20世紀のマスツーリズムによって行楽の場となった。なかでも，19世紀ジュネーヴの作家アミエルはジュネーヴ人の気持ちを代

図 5-17　ジュラ山地とサレーヴ山
船着場越しに遠望できるのがジュラ山地（上），大噴水越しに遠望できるのがサレーヴ山（下）。

弁している。アミエルにとって，澄んだ空気と優しい風景のサレーヴは，沈思する喜びを味わい，自然との調和が図れる山だった。今でも「育つ＝セレーヴ s'élève」と「サレーヴ Salève」を掛けて，「サレーヴの麓で育つなら，ジュネーヴ人は社会職業的にも育つ」と言われる[36]。

こうしてサレーヴはジュネーヴ人の山になった。ベビー・プラージュを散策中のジュネーヴ人も，「サレーヴはジュネーヴ人の山。本当に近いから。ジュネーヴの天気が悪いときも，あそこは晴れている」（湖畔を散歩中のジュネーヴ人退職男性，2008.2.20 採録）と話していた。

第五章　国境が結ぶジュヌヴォワ地域　　　　　　　　　　　*247*

図 5-18　ヴェリエ国境税関
\# 写真は 1999 年時点。フランス側からジュネーヴ側へ入る車を国境
　税関の職員がチェックしている様子。

　サレーヴへは交通機関が早くから整備され，過去にはサレーヴ登山鉄道，現在はサレーヴ・ロープウェーがある。ジュネーヴ大学・公共図書館に所蔵されている登山鉄道の古いパンフレット（FA2226/1909/2）を見ると，20 世紀初頭という国家の存在が大きかった時代に，国境が無いかのように表現されている。どこにもフランスという文字はなく，「ジュネーヴを離れる前にグラン=サレーヴの山上へ」という一文が，サレーヴをジュネーヴの山と思わせている。
　サレーヴ行きは簡単に体感できる（図 5-16）。1999 年の春先，ションペルにある学生会館から筆者は自転車で出発した。アルヴ川を越えて，ヴェリエ国境税関（図 5-18）まで 5 km。国境を通過し，自転車ごとロープウェーに乗ると，すぐに標高 1,097 m だ。そこからカーブが続く道路を登っていくと，トレーズ=アルブルの眺望地 1,246 m に着く。来ている車の半分はジュネーヴナンバーで，休憩レストランではスイス通貨も使える。帰りは，モンティエ=モルネの村を抜け，エトランビエールの町から戻った。下りは速度で体温が奪われたが，車なら手軽に行けることは想像に難くなかった。
　いずれにしても，ジュヌヴォワ・オー=サヴァイヤール地域では，国境を

越えて別世界の領域に入ることを強調するような観光言説は提示されにくい。越境経験よりも，「ジュネーヴ人の山」であるサレーヴを経験することの方が中心になっているのだ。

□ カラ村を走る国境線

次に，『国境の散策』から，カラ周辺のステージ（図5-19）を取り上げてみる。こちらのガイドブックは，境界石を一つずつ訪れるスタイルで，旅人の感情も少しばかり込められる。

  左手に十字架のある小さな〝峠〟を越え，プティ＝カラの方へ下ると，ブドウ畑の風景，遠くにはアンヌマス市街が広がっている。国境の道が横切るカラという小集落は驚きだ。私からのアドバイスを一つ。No114の境界石か横の石の近くへ行って，背中を壁に押し付けて座り，道とその後景のヴィル＝ラ＝グランの町やサレーヴの山を眺めてみよう。そして〝カラの悩み〟に触れてみよう。（中略）小さな狭い通りの右側は，踊り場の部屋がフランスを向くスイスの家，左側はサヴォワ風の住まいだ。一見すると，違いは全然なく，道の両側の住人は完全に同じ運命にあると素朴に結論づけてしまうだろう。けれど，実際はここでも道の北側か南側かで，物事の多くの面が異なる。子供達は，北側では学校教育でウィリアム・テル，モルガルテンの戦い，（中略）を詰め込まれ，反対側ではクロヴィス，ジャンヌ・ダルク，（中略）を叩き込まれ，異なる歴史的神話が二つできる。また，一方はマチュ，他方はバックを受け，一方はユニ，他方はファックへ行き，一方はパイエルヌで研修し，他方はペルピニャンに三日滞在し，一方はセプトントと言い，片方はスワソンディスと言う。（中略）こちら（ジュネーヴ）ではプロテスタントの倫理観があり，向こう（フランス）では政教分離とはいえ，カトリック的資質が残る。国境はカラでも明確に存在している。（中略）さらにヴィル＝ラ＝グランの方へ下って行こう。No113の近くにある路上の小さな境界ピンがダヴィデの星の形をしている。自由な解釈が許されるなら，虐殺を逃れ，生存と希望を国境の先に求めた犠牲者達へ自然に生じる敬意，言葉にならない敬意を読まずにはいられない。家が増えてくると，両面に鷲が描かれたNo112に辿り着く。ここで境界線は道の端を離れ，境界石の小道という上手く名付けられた道を進む。バーで塞がれ，最初は完全にフランス領で，（スイスの）家の鼻先を通るが，No111からスイス領になり，No109まで曲がりくねっている。

第五章　国境が結ぶジュヌヴォワ地域　　　　　　　　　　　249

(P.FFG, pp.49-50)

「マチュ」と「バック」は，それぞれスイスとフランスの「大学入学資格試験」を指す。「ユニ」と「ファック」も，それぞれスイスとフランスの口語表現での「大学」を示す。「パイエルヌ」はスイス・ヴォー州にあり，「ペルピニャン」はフランス・ラングドック地方にある。「セプトノト」は数詞70のスイス式仏語で，「スワソンディス」は同じく数詞70のフランス式仏語だ。

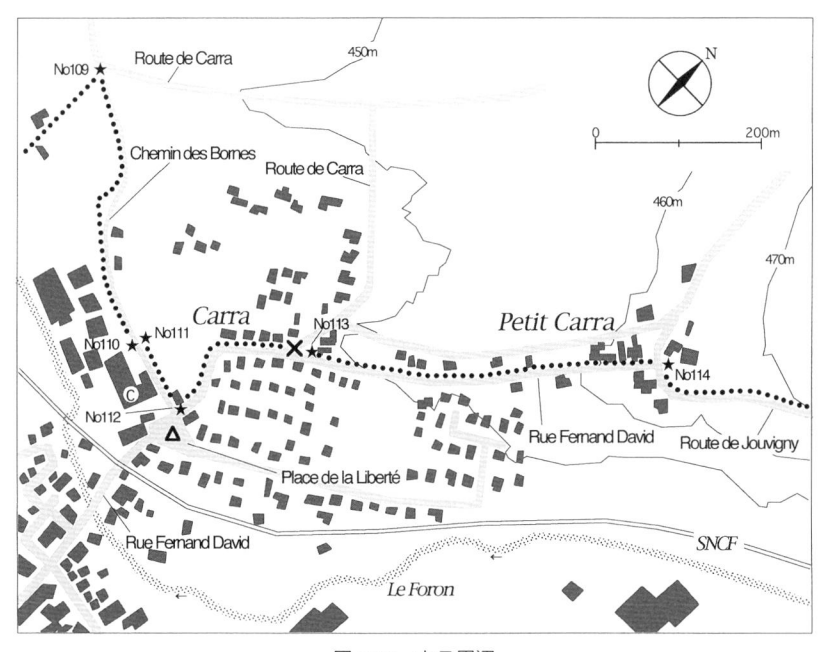

図 5-19　カラ周辺

\#　建造物や等高線などの情報はジュネーヴ州公式 HP の GIS 地籍図（http://etat.geneve.ch/geoportail/geocadastre/），境界石の情報は 2008 年の現地観察と *Promenade sur la frontière franco-genevoise*. Slatkine, 2001 による。

\#\#　黒丸の点線が国境。それより上がスイス・ジュネーヴ州のプルザンジュの町，下がフランス・オート゠サヴォワ県のヴィル゠ラ゠グランの町。星印は境界石，×印はカラ国境税関，白三角印はリベルテ広場，ⓒはサンフランソワ校，細線は等高線，濃灰色は建造物，薄灰色の線は道路，二重線は鉄道，点模様の線は河川。「峠の十字架」は図の右枠外へ伸びる街道を 400 m 行った標高 484 m 地点。なお，図中のジュネーヴ州内の建造物以外の緩斜面はほぼ農地。

図 5-20　カラ国境の境界石と境界壁
左の写真で鷲の絵が描かれている路上の石が境界石。右の写真に見える壁の左側はジュネーヴの家，右側はフランスの家で，通り一本を挟んで集落が連続している。

『国境の散策』が示すのは，カトリックの中央集権国家フランスとプロテスタントの連邦制国家スイスの違いだ。そして書き手は，両国の仏語表現の違いだけでなく，両国に分断されたカラの村や，第二次大戦中に国境を越えて逃げようとした人々に想いを馳せる。ガイドブックは歴史の事実や現在の二つの国の差を語り，国境線を忠実に辿って行く（図 5-20）。

こうした意識は地元住民にもある。筆者は 2008 年 2 月，アンヌマスからヴィル゠ラ゠グランの中心を抜け，フェルナン゠ダヴィッド通りを進み，カラ国境税関の手前，リベルテ広場（図 5-19）で土地の人に声を掛けてみた。もうすぐ 70 歳というその人は，国境の解説を始めた。写真（口絵 5-3，図 5-20）をもとに，その内容をまとめてみよう。

右側の家の前，駐車禁止の×印の左下に高さ 50 cm ほどの境界石がある。鷲の絵が見える手前がサヴォワ゠サルディニア領だったことを表わす。現在，この家と壁がスイス領，手前の常緑樹と道路がフランス領だ。左側の建物はカトリック司祭の経営するサンフランソワ校で，「ジュヴェナ」と呼ばれる。学校の他，柵や落葉樹も含めてフランス領になっている。二つの建物の間には国境を示す紅白の鉄製バーがある。バーの奥には，ガイドブックにも出てくる境界石の小道があるが，直接は入れない。そこで遠回りして，ジュネーヴ州側にあるカラ街道から，この小道を戻ってくると，道端に番号入りの境界石が複数置かれていた。ちなみに境界石の記章は，設置時期で変わり，

「S」と「G」の組み合わせならサヴォワ=サルディニアとジュネーヴ，「F」と「S」の組み合わせならフランスとスイス，強さを表わす「鷲」ならサヴォワ=サルディニア，フランス王家を象徴する「ユリの花」ならフランス，州旗にも描かれる「鷲と鍵」ならジュネーヴを意味する[37]）。

　広場の人は国境にまつわるエピソードも話してくれた。実際の話し方では事象の時間が前後するので，整理して紹介したい。なお，話のつながりを直したところには「＋＋」を入れておく。

　　サンフランソワ校といって，司祭がやっている。カトリックだ。大戦中はそこに見える壁が国境で，ユダヤ人の多くが虐殺から逃れるため抜けた。そんな昔ではないが，当時司祭だった人はもう亡くなった。（＋＋）そこの建物に窓がある。司祭がドイツ警備兵を見たら，戻ってベレー帽（良き市民の印）を被り，ごまかした。その時にユダヤ人の子供達が隠れていた。司祭は子供達を窓からスイスへ逃がした。（＋＋）大戦後，柵の向こうに道があるが，ふつう通行禁止だった。私はよく自転車で通り抜けたが，止められなかった。いつも身分証明書を持っていたし。だが一度だけ持たずに捕まった。たった一度だ。（中略）自転車で通り抜けたとき，一度だけ「あなたの身分証明書は」と。それで議論になった。「大丈夫，探して持って来るから」と言うと，税関吏は「通っていい」と。だが，別の時は（そうはいかなかった）。（＋＋）車に乗って運転免許証も持っていた。車の書類は全部あったが，身分証がなかった。（＋＋）「身分証がないので，戻りなさい」と。その言い方に腹が立った。（中略）自分の家から800ｍなのに。「あそこに家が見える。あれが私の家」と言うと，「そんなことは知らない」という返事だ。それで身分証を取って戻ったら，なんてこった税関吏は立ち去っていた。（＋＋）税関吏は（今は）もうほとんどいないが，こんな感じで巡回している。ここに居たかと思えば，15分後にはあそこに居て，またここに戻っている。身分証は持たなくてはな。　　　　　　　　　　　（カラ国境近くに住むフランス人，2008.2.19採録）

　前に触れたカタルーニャ人記者のジュネーヴ滞在記に出てきた税関吏の話のように，この人は一本の線で制度が変わる国境の滑稽さを語っているし，ガイドブック『国境の散策』と同じように，第二次大戦中の出来事に言及している。さらに，かつてカラの大半がサヴォワのフランスで，それが条約に

よって二分され，多くがスイス領になったことを話す。

> 以前はフランス，そこがカラだった。以前はフランスのカラとスイスのカラがあった。以前はフランス，大半はフランスだった。それからドフィネ=サヴォワ条約だったと思う。うまくは説明できないが。で，その後スイスになったまま。だがスイス側にはフランス的な心を持った人間も結構いる。そういう人達は今でも多少フランス的なまま。それにフランス風の街路名もたくさんある。フランス的でもあるし，なんていうか，サヴォワ方言的というか山岳方言的というか，私達はそういう方言を地元言葉と言う。サヴォワ風の街路名もたくさんあって，それが今も残っている。以前は向こう側もフランスだった。　　　　　　（カラ国境近くに住むフランス人，2008.2.19 採録）

　カタルーニャ人記者，二冊のガイドブック，そしてリベルテ広場の人の話では，国境は別世界への旅の境界にならない。そうなると，国境間地域では，いったいどこに越境をテーマとする観光言説が見出せるのだろうか。

□　ローヌ川左岸の旧市街
　アルプスの地域観光誌『アルプ・マガジンヌ』の 54 号（1998 年）にジュネーヴ特集があり，「ポーチ，小路，昔ながらのビストロ～旧市街の中心を散歩」という散策ルポが載った。ルポは，まず左岸の湖沿いやリュ=バス界隈を見るべきと書き，その後で「プロテスタントの小さな町はどこに隠れている？」と述べる。そして，「本当のジュネーヴ」，「真正なジュネーヴ」，「もう一つのジュネーヴ」を発見するため，旧市街の丘に「掻き登る」。

> 真正なジュネーヴは丘の上にあり，それを知るには掻き登る必要がある。眼前には旧市街の城砦がお屋敷の高い正面壁のように現われる。狭い通りの急傾斜を掻き登ると，家々が作る城壁の中で幸運にも修繕された数々の門が待っている。それらを抜け，もう一つのジュネーヴへ入ろう。（中略）ヌーヴ広場からテルタス通りを経て本通りへ掻き登ると，ローマ期の街の古い形が分かる。　　　　　　　　　　　（*Alpes Magazine*, no.54, 1998, pp.84-85）

散策ルポでは，宝石や洋服のブティック，銀行，土産物店，国際ホテル，ガラス張りの建物，サロン・ド・テなどが並ぶ丘下のリュ=バス界隈に対して，小路や石畳の道，中世の邸宅と中庭・ポーチ・ファサード，そして昔風のビストロ，美術商・古物商，文書館などが集まる丘上の旧市街が強調される。それは，低い界隈と高い界隈，現代の街と過去の街，リッチな通りとシックな通りを対比する言説と言っていい。そして，この対比を経験するために「掻き登る」。旧市街は標高 400 m の台地上にあり，リュ=バス界隈との比高は 25 m，ヌーヴ広場との比高は 20 m だが，それでも山登りを連想させる語を使って，旧市街の散策を別世界発見の旅になぞらえている。

　旧市街の散策は，「街の最も典型的な広場の一つ」であるブール=ド=フール広場へ向かう。そこから，さらに奥にあるカルヴァン学校まで行く。その後，リュ=バス界隈へ降りて，ローマ期にはそこまで湖が来ていたと記す。そして，「少しがんばり，またブール=ド=フール広場まで登らねば」と言って，「トラブール（リヨンにあるトンネル状の狭い通路や階段）のようなドゥグレ=ド=プル連絡路」を上がり，「真正な中世の小路を歩くためだけに」バリエール通りを抜け，最後に「旧市街の古い典型的なビストロで元気付けに一杯飲む時間だ」と書いて締めくくる。

　ジュネーヴ観光会議連盟のパンフレット『ジュネーヴ探訪』（2007 年）でも，ブール=ド=フール広場が同じスタイルで記述されている。しかも，フランス=ジュネーヴ国境の探訪ガイドにはなかった雰囲気という語が見出せる。雰囲気の語はジュネーヴ郊外の田園にも使われている。

>　̶このジュネーヴ最古の広場は旧市街の中心だ。18 世紀の泉の周りのビストロや古物商の屋台によって理想的な賑わいがもたらされるブール=ド=フールは，特別に歓迎的な雰囲気を漂わせている。
>　̶ジュネーヴは，スイス最小の州の一つだが，ブドウ園，畑地，森，大小の川で牧歌的な性格を守ってきた。中心街からわずか数キロにあって，よく守られてきた村々は特別に魅力的な雰囲気を漂わせている。
>
>　　　　　　　　　　　　　　　　（*Genève: découvertes*, 2007, p.3, p.8）

観光会議連盟のサイト（2011年）も調べてみよう。旧市街の丘下にあるプランパレの広場，18世紀半ばにサルディニア領になって北伊ピエモンテ風の街並みに整備されたカルージュの街，水浴やサウナが楽しめるパキ防波堤近くの湖水浴場に，雰囲気に関する言説が見出せる。

　　―カルージュの街は地中海的と言える性格を保ってきた。活気ある通りや木陰の広場はぶらつくのにいい。流行のブティック，古物商，ビストロ，レストランが，温かく感じの良い雰囲気を作っている。
　　―各地から来た専門あるいは素人の古物商が，高価な物も実質的価値のない物も，ありふれた物も掘り出し物も，雑然と売る。（プランパレの）魔法がかった魅力的な蚤の市が類まれな雰囲気を漂わせている。
　　―パキ湖水浴場への小橋を渡ると，まさにジュネーヴの雰囲気に入る。この独特の場所は湾内にありながら，コスモポリタンなジュネーヴの良い例で，老いも若きも，ビジネスエリートも芸術家も，学生も母親も集まる。
　　　　　　　　　　（http://www.geneve-tourisme.ch/　2011.11 確認）

　結局，ジュヌヴォワ地域の雰囲気は，国境ではなく，中世的広場，雑多な市場，コスモポリタンな街，イタリア風のカルージュの街，自然に恵まれた郊外の田園や村々に付随する。とくにカルージュや郊外の村々は国境に近いが，雰囲気言説で指摘されるのは，そうした場所の様相であって，国境に関連した事柄ではない。
　そもそも，国境付近はジュネーヴ郊外と近隣フランスの外縁で，簡単な柵を隔てて畑地が広がっていたり，低い塀を挟んで住宅地が接していたりして，差が少ない（図5-20）。また地形的な不連続は，サレーヴ山のように国境線の外のフランス側にあるし，それが事実上の境界でも，環境の違いが大きすぎて，観光的な雰囲気のテーマにならない。他方，文化的な不連続は，カラ村のように国境線の内のジュネーヴ側にあり，しかも歴史的な出来事が重すぎて，これも観光的な雰囲気のテーマにならない。さらにジュヌヴォワ地域では，越境者の大半をフロンタリエが占めるので，越境行為が好ましいイメージと結び付きにくい事情もある。
　観光的な雰囲気の言説は，空間的非連続がある程度に収まっているか，地

理的スケールが小さい場合に力を発揮する。雰囲気を強調する根底には，雰囲気は多感覚的な空間把握だという理想像がある。多感覚ということは，人間が知覚できる範囲，つまりローカルなスケールが対象になり，これが雰囲気の表象に現実感と真実味を与えている。換言すれば，雰囲気言説とは，微妙な空間的差異を誇張し，その差異を価値づけるものなのだ。そういう意味で，山や国境のような大きく明確な不連続よりも，小さめで曖昧な不連続と結び付きやすい。

参考文献

1) 千葉立也 (2001):「国境の歴史地理―東南アジアにおける近代国家形成との関連で」, 都留文科大学大学院紀要 5, pp.97-116.

2) ①手塚 章 (1992):「地理学のなかの境界論」, 地理 37-12, pp.26-32. ② Antoine BAILLY (1996): «La frontière: des coquilles de l'homme au maillage du système monde». *Le Globe: Revue Genevoise de Géographie*, t.136, pp.17-23.

3) 手塚 章・呉羽正昭編 (2008):『ヨーロッパ統合時代のアルザスとロレーヌ』, 二宮書店.

4) Frédéric BAUDE, Anick BLANC, Alain GILBERT et Dominique MÉGARD (1996): *Le Léman: l'encyclopédie*. Musnier-Gilbert, p.37.

5) ポール・ギショネ (2005):『フランス・スイス国境の政治経済史―越境，中立，フリーゾーン』（内田日出海・尾崎麻弥子訳）, 昭和堂, pp.27-62.

6) Stéphane BODÉNÈS (1996): «Frontière et temporalité». *Le Globe: Revue Genevoise de Géographie*, t.136, pp.33-40.

7) ①田邉 裕 (1992):「国境の景観―ピレネーを歩いて」, 地理 37-12, pp.18-25. ②前掲 2) ②の BAILLY (1996), p.18.

8) Centre Georges Pompidou (1996): *Frontières... le tropisme des lisières*. Catalogue de l'exposition, p.7.

9) ① Claude RAFFESTIN, Paul GUICHONNET et Jocelyne HUSSY (1975): *Frontières et sociétés: le cas franco-genevoise*. L'Age d'Homme. ② Philippe JEANNERET (1985): *Régions et frontières internationales: l'exemple de la frontière franco-suisse de Genève à Bâle*. Université de Neuchâtel. ③ Charles HUSSY (2004): «La frontière, coupure et couture dans le système des échanges pendulaires de travailleurs: le cas du bassin franco-valdo-genevois». (In) *Espaces savoyards: frontières et découpages*. La Salévienne, pp.327-335.

10) ① Jean-Louis MEYNET et Bénédicte SERRATE (1997): «La frontière: discours et représentations sociales: du concept théorique à l'image formulée de la frontière». *Le Globe: Revue Genevoise de Géographie*, t.137, pp.167-187. ② Yves ANDRÉ (1998): *Enseigner les*

représentations spatiales. Anthropos, pp.117-125.

11) ① Antoine BAILLY (1992): «Genève: maillage spatial et relations transfrontalières». *Revue Géographique de l'Est*, no. 3, pp.217-231. ② Grégoire MÉTRAL (1994): *Régions transfrontalières: territorialités et identités collectives dans le pays de Genève*. Mémoire de licence, Département de géographie, Faculté des SES, Université de Genève. ③ Bernard JOUVE (1996): «L'agglomération franco-genevoise: entre crise de voisinage et reconfiguration territoriale». *L'Espace Géographique*, 25-1, pp.65-76.

12) Rosa REGÀS (1997): *Genève: portrait de ville par une Méditerranéenne*. Metropolis, pp.96-97.

13) OST (2007): *Synthèse 2007: l'agglomération franco-valdo-genevoise prend sa vitesse de croisière*. INSEE/OCSTAT, p.4.

14) INSEE et OCSTAT (1994): *Atlas du bassin genevois: l'espace franco-valdo-genevois*. INSEE/OCSTAT, p.15.

15) ① Charles HUSSY et Charles RICQ (1995): «Genève et ses voisins». (In) Alexandre HAY, *Genève: ville internationale*. Association de l'Encyclopédie de Genève, pp.229-249. ② 前掲11) ③の JOUVE (1996), p.67.

16) ①前掲4) の BAUDE et al. (1996), p.737. ②前掲11) ①の BAILLY (1992), p.220.

17) 前掲9) ①の RAFFESTIN et al. (1975), pp.53-66.

18) OST (2008): *Projections démographiques 2005-2030 pour l'agglomération franco-valdo-genevoise*. INSEE/OCSTAT, p.5.

19) OST (2008): *Synthèse 2008: Dynamismes économique et démographique caractérisent toujours l'agglomération transfrontalière genevoise*. INSEE/OCSTAT, p.17.

20) Cédric LAMBERT (1997): «Éléments d'analyse morphologique pour une lecture historique du développement périurbain de l'agglomération franco-genevoise». *Le Globe: Revue Genevoise de Géographie*, t.137, pp.95-112.

21) ①前掲11) ③の JOUVE (1996), pp.67-68. ② François BORNICCHIA (1996): «Télédétection satellitaire et suivi des phénomènes d'urbanisation transfrontalière dans le bassin genevois: élaboration d'une méthode d'analyse diachronique». *Le Globe: Revue Genevoise de Géographie*, t.136, pp.41-64.

22) 前掲15) ①の HUSSY et RICQ (1995), p.234.

23) Antoine BAILLY (1987): «Une géo-politique de la Regio Genevensis». *Geographica Helvetica*, 42-3, pp.191-202.

24) 前掲23) の BAILLY (1987), p.196.

25) OST (2007): *Le prix des logements dans l'agglomération transfrontalière franco-valdo-genevoise: sources, méthodologie et résultats*. INSEE/OCSTAT, pp.12-15.

26) OST (2009): *L'équipement hôtelier dans l'espace transfrontalier franco-valdo-genevois*.

INSEE/OCSTAT, pp.4-11.
27) 前掲 23) の BAILLY (1987), p.199.
28) 前掲 23) の BAILLY (1987), p.192, p.194.
29) ① Yves ANDRÉ (1989a): «Cartes mentales pour un territoire: à propos du bassin de Genève». *Mappemonde*, no.1, pp.12-15. ② Yves ANDRÉ (1989b): «Lire et dire l'espace: l'utilisation des représentations pour un apprentissage à la lecture et à la maîtrise de l'espace». (In) Yves ANDRÉ et al., *Représenter l'espace: l'imaginaire spatial à l'école*. Anthropos, pp.125-140. ③ Yves ANDRÉ (1989c): «Les cartes mentales». (In) *Représenter l'espace: l'imaginaire spatial à l'école*. pp.153-167. ④前掲 10) ②の ANDRÉ (1998).
30) 前掲 7) ①の田邉 (1992), pp.19-21.
31) Bernard DEBARBIEUX et Lionel GAUTHIER (2009): «Être Genevois quand les frontières vacillent?». *Cafés Géographiques*, no.1681. http://www.cafe-geo.net/article.php3?id_article=1681
32) Agnès BRUNO et Emmanuel LANDAS (2004): *Récits de frontière*. Direction de la conservation départementale / Musée des pays de l'Ain, pp.44-46.
33) ① Bertrand LÉVY (1994): «Le portrait de Genève et de sa région dans *les Mémoires d'un touriste* de Stendhal (1837)». *Le Globe: Revue Genevoise de Géographie*, t.134, pp.31-45. ② Bertrand LÉVY (1995): «La vision de Genève par les écrivains français, de 1820 à nos jours: essai de géographie des cultures». (In) François GRIZE, *Communication et circulation des informations, des idées et des personnes*. Université de Lausanne, pp.207-211.
34) Paul-Henry CALAME (1986): *Images du Salève*. Mémoire de licence, Département de géographie, Faculté des SES, Université de Genève, p.34, p.65, p.90.
35) Claude RAFFESTIN (1988): «Le Salève ou "l'île promise" des Genevois». (In) *Le grand livre du Salève*. Tribune Éditions, pp.10-22.
36) 前掲 35) の RAFFESTIN (1988), p.13, p.20.
37) Géomatique Expert (2008): «Genève et Savoie: une histoire, une frontière». *Géomatique Expert*, no.62, pp.32-39.

第六章
ジュネーヴ湖岸のホテル

"シゴーニュ"のホテルのサロン

I　商品としての「雰囲気」

□　雰囲気を創ること

　ジュネーヴはフランスではない。しかし，人の移動や交流がますます増えている現代，閉鎖性を保てる地域はない。とりわけジュネーヴは，前章で詳述したように，スイスとフランスの中間的な位置にあり，所属国スイスよりも，隣国フランスとの関係が強くなる場合が少なくない。その意味でジュネーヴは，国際都市であるとともに，多文化なフランスに近い側面を有する。

　こうしたジュネーヴについて，小さなスケールの領域であるホテルを取り上げてみたい。ジュネーヴに立地するホテルは，五ツ星・四ツ星クラスの平均室料が欧州諸都市の中でも最も高く，国際性や多文化性のイメージとは逆に，閉鎖的な印象を受ける。けれども，ジュネーヴのホテルは，料金の高さを隠すかのように，館内の雰囲気を重視している。それは，高額なホテルが客を集める手段なのだろうか。ところが，客には滞在費を気にしない国際エリートも多い。だとすると，雰囲気は裕福な層を歓迎するためにあるのだろうか。

　雰囲気は日常語なので，なんとなく分かったつもりになるし，それでいて漠然としているので，本格的な分析は行なわれていない。第六章では，雰囲気が空間の〈領域化〉に重要な働きをすることを明らかにするが，まずはホテルやレストランにとっての雰囲気の意味を整理したい。

　先駆的な観光研究で知られるディーン・マッカネルは，感覚や雰囲気やスタイルが志向される現代では，人々の経験までが商品のように製造されているとした[1]。そして，魚料理店の壁に掛けられた漁の網のことを持ち出し，これが雰囲気だと述べた。確かに無地の壁より，網で飾られた壁の方が魚料理店らしい。ただし，客は網に触れるわけでも，網の匂いを嗅ぐわけでもなく，ただ壁の網を見て，海のイメージを消費する。マッカネルが言うように，網は「雰囲気と呼ぶべき軽いもの」，すなわち「生業の舞台裏から出てきたメメント（記念品）」にすぎない[2]。店にとって重要なのは，「舞台裏」

にある漁の実態ではなく，客用の「表舞台」をどう飾るかなのだ。

　またジョン・アーリも，雰囲気を無形の商品と考える。例えば，ホテルやナイトクラブの雰囲気は，他の消費者も含めた社会的構成物であるため，サービスの提供側だけで商品価値を決められるものではないし，消費者側も当人の行動だけで満足感を得るわけではないと指摘する[3]。どれだけ店側が雰囲気を演出しても，それを経験する客がいなければ意味はないし，仮に客がいたとしても，その客が店の雰囲気を壊すようでは，これも効果がない。無形の商品である雰囲気が成立するには，余暇産業と消費者の思惑が一致することが前提となる。

　場所の商品化に言及したステファン・ブリトンにも，同じ考えが見られる[4]。ブリトンによれば，単なる土産物が観光地で売られることで本物らしくなるように，ホテルも観光地に立地することで特別な雰囲気を出す。また現代では，感じ，気分，知覚，嗜好，刺激，強烈さなど，形になりにくい経験がそれ自体で，あるいは有形物を介して商品化されるという。しかし，そうして商品化された経験は一時的なものなので，余暇産業はたえず新しい経験を作り出さなければいけない。

　ホテル研究者マリカ・ハズマは，ホテルの雰囲気について具体的に説明している[5]。1990年代以降，時代の嗜好を反映して，小規模だが，有名設計士が内外装を担当し，新技術の導入に積極的なブティックホテルやデザインホテルが都市に増えた。とくに部屋には，リラックスできる音楽を流し，香入りのロウソクや石鹸を置き，自然な照明や色調を施す。一方，ホテルの顔であるロビーは，装飾品や快適なソファーを備えた小さめの休憩サロンにする。さらに，宿泊以外の客も利用しやすいよう，レストランには独立した入口を与え，軽いメニューを用意し，家庭の延長の場にする。このように，ブティックホテルやデザインホテルは雰囲気を創り出すホテルとされる。

　バカンスクラブも雰囲気の重要性を認識している。クラブ・メッドはフランス起源の世界的バカンスクラブであり，現地と隔離された完全設備のバカンス村を世界中に展開している。しかもバカンス村では，食事や余暇を提供するだけでなく，GOと呼ばれる従業員を使い，滞在客に対して出会いまで意図的に創る。クラブ関係者が言うには，GOの仕事にはバカンス村の雰囲

気演出が含まれる[6]。別の関係者も，バカンス村の雰囲気を時代の流れに合わせることが大切と述べている[7]。

□ 新しい空間経験

ホテルの雰囲気は，経験的な商品，演出される商品，感情や感覚に基づく商品とされるが，本当にそれだけのものなのか。雰囲気という語の歴史を辿ってみよう。

雰囲気に当たる仏語は，主に「air」，「ambiance」，「atmosphère」だろう。全九巻からなるロベール仏語大辞典によれば[8]，ラテン語の「空気 aer」に基づく「air」が一番古く，12世紀初めには使われていた。ここには「風」や「空」も含まれる。やがて16世紀末に「様子」の意味の「air」が出てきた。仏語大辞典は，これを最初の「air」の比喩的な使い方とする。

次に発生したのは，ギリシャ語の「atmos（水蒸気）」と「sphaira（天球）」を合成した「atmosphère」で，17世紀後半とされる。「大気」や「大気圏」を意味したが，18世紀に「文化的・精神的な次元での空気」の意味が加わった。それに対して「ambiance」は，19世紀末に形容詞「取り巻いている ambiant」から派生した。もっとも，この形容詞は19世紀前半からあり，起源はラテン語の「取り囲む ambire」だという。領域的な意味が「ambiance」にあったことは興味深い。

雰囲気を意味する語の誕生には，空や気象に関する感性の歴史も連動しているように思う。アラン・コルバンが言うには[9]，18世紀末，熱気球の発明によって空が征服され，大空に対する感覚的な経験が生じた。また，春夏秋冬や朝昼晩といった区分への関心が強まり，気候や天候に対する審美意識も高まった。19世紀に入ると，寒暖・乾湿，雨・風・嵐，夕暮れなどの大気現象が，人間の身体や精神に影響するものとして日記や旅行記に多く綴られ始めた。そして20世紀後半以降，「田舎らしさ」や「微細な趣き」などとともに，雰囲気は，古典的美学に飽き足らない人々の嗜好を構成するものになった[10]。雰囲気は新しい空間経験と言っていい。

雰囲気の成立には，商品に対する社会の関わり方も影響している。ロバート・サックの説明を参照してみたい[11]。職人的手工業が残る19世紀中頃ま

では，商品の価格や品質が宣伝されていた．それが，19世紀末以降の大量生産の時代になると，商品を目立たせる必要が生じ，広告は商品の文脈を宣伝するようになった．例えば，ステーキを売る際，「ジュージュー」という音が売り込まれるようになったという．やがて，20世紀後半にはいっそう大量生産が進み，こうした宣伝でも不充分になった．また，人間が職業や階級に固定されず，身分を自由に移動できるようになった結果，広告は商品を消費する人間を宣伝し始めた．つまり商品は，文脈から表象の世界に移された．車の広告でも，日常的な買物や通勤ではなく，豊かな自然や未来風の都会の中に車が置かれ，理想の余暇を享受する消費者が主役になっているという．

こうした動向は，現代の街並みにも見られる．エドワード・レルフは，通りにレンガを敷き，古風な街路灯を設置し，昔風のファサードを並べるような街並み整備では，古さを感じさせる趣きとしての雰囲気が中心概念になっていると指摘する[12]．雰囲気は，捉えどころのないものと思われるが，実際には昔風の建築などによって物質化して，現代社会に影響を及ぼしている．

II　ジュネーヴのホテル

□　ホテルを調べる

雰囲気に注目するのは，デザインホテルやバカンスクラブだけでない．長い伝統と凝った建築を有する豪華ホテル「パラス」でも，雰囲気は無視できない．そこで，風光明媚なレマン湖に面し，国際会議や産業見本市が頻繁に開催されるジュネーヴの著名ホテルを取り上げてみたい．

ジュネーヴで観光が本格化したのは19世紀だった．1823年に蒸気船がレマン湖に就航し，1827年にはジェネラル゠ギザン湖岸通りやベルグ河岸通りが整備された．やがて，遠くにモンブラン，近くにサヴォワの山々を望むモンブラン波止場が造られると，そこへ1860〜70年代にかけてホテルの開業が相次いだ．そして，パリに〝リッツ〟，ニースに〝ネグレスコ〟といった

表 6-1 ホテル 19 軒とそのパンフレット図版

		ホテルの基本情報			窓からの眺め					内外装と設備						観光スポット							人物		図面	
		開業年	経営形態	星ランク	室数	料金	街並み	大噴水	レマン湖	サヴォワ山	大聖堂の塔	建物の外観テラス	ロビー	客室	レストラン	ラウンジ・バー	会議室	モンレポ公園	街並み	サンピエール大聖堂	レマン湖	大噴水	サヴォワ山	遊覧船	国連欧州本部	従業員数	訪問客数	建物図面	周辺地図	表示地名数
---	---	---	---	---	---	---	---	---	---	---	---	---	---	---	---	---	---	---	---	---	---	---	---	---	---	---	---	---	---	---
③ v	ボー・リヴァージュ	1865	F	5	97	380	+	+	+	+																0	0	+	+	40
⑮ v	リシュモン	1875	I	5	98	450	+	+	+	+																2	14	+	+	55
① v	アングルテール	1872	I	5	45	410	+	+	+	+		+														0	0		+	22
⑨ z	メトロポール	1854	I	5	127	245	+	+	+																	0	0		+	29
⑫ v	プレジダン・ウィルソン	1962	I	5	236	420	+	+	+			+			+			+								0	0		+	20
⑥ z	シゴーニュ	1902	F	–	50	325					+															2	0			
② z	アルミミュール	1981	F	5	28	290						+	+	+	+		+									0	0		+	27
⑱ z	ツーリング・バランス	1902	F	3	58	190						+	+	+	+											0	0		+	22
④ v	ベルグ	1834	I	5	122	450						+	+	+	+	+	+									13	5		+	21
⑦ x	エデン	1912	I	3	54	185						+	+	+	+											0	0		+	41
⑤ w	ブリストル	1896	I	4	100	275						+	+	+	+		+	+								0	4		+	51
⑭ w	ローヌ	1950	I	5	192	450						+	+	+	+	+	+		+			+	+	+	+	0	0		+	20
⑩ v	ノガ・ヒルトン	1980	I	5	411	350							+	+	+				+	+	+	+	+	+	+	8	44		+	11
⑰ v	ソフィテル	1978	I	–	95	325													+							0	0		+	10
⑯ w	ロワイヤル・マンテル	1971	I	4	159	220						+	+	+	+	+	+		+	+		+	+	+	+	1	0			
⑲ w	ワーウィク	1971	I	4	169	290							+	+	+	+	+		+	+	+	+	+	+	+	12	28		+	14
⑬ w	ラマダ	1976	I	5	205	295							+	+	+	+	+		+	+		+		+	+	3	13		+	11
⑪ v	ドゥ・ラ・ペ	1865	I	5	101	270													+			+			+	2	0	+		
⑧ x	インターコンチネンタル	1964	I	5	345	300													+			+		+	+	6	0			

丸数字は図 6-1 に対応。v は右岸、w はコルナヴァン駅周辺、x は国連周辺、z は左岸の立地。経営形態の F はチェーン経営、I は独立・家族経営。星ランクはジュネーヴ観光局公式のもので、ジュネーヴホテル協会に非加盟の場合は-印。料金は 1999 年のスイスフランでのシングル/ダブルいずれかは 2 人利用の 1 人部屋の最低料金。+印はパンフレット図版に当該の内容があることを示す。従業員数と訪問客数はっきり確認できる場合だけを数えた。

左上から右下の方向へ、+印ができるだけまとまって分布するように、その結果、同じような写真テーマを選ぶホテル同士は近く、また同じようなパターン分類を使ったホテル同士は近くに置かれている。ホテルや写真テーマの並びは連続的というより、明確に 3 分類できると言える。同じような写真テーマを並べ変えた。手法は数量化 3 類という多変量解析の一種。ホテルと写真テーマの近いもの近くに置くよう計算できる。

名のあるホテルが現われ，対岸のモントルーが裕福な避暑客で賑わったベル エポック（1880～1914年）に，ジュネーヴのホテルも黄金期を迎え[13]，現在 に至る。

　地元の新聞記者が書いたホテル・レストラン案内『ギド・ジャンドロ・ ジュネーヴ *Guide Gindraux de Genève* 1998/99』（1997年）掲載の25軒のホテ ルから，代表的な19軒を選んでみよう（表6-1）。場所で分けると，ローヌ 川右岸7軒，ローヌ川左岸4軒，コルナヴァン駅周辺6軒，国連欧州本部周 辺2軒となる（図6-1）。左岸は湖岸から旧市街の丘までを指す。右岸はイル の中州からウィルソン波止場にかけての河岸・湖岸に当たる。この辺りは， 北風ビズが強く吹き付ける真冬でも，市民や観光客の散策する姿が絶えない （図6-2）。コルナヴァン駅はジュネーヴの中央駅で，国連欧州本部周辺は緑 地や公園が多い。

　19軒について，1999年2～3月にフロントを訪れて，パンフレットを入手 した。パンフレットからホテルのイメージが把握できると考えたからだ。そ の後，2001年6月には19軒に手紙を書いた。「雰囲気はホテルが客に提供 するものだが，その概念は明確でないと思う」とだけ述べ，ホテルの「雰囲 気の内容」，「雰囲気の重要性とその理由」，「雰囲気を向上させる方策」，「最 も雰囲気の良い時間と場所」を尋ねた。回答は〝ボーリヴァージュ〟，〝シ ゴーニュ〟，〝エデンヌ〟，〝ノガ・ヒルトン〟，〝ロワイヤル・マノテル〟，そ れに〝ラマダ〟を買収した〝ノヴォテル〟から得られた。

　また19軒から，街で最も有名な〝ボーリヴァージュ〟，街最大の〝ノガ・ ヒルトン〟，そして世界的なホテル連盟に街で唯一加入している〝シゴー ニュ〟を選び，詳しく分析した。この3軒はいろいろと対照的だった。例え ば，パンフレット収集の際，ロビーの様子を観察したが，3軒は建築的に大 きく違った。それだけでなく，ホテルのパンフレットを内容分析すると，3 グループに分類できたが，この3軒はすべて別々のグループに入った。さら に印象的だったのが，2001年6月の手紙への回答だった。3軒のホテルは総 支配人が回答し，しかも他に比べてコメントが多く，補足資料も送ってくれ た。その後，2008年2月にジュネーヴを訪れ，スタッフにインタビューし た。〝ノガ・ヒルトン〟だけは2006年に閉館し，ドイツ系のケンピンス

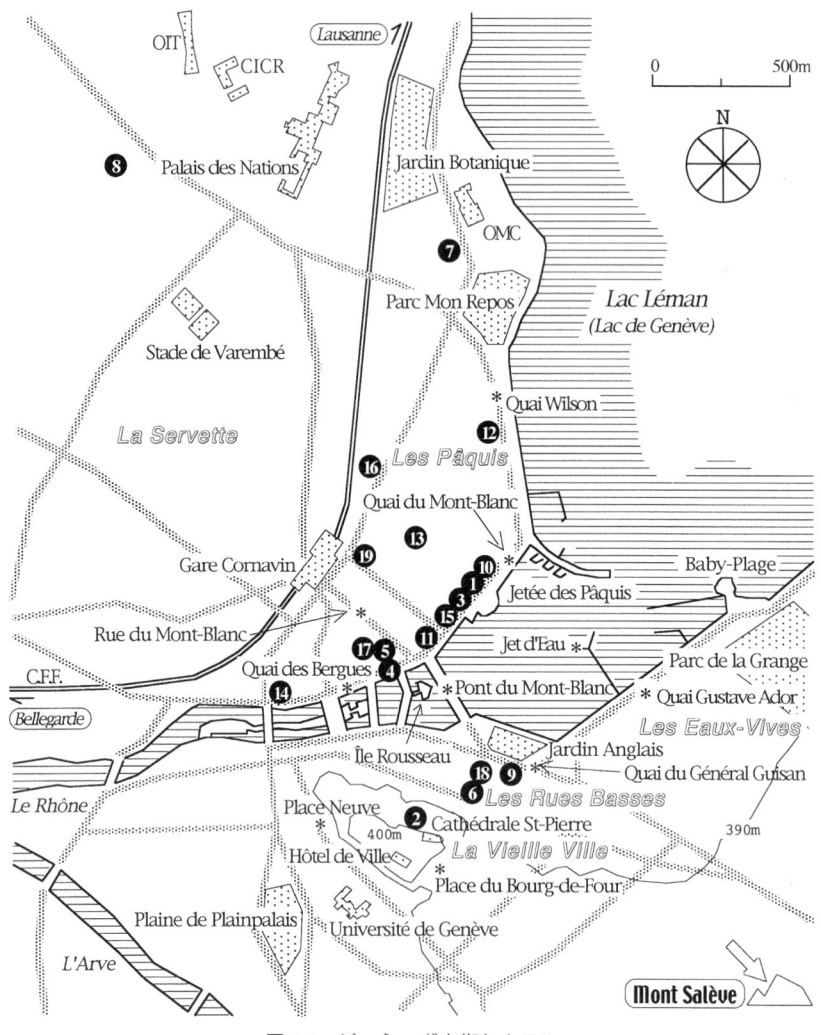

図 6-1 ジュネーヴ市街とホテル

丸数字のホテルは表 6-1 参照。巻末の仏語圏地名以外は，国連欧州本部 Palais des Nations，国際労働機関 OIT，世界貿易機関 OMC，国際赤十字社 CICR，大噴水 Jet d'Eau，市庁舎 Hôtel de Ville，サンピエール大聖堂 Cathédrale St-Pierre。右下の矢印はサレーヴ山の方向を示している。

旧市街のみ，州公式 HP の GIS 地籍図（http://etat.geneve.ch/geoportail/geocadastre/）によって等高線を記入。

第六章　ジュネーヴ湖岸のホテル　　　　　　　　　　　　　　　　　267

図 6-2　冬のパキ突堤
ビズは，猛烈な寒波と重なった時には，湖の水を湖岸へ吹き上げ，車，樹木，ベンチといったあらゆるものを氷の像に変えてしまう。

キー・グループに買収されたが，内部を改修して，2007 年 10 月に〝ケンピンスキー・グランドホテル〟として再出発していた。

□ ホテルを分ける

ホテルが作るパンフレットでは，掲載写真が重要な役割を担う。実際，ホテルに滞在しようとする客は，写真からホテルのイメージを掴むことができる。

ジュネーヴのホテルのパンフレットを開くと，レストランと客室の写真があるのは 18 軒，建物外観の写真があるのが 17 軒だ（表 6-1）。観光地の写真も少なくなく，レマン湖 13 軒，大噴水 10 軒，街並み 10 軒，サレーヴ山 7 軒となっている。大噴水はジュネーヴの象徴的な存在で，最初はクルブルニエール水力発電所がタービン休止時の圧力低下のため 40 m の高さに放水し，それが人気となったものだが，1891 年に市議会の判断でレマン湖上に移された[14]。現在は 140 m まで水を吹き上げている（後掲の図 6-6）。一方，モンブランの写真は 1 軒のパンフレットにしかない。これは，モンブランへの玄関口であるコルナヴァン駅周辺にモンブランの絵葉書や土産物が溢れて

いる事実[15]からは，意外な気もする。おそらく一流ホテルの客にとって，モンブランは直接の滞在目的とならないのだろう。

　次に，写真の内容からホテルを分類すると，窓からの眺めの多いグループ，内外装と設備の多いグループ，観光スポットの多いグループとなる。これらはそれぞれ，①湖畔の歴史あるホテル，②旧市街周辺の小規模ホテル，③世界的チェーンの大規模ホテル，にほぼ対応する（表6-1）。もちろん，①には〝ボーリヴァージュ〟，②には〝シゴーニュ〟，③には〝ノガ・ヒルトン〟が含まれる。

　手紙に書いた質問では，「雰囲気の内容」に関する回答が最も多様で，内装・従業員・サービス，音・色・空気，さらには活気・思い出・創造性に対する記載まであった。「雰囲気の重要性とその理由」では，再訪度（4軒）や印象（3軒）など営業に関わる回答が目立った。「雰囲気を向上させる方策」は，内外装の整備（5軒）と従業員教育（4軒）が回答の大半を占めた。「最も雰囲気の良い時間と場所」については，冬（5軒）とレストラン（4軒）が最多だった。

　以下，上述の3軒のホテルについて，順に見ていく。すなわち，ホテル内部の空間構造の観察，パンフレット図版の分析，手紙への回答文の検討，派生的に入手できた資料の整理，そしてフロントでのインタビューの考察から，ホテルの態度や姿勢，方針や戦略を明らかにしていきたい。

Ⅲ　総支配人側の方針と姿勢

□　〝ボーリヴァージュ〟

　〝ボーリヴァージュ〟は1865年開業の名門ホテルだ（口絵6-1）。初代経営者ジャン=ジャック・マイヤー氏以来，マイヤー家による経営が続いている。1978年に曾孫のジャック氏が四代目，1987年には妻のスヌギ氏が五代目の総支配人になった。そのスヌギ氏から，アンケートの回答とともに，資料三点をもらった。一点は，ホテルの専用便箋七枚に印字されたもので，付属資料と呼んでおく。二点目は，館内誌『オ・フィル・ドゥ・ロ』13号（2001

第六章　ジュネーヴ湖岸のホテル

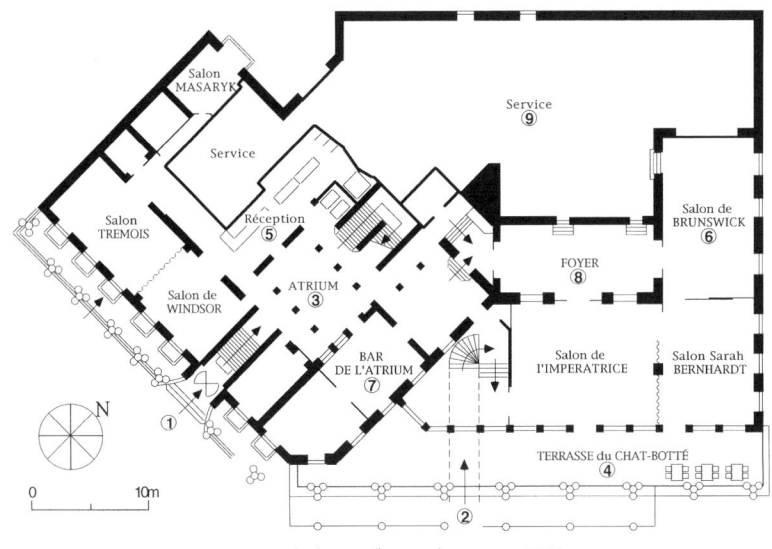

図 6-3　"ボーリヴァージュ"の平面図
ホテルのパンフレット（1999 年）の図をもとに作図．記号は，①正面玄関，②"シャ・ボテ"への入口，③アトリウム，④"シャ・ボテ"のテラス，⑤フロント，⑥サロン，⑦バー，⑧サロン，⑨業務域．

年）で，ホテル自身が編集している．三点目はカタログで，『シシィ一美と悲劇』というタイトルが付けられている．

スヌギ氏によれば，ホテルの雰囲気は「空気の中にあって定義できないあらゆるもの」に基づき，「従業員こそが創る」という．夫のジャック氏も同意見で，『オ・フィル・ドゥ・ロ』13 号（pp.4-7）の誌上インタビューで，「"ボーリヴァージュ"は歴史的文化遺産やジュネーヴの歴史を抱えた神話的な場所だが，もてなしの場所」でもあり，「経営者は従業員とともに大手グループが企業文化と呼ぶものとは違う雰囲気，空気を創る」と答えている．

また，雰囲気が重要な理由として，スヌギ氏は，「雰囲気は"ボーリヴァージュ"にとって，ホテルの歴史に基づく独自のもの」で，「1865 年の開業以来，つねにマイヤー家の所有で，ホテルの独自性が守られている」と言う．マイヤー夫妻のコメントからは，家族経営や伝統への自負が見て取れる．歴史と従業員とマイヤー家が創る雰囲気は，付属資料で具体像として示

される。

> ロビーに入って，五層上の天井にガラス屋根をのせた見事なアトリウムを目にすると，この場所特有の雰囲気を感じる。（中略）湖に堂々と面し，背景に雪を頂いたモンブランが見える中空のテラスでも，最高の料理，有名なワイン，フランス全土のチーズが味わえる。そしてこの特別な場所は，輝く太陽だろうが，朝の霧だろうが，あらゆる天気の中で，さっぱりとしていつも平穏で，そして静かで安心感のある雰囲気を醸し出している。（中略）雰囲気を維持するため，〝ボーリヴァージュ〟はあらゆることを惜しまない。
> （付属資料の一〜二枚目）

アトリウムのロビー（図6-3）には特別な雰囲気があって，中央には噴水が置かれ，天井にはガラス屋根がのせられている。また，レストラン〝シャ・ボテ〟（口絵6-2）には平穏な雰囲気があって，そこのテラスは通りへ中空状にせり出し，外気に触れられる構造になっている。アトリウムについては，『オ・フィル・ドゥ・ロ』13号にも描写が見られる。

> 階段を数段上がってロビーに入ると，別の雰囲気が突然現われる。雑音が和らぎ，落ち着きに包まれる。それとともに，静寂で平穏な雰囲気を創る何か洗練されたものが出てくる。居心地が良い。噴水の周りの大きな肘掛椅子に誘われて，腰をかけたり，一息ついたりと，街を見に行く前に，あるいは仕事で人に会う前に，気分転換したくなる。（中略）休息の場でも，くつろぎの場でもある〝ボーリヴァージュ〟は，他にない特別なもの，人を生き返らせるものを持っている。自分の家以外のもう一つの自分の家のようで，居心地良く，もっと長く居たいと思える。そこには快適さ，空気，親しげで慎ましやかな雰囲気がある。
> （*Au Fil de l'Eau*, no.13, 2001, pp.12-15）

「階段を数段上がってロビーに入ると，別の雰囲気が突然現われる」という記述から，階段（図6-4）が外界とロビーの境界となり，その先に別世界が待っていることが分かる。この文章にはアトリウムの写真も添えられ，一つは光が差し込むガラス屋根を，もう一つは噴水と肘掛椅子が並ぶロビーを映している。またロビーには，午後1時2分前を示す掛時計も見える（図6-

第六章　ジュネーヴ湖岸のホテル　　　　　　　　　　　　　　　　　　　271

図 6-4　″ボーリヴァージュ″の階段

5)。肘掛椅子には誰もいない。柱の向こう側のフロントでは，頭を下げて何かを書いている従業員の姿と，その斜め手前に客らしき黒い影が見えるだけだ。

　さらに，「雰囲気の最も良い時間と場所」では，光り輝くクリスマスやアルプスを望むテラスが挙げられる。アトリウムが建物内へ自然光を取り込む美的な装置なら[16]，テラスは太陽光を，クリスマスは照明光を楽しむものと言える。したがって，アトリウム，テラス，クリスマスの雰囲気を強調する″ボーリヴァージュ″は，「光」を中心イメージにしている。

> ジュネーヴでは一年中，各人の感性で最良の季節が見出せる。例えば″ボーリヴァージュ″のクリスマスは夢のイルミネーションが施された特別なひと時。夏は湖や大噴水やモンブランを望む本格レストラン″シャ・ボテ″のテラスで，夕刻からディナーが用意され，ホテル一番の独自性を創る。
>
> 　　　　　　　　　　　　　　　　　　　　（総支配人，2001.6.6 回答）

　付属資料に戻ると，七枚目には「真正さだけが贅沢と気品の同義語になる。真正さこそが，お客様のため″ボーリヴァージュ″がつねに努力してい

図 6-5　"ボーリヴァージュ"のアトリウム
左はホテル館内誌『オー・フィル・ドゥ・ロー』13 号（2001 年）に掲載された写真。右は筆者が撮影した写真。ホテル館内誌では，客が居ない状態を選んで写真にしていることが分かる。また，ふつうに撮影すると泉がはっきりとは映らないので，館内誌では高い位置から撮影していることも分かる。

るもの」とある。また，一枚目には「"ボーリヴァージュ"はいつもアイデンティティを維持し続け，今日では真正さを守る主導役」と書かれている。ジャック氏も雑誌のインタビューに答え，「私達のホテルのお客様は月末に困るような層ではないが，それでも私達のホテルはお金を増やすための機械ではない。"ボーリヴァージュ"は美術作品だ」と話す。実際，花の手入れだけで年間十万スイスフランが使われている[17]。"ボーリヴァージュ"のイメージは，2008 年に再訪したときのフロント係員の発言にも出てくる。

> 常連のお客様が多いので，そういう種類の雰囲気になる。雰囲気の種類としては，とても家庭的。お客様が自分の家にいるような感じを持たれるよう，私達は努力している。（中略）アトリウムは 1865 年から同じ。1865 年からまったく変わっていない。同じ装飾で同じ内装。
>
> （フロント係員，2008.2.20 採録）

ところで，パンフレットの冒頭には，「レマン湖畔の忘れられない香りを持つ国際都市ジュネーヴ。マイヤー家が1865年から綴ってきた〝ボーリヴァージュ〟の歴史のページの一行一行に，オーストリア皇妃エリザベートや（中略）オペラ歌手や作家や画家の名が刻まれている」とある。また，付属資料には世界の王侯達の名前が見られ，ホテルのサイン帳[18]には政治家や文化人も並ぶ。なかでも，シシィの愛称で親しまれるエリザベートだけが何度も詳述される。

　エリザベートは，19世紀で最も美しい王妃と言われ，バイエルンの小公国に生まれた。偶然から若くしてオーストリア皇妃になったが，自由奔放な性格のため，皇妃の地位に収まらず，オーストリア帝国からのハンガリー独立に力を注いだ。また，日常を忘れるための旅に明け暮れ，そうした旅先の一つがジュネーヴだった。カタログ『シシィ』にも，「ジュネーヴは私の一番好きな所で，そこにいるとコスモポリタンな中で自分の存在をすっかり忘れられる」という言葉が紹介されている。

　ところが，1898年9月に悲劇は起きる。レマン湖畔のモントルーから蒸気船に乗ってジュネーヴに入ったシシィは，〝ボーリヴァージュ〟に泊まった。翌日，帰りの船に乗ろうとした直前，モンブラン波止場（図6-6）でア

図6-6　モンブラン波止場

\#　左はモンブラン波止場の先端にある船着場。右はモンブラン波止場のシシィ像。
\#\#　左の写真には「ジュネーヴ・パキ」という標識があるが，これは船着場の名称。ジュネーヴ人が散策するパキ突堤やパキ・ビーチは，ここより北東にある。またジュネーヴ人が，危険で風紀の良くない地区とも，多文化でコスモポリタンな地区とも，バーやレストランが並び活気のある地区とも言うパキ界隈は，ここより北西にある。

274

図 6-7 〝ノガ・ヒルトン〟のパンフレット写真
\# 左は上空から撮った外観で，右は館内のディスコで踊る人々。

ナーキストの刃に倒れた。当日のことは，付属資料にも「伝説的な皇妃の悲劇的最期」として紹介されている。こうしてシシィは，ホテルの歴史で最も大切な客となった。事実，1997 年 1 月には「シシィ 1998 協会」が設立され，ジャック氏が会長の座に付いた。また翌年 9 月には，シシィ没後百年を記念した展示会や討論会が〝ボーリヴァージュ〟で開かれた。それに合わせて，モンブラン波止場にシシィ像も立てられた（図 6-6）。

□ 〝ノガ・ヒルトン〟

　1980 年開業の〝ノガ・ヒルトン〟は，ジュネーヴ最大のホテルだ（図 6-7）。世界資本のヒルトンチェーンに属し，館内には会議室やトレーニングルームから，ショッピングアーケード，劇場，カジノまで揃う。パンフレット写真にも，施設を利用する大勢の人間が写っている。姿の明瞭なものだけで，従業員 8 人，客 44 人を数える。写っている人数が次に多いのが〝ワーウィク〟の従業員 12 人，客 28 人だから，〝ノガ・ヒルトン〟のパンフレット写真に見出せる人間は相当に多い（表 6-1）。

　こうした人間の多さは何を意味するのか。ホテルの広告写真について，仏語圏では次のような見方がある。「写真は潜在的な客の気持ちを動かさなければならない。つまり雰囲気を創り，できれば活気ある印象を与えることだ。(中略) 美しい建物の写真で，建物内の雰囲気が出ることは少ない。(中略) 広々した食堂の写真だけでは，ホテルの人間を満足させても，客は満足

させられない。無人のテーブルでは，客自身が座る姿を想像できないからだ[19]」。〝ノガ・ヒルトン〟のパンフレット写真も同じ効果を狙っている。

　アンケートの回答にも，活気への評価が見出せる。「雰囲気の内容」と「雰囲気の重要性とその理由」に対して，1988年に就任した総支配人のエリック・クーン氏は次のように答える。

> お客様は〝ノガ・ヒルトン〟で滞在と買物をされる。館内には多くのものがあって，絶え間なく人が行き来し，美容室・フィットネスクラブ・レストラン・カジノ・劇場・高級ブティックなど，建物の随所に活気がある。ロビーは滞在や訪問の方の出入りする十字路になっている。また，ロビー中央のバーは場所に活気を与えている。〝ノガ・ヒルトン〟はそれ自体小さな町で，誰でも手頃な物から高級な物までお好みの物を見つけることができる。(中略) ホテルに漂う雰囲気はホテルをうまく操業していく推進力になっている。無人の堅苦しいロビーはお客様を遠ざける。人が人を呼び，人の波が雰囲気を作るので。
> 　　　　　　　　　　　　　　　　　　　　　（総支配人，2001.6.18 回答）

　「小さな町」は施設の充実を，「十字路」は活発な往来を示す。人が人を呼ぶ〝ノガ・ヒルトン〟では，滞在だけでなく，消費を楽しむことも重要になる。そして，滞在・訪問の区別なく，「人が何度でも訪れられる空気」が創られていくとクーン氏は付け加える。「雰囲気を向上させる方策」でも，クーン氏は年間数百万スイスフランをホテルの内外装の手直しにつぎ込んでいるが，そのために「工事の音がうるさく感じられる時でも，お客様はホテルのこうした改良事業を評価し認めてくれる」とまで言う。工事の音さえ，設備を更新する活気のように聞こえてくる。

　「最も雰囲気の良い時間と場所」に対しても，似たコメントが返ってくる。〝ノガ・ヒルトン〟の雰囲気には，空間が人で賑わう状態，つまり人の多さが発する「熱」のイメージがある。

> 4月から10月は，湖やアルプスが望める当ホテルのテラスが最も好まれる空間になる。(中略) この個性的なテラスはいつも人で一杯。秋から春の到来までは，本格レストラン〝シーニュ〟や，毎日デュエットの音楽が演奏される

ロビー・バーといった場所がお客様に好まれる。冬の舞台シーズンになると，開幕前のディナーに大勢の方が集まる。1,500席の劇場がホテル内に設置されている。

(総支配人，2001.6.18回答)

巨大な〝ノガ・ヒルトン〟は，他から強く意識されている。モンブラン河岸通りには，19番地の〝ノガ・ヒルトン〟，17番地の〝アングルテール〟，13番地の〝ボーリヴァージュ〟と，著名ホテルが並ぶ。〝ノガ・ヒルトン〟以外は，19世紀開業の伝統あるホテルだ。それらは〝ノガ・ヒルトン〟をどう見ているのか。1875年開業の〝リシュモン〟も含めて，1999年3月にフロントで聞いてみた。

〝ノガ・ヒルトン〟は四百室もあって，サービスが行き届かない。あれは工場だ。機械だ。内部も単純だ。私達は部屋数が少ないので，良いサービスを提供できる。だから比較するものではない。ここは家庭的だ。

(〝アングルテール〟のフロント係員，1999.3.16メモ)

〝ノガ・ヒルトン〟に比べると，部屋数が少ないのでサービスがよくできる。〝アングルテール〟より良いと感じるかは，お客さんによって異なる。〝ボーリヴァージュ〟の方が良いと言う人もいる。装飾が良いからだ。それに〝アングルテール〟より古くて，ずっと前から名前が知られている。

(〝ボーリヴァージュ〟のフロント係員，1999.3.16メモ)

〝ノガ・ヒルトン〟や〝インターコンチネンタル〟と比べて，小さいホテルなので，サービスが細かくできる。室内も凝って作ってある。装飾が良い。ここでは会議も細かくサービスできる。

(〝リシュモン〟のフロント係員，1999.3.16メモ)

どれも似た見解で，小規模ゆえのサービスの細かさや装飾の良さを，〝ノガ・ヒルトン〟の巨大さと対照させている。とくに「工場」や「機械」の語は，仏語で人間味のない近代施設を形容する際によく使われる。また〝ボーリヴァージュ〟の係員は，〝アングルテール〟に対しては一目置くが，〝ノガ・ヒルトン〟には厳しい。つまり，伝統あるホテルにとって，〝ノガ・ヒ

ルトン〃は異質な存在なのだ。事実，建設時期が新しく，ビジネス重視の〃ノガ・ヒルトン〃は，玄関からロビーまで，機能的な完全フラットで，階段の先に奥まるような空間を作ることもない。

□〃シゴーニュ〃

　コウノトリを意味する〃シゴーニュ〃は，湖からイギリス公園を挟んだロンジュマル広場に面している（図6-1）。ただ左岸でも，市庁舎や大聖堂のある丘上の旧市街ではなく，商業的な丘下のリュ=バス（「低い通り」の意）界隈にある。近くには同一経営のホテルもあり，ロンジュマル広場17番地の〃シゴーニュ〃が高級志向，同13番地の〃ツーリング・バランス〃が価格重視と分けられている。「雰囲気の内容」に対する総支配人リシャール・ビショフ氏のコメントから示そう。

> お客様が最初でも何度目でも，ホテルの扉を越えたときから感じるものが雰囲気。雰囲気の一部は，内装，色，音と静けさ，空気，匂いなど明確なものだ。しかし同時に，触れられないもの，見えないもの，感じられないもの，ある意味明確ではないが存在するもの，これらもすべて雰囲気になる。ホテルの中に入れば，誰でもここの雰囲気をそれぞれに感じる。ある人にとって，それは以前の滞在の思い出であったり，新しい発見であったり，修理・変更された内装であったり，新顔の従業員であったりする。（中略）お客様が，（ここを）ホテルではなく，ジュネーヴの真っ只中の自分の家と感じられるよう，私達は努力している。　　　　　　　　　　　　（総支配人，2001.7.17回答）

　雰囲気は，明確なものから不明確なものまで，ホテルのすべてで，客の思い出や発見として捉えられている。例えば，以前の滞在時の匂いが甦ること，以前とは違う色彩を発見することも，雰囲気の一部となる。こうして，滞在客の印象や経験が商品化される。また，「新顔の従業員」や「変更された内装」も，伝統より変化に価値があることを示している。
　「雰囲気の重要性とその理由」の回答では，雰囲気が「スタイル」と表現されている。そして，その「スタイル」は世界企業の経営する大型チェーンホテルとの違いとして説明される。

雰囲気はとても重要だ。雰囲気には従業員がお客様を迎えるスタイルが伴っている。私達の所では従業員一人ひとりがホテルの名刺であり，ある意味でホテルのスタイルを体言する外交官になっている。（中略）それに，ある程度のレベルのお客様だけが私達のホテルに何度も来て下さる。なぜなら私達は，〝インターコンチネンタル〟や〝ヒルトン〟，その他の大きなチェーンホテルとは完全に違うからだ。

（総支配人，2001.7.17 回答）

「雰囲気を向上させる方策」についての回答は長い。まず，環境問題に関心が高く，1986 年に「ホテル環境賞」を受賞し，水の無駄な使用を避けている。一年のうち八ヶ月は，屋根に設置されたソーラーシステムで給湯している。これによってエネルギーが 60％節約できるという。熱をつくる場合も，重油ではなく，無公害の天然ガスを使っている。さらに，夏には客室の天井に 24 時間冷水を循環させている。この天井冷房は，温水を床に通す床暖房と似た発想で，空調機器のような振動や騒音がないらしい。〝シゴーニュ〟の総支配人は，ホテルの雰囲気が快適な滞在を保証する新技術の上にあるとしている。

　今度は，「最も雰囲気の良い時間と場所」へのコメントを示そう。館内のどこであっても，雰囲気は重要だとしつつ，暖炉のことが強調される。

ロビー，フロント，通路，客室，どこであっても同じ雰囲気のはず。私達は，お客様が少しの雰囲気の違いも感じないよう，非常に気を使っている。レストランのお皿にまで洗練具合を認めていただけるはず。スイートやジュニアスイートのセカンドルームには，ホテルのコレクションである美しい暖炉が置いてある。10 月から 4 月の間，お客様は暖炉に火を入れることができる。すると，自分の家に居る以上のとても親密で不思議な雰囲気が味わえる。同じ期間，ロビーの大きな暖炉には，毎日 16 時 30 分に火が入る。

（総支配人，2001.7.17 回答）

　客の意思で暖炉に火が入るということは，客がホテルの雰囲気を創り出す主役とされることを意味する。さらにコメントからは，雰囲気の中心イメージが「火」であることも分かる。したがって，暖炉に「火」を入れる行為

第六章　ジュネーヴ湖岸のホテル　　　　　　　　　　　　　　　*279*

図 6-8　〝シゴーニュ〟の暖炉
\#　ホテルパンフレット（1999 年）から。

は，客が客室を「自分の家」に変える行為と言える。ロビーから食器に至るまで，ホテルのすべてが同じ雰囲気にあるという主張も，館内が共有スペースと私的スペースの区別なく，一軒の「家」であることを示唆する。これは，ロビーやレストランなどの共有空間をとくに雰囲気のある場所とする〝ボーリヴァージュ〟や〝ノガ・ヒルトン〟と異なる点だ。

ビショフ氏の回答には挨拶文も添えられ，そこには「同封した冊子には，私達がスイス風の家の魅力や雰囲気と呼ぶものが視覚的に示されている」とある。つまり，「美しい暖炉」や「親密で不思議」などの表現は，「スイス風の家の雰囲気」を表わしたものだと分かる。

また，その冊子は A4 判で，ロビーのサロンにある大きな暖炉もページ一杯に掲載されている（図 6-8）。かつてガストン・バシュラール[20]は，詩的イメージに反響して思い出が甦ることを夢想と呼び，それは夜に北風が吹き，雪が辺り一面を覆う一方で，ストーブが音をたて，ランプが灯るような，外界と家の中が隔絶するときに顕著になると書いた。総支配人が述べる

「暖炉の火」と「家の雰囲気」も，外との違いが想像されるので，「滞在の思い出」を呼び起こすのだろう。

挨拶文には，「"シゴーニュ"は最も権威ある世界的ホテル・レストラン連盟のルレ＆シャトーに 1989 年から加盟」とも記されている。ルレ＆シャトーの始まりは 1954 年，パリとマントンを結ぶバカンス国道 N7 近くに位置する 8 軒のホテルが設立したルレ・ド・カンパーニュだった。アルデッシュ県ベェの"ラ・カルディナル"を中心に，パリ郊外フォンテンヌブローの森に隣接するバルビゾンの"バブレオ"，南仏レボー＝ド＝プロヴァンスの"ウストー＝ド＝ボマニエール"などが，コートダジュールへ向かう客のため，ハイレベルの宿を提供しようと組んだのだった。グループの規模は年々拡大し，1975 年にはルレ＆シャトーとなった。現在，加盟範囲は世界中に及んでいるが，郊外・田園・海浜・高原に立地し，小規模ながらサービスや内装に優れるホテルが多い。

ジュネーヴ・ホテル協会に所属せず，ルレ＆シャトーにだけ加盟している"シゴーニュ"は，総支配人が交代しても，ホテルの基本姿勢を変化させることはない。2008 年 2 月にホテルのフロントで雰囲気について聞いたとき，フロント係員は次のように答えた。

> 正確には何が知りたいのか。このホテルの雰囲気を私に言ってほしいのか。私には分からない。私は言える立場にない。このホテルの雰囲気がどんなものか正確には言えない。（繰り返し聞くと）一番いい方法は，サロンでコーヒーを飲んで落ち着くこと。あるいは，何日かこのホテルに滞在すること。そうすれば，ホテルの雰囲気がどんなものか分かる。私から，このホテルの雰囲気がどんなものかを言うことはできない。（中略）心地良い雰囲気。静か。そんなところか。言うならば，騒々しいホテルではない。お客様も大勢ではないし。下の階（レストランのある階のこと）は良い。皆さん，静けさを求めている，とても。しかし，これ以上のことは言えない。
> （フロント係員，2008.2.20 採録）

ホテルの雰囲気は具体的に説明できないと，フロント係員は繰り返す。そして，雰囲気を知るには，「サロンでコーヒーを飲んで落ち着く」か，「何日

かこのホテルに滞在する」ことが必要と言う。雰囲気は客が見出し，ホテルが決めるものではないという考えで一貫している。

　話を聞いた後，フロントに比べて三段高くなっている奥のサロンに腰を下ろし，ショコラを注文した。暖炉の上には，ホテルのスタッフがただの飾りと言う笛吹きの像が置いてあり，その前には読書する人や小声で談笑する人が座っている。絨毯もソファーも深い暖色系で，5〜6ｍ四方の小さなサロンには，かすかにバロック音楽がかかり，小さな噴水からはしずくが落ちてくる。遠くでは食器が触れ合い，いくつもの音が重なって，サロンを和やかにしている。〝ボーリヴァージュ〟には敷居の高さがあったが，〝シゴーニュ〟には人を近づける親しさがある。話を聞きに行ったのに，サロンでショコラを飲むという展開になったのは，フロント係員の対応があってのことで，実はこうした応対も，ホテル側の雰囲気づくりを反映しているのかもしれない。

Ⅳ　場所の雰囲気と〈領域化〉

□「ゲニウス・ロキ」

　ホテルの空間構造やパンフレットを参照しながら，総支配人やスタッフのコメントを分析すると，雰囲気の在り方は，ホテル内部，客，街との関係で決まることに気付く。ホテル内部との関係は，雰囲気が造形・従業員・歴史を含めたホテル自体とどう関連するかを示す。客との関係は，雰囲気創出のため，客が何を期待されているかを表わす。そして街との関係は，ホテル内の雰囲気と外部の空間との連続・不連続の問題と言い換えられる。

　〝ボーリヴァージュ〟の雰囲気の基礎には，ホテルが歩んできた歴史とマイヤー家が維持してきたホスピタリティがある。それにシシィの出来事が加わる。またアトリウムをはじめ，伝統的な造形は19世紀から変わらない。建物自体が歴史的遺産の〝ボーリヴァージュ〟は，過去から備わる特質で構成されている。それは，場所に内在する土地の精霊「ゲニウス・ロキ」とも言える[21]。2007年発行のホテル館内誌『オ・フィル・ドゥ・ロ』16号も，

ホテルには「場所の魂」があると書く。

> いろいろな旅行雑誌を見ると，世界中のパラスが，他よりも豪華あるいは奇抜であろうとしていることが分かる。多くのホテルは贅沢と突飛さを競い合うが，真剣に人的側面や場所の魂に注意を払うホテルはどれだけあるだろうか。
> (*Au Fil de l'Eau*, no.16, 2007, p.10)

〝ボーリヴァージュ〟の雰囲気はホテル固有のもので，客の存在とは関係しない。パンフレット写真にも客の姿は見当たらない（表6-1）。

では，著名人以外の客はどうみなされているのか。付属資料の一枚目には，「静寂のオアシスで恵まれた旅人は平和と休息を見出す」や「旅人のどんな小さな望みも満足させるのが全従業員の義務」と記される。ホテルを訪れるのは「旅人」であって，客でも，ツーリストでも，ビジネス関係者でもない。しかも，「旅人」は「〝流れ星〟ではなく，すばらしい建物の歴史に跡を刻む個々人」（付属資料の七枚目）とされる。一般客は背後に追いやられ，ホテルの歴史を作る「旅人」が前面に出される。そのため，〝ボーリヴァージュ〟の滞在客像は，著名人の具体的な名前が出てこない場合でも，どこか伝説的になる。

ホテルと外部の関係も凝ったものに思える。『オ・フィル・ドゥ・ロ』13号によれば，階段を数段上っただけで「別の雰囲気が突然現われる」ホテルは，確かに通りと断絶している。ところが，モンブランを望む中空のテラスや，間接的に空と通じるアトリウムのために，〝ボーリヴァージュ〟はフランスの山やジュネーヴの空とは繋がる。さらに総支配人が，〝ボーリヴァージュ〟のクリスマスや夏のディナーをジュネーヴ最良の季節と言うように，ホテルの時間がジュネーヴの時間に重ねられる。

街路名が多く入った詳細なパンフレット地図（図6-9）も，ホテルと街との意味的な結び付きの強さを示す。そしてなにより，建物上にジュネーヴ州旗（左半分が黄色の地に黒の鷲，右半分が赤い地に黄色の鍵）だけが高々と掲げられる様子（口絵6-1）は，〝ボーリヴァージュ〟がジュネーヴに深く根ざしたホテルであることを象徴している。〝ボーリヴァージュ〟は，ジュネーヴ

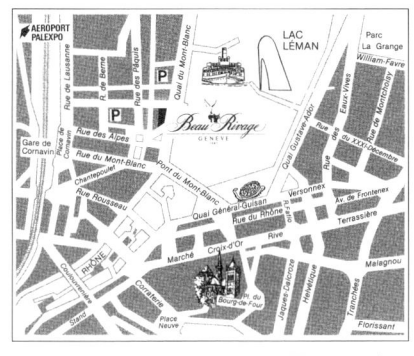

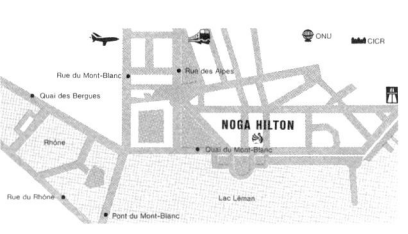

第六章　ジュネーヴ湖岸のホテル　　　　　　　　　*283*

図 6-9　パンフレットの地図

\# 　左が〝ボーリヴァージュ〟（1999 年），右が〝ノガ・ヒルトン〟（1999 年）。
\## 　左の地図では，遊覧船と旧市街が写実的に描かれ，大噴水とホテルが象徴的に記され，34 もの街路名が書き込まれている。一方，空港は矢印で地図の枠外にあることが示されるにすぎない。右の地図では，街路名は 6 つしかない。それに対して，国際空港，国境駅，高速道路が実際の位置と関係なく抽象的に置かれ，同じく国際赤十字社と国連欧州本部も記号的に置かれ，こうした国際性の強い存在がすべてホテルを取り巻くように地図上に配置されている。

の街と，実際の空間では不連続でも，想像の空間では連続的なのだ。

　ところで，〝ボーリヴァージュ〟のパンフレットには，テラスの手すり越しの眺めの写真が 1 点（図 6-10），窓枠越しの眺めの写真が 1 点，客室からの眺めの写真が 1 点ある。『オ・フィル・ドゥ・ロ』13 号には，窓枠と手すり越しの眺めの写真が 1 点，テラスの手すり越しの眺めの写真が 1 点，客室からの眺めの写真が 1 点ある。

　写真論では，写真の中で風景を切り取るように映っている窓枠は，視線を固定するような枠の役割を果たすだけではなく，内と外の異なる光や雰囲気を結ぶ接線とされる[22]。また絵画論では，20 世紀に描かれた窓枠は，内部と外部という異質の空間を暗示する働きがあるとされる[23]。したがって，窓枠や手すりを入れた風景の写真は，眺めの良さを示す以上に，ホテルと街を想像上で繋げているとみなせる。

□　賑わう「小さな町」

　〝ノガ・ヒルトン〟の雰囲気は，人通りの多いロビー，客の集まる劇場，カジノなどの遊興施設の充実度で示される。その一方で，歴史的・造形的なこ

図 6-10 〝ボーリヴァージュ〟からの眺め
『オ・フィル・ドゥ・ロ』13 号（2001 年）から。

とは取り上げられない。

　客については，総支配人のコメントにあったように，単純に多い方がいい。本来なら迎えられる客も，逆に客を招き寄せる雰囲気になることが期待され，ゲスト・ホストの区別なく活気への寄与が望まれる。しかも，ホテル内の活気ある場所は店舗や余暇施設であり，客は積極的な消費も求められる。このように客が雰囲気の一部とされ，かつ宿泊や食事以外の出費が当然とされてもおかしくないのは，ホテルが「小さな町」という位置付けにあるからだろう。実際，町の中であれば，人は疑いもせず，買物も遊興もする。

　「小さな町」という表現は，ホテルの内部構造も示している。通りに接してカーブしたショッピングアーケードがあり，それを横切った所にロビーがあるので，ホテルには入りやすい。そして，ロビー奥の左手にバー，右手にフロントがある。しかも，バーを含むロビーが広く，フロントは目立たない。外からロビーへ入っても，紛れ込んだようになる。さらに，スナックやレストランへはフロントの前を通らずに行けるし，カジノやディスコも市民生活の一部になっている[24]。

　もっとも，外に開かれているのは，人を集めるためであって，街と結合していることにはならない。その証拠に，創始者コンラッド・ヒルトンは，ヒルトンチェーンのホテルを，周囲の土地から隔離された「小アメリカ」だと述べた[25]。

　ホテルのパンフレットを見ても，館内の余暇的施設や近代的設備の紹介が

中心になっている。また，ホテルの建物が湖に面して立地しているにもかかわらず，窓越しの風景写真が使われることはなく，〝ノガ・ヒルトン〟がジュネーヴとの関係を大切にしていないことが分かる。さらに言えば，国連・赤十字社・駅・空港・高速道など，国際的なものだけを実際の位置を無視して記号的に記載し，街路名も入れないパンフレット地図（図6-9）からは，ジュネーヴという街の存在自体を無視しているようにさえ思う。

ジュネーヴ軽視の姿勢は，ホテル正面の旗からもうかがえる。スイス国旗，ジュネーヴ州旗，EU旗，ヒルトン旗が一本ずつで，EUやヒルトンチェーンという国際性で半分を占める。なお，後を引き継いだ〝ケンピンスキー〟も，スイス国旗，ジュネーヴ州旗，EU旗，ケンピンスキー旗を掲げ，パターンは変わらない。また，パンフレット地図に至っては，より抽象的で，湖と大噴水と数本の通りの間に〝ケンピンスキー〟のロゴ「K」を置いただけのものになっている。

いずれにしても，建築構造的に入りやすい〝ノガ・ヒルトン〟は，モンブラン波止場というジュネーヴ観光を代表する場所にありながら，象徴的には周囲と連続していない。その証拠に，ホテル雑誌のインタビューにおいて，クーン氏は〝ノガ・ヒルトン〟が湖畔に立地することの利点に言及しているが，インタビュアーはその利点を国際会議が近年湖畔で増えていることと解釈している[26]。外部の人間は，〝ノガ・ヒルトン〟が特定の立地場所ではなく，そこで開催される会議の多さに目を付けていることを知っている。

□ 暖炉のある「家」

〝シゴーニュ〟は伝統や眺望の欠如を内装で乗り越えている。しかし，それがそのまま雰囲気になるわけではない。内装は潜在的な雰囲気を創るが，雰囲気を発現させるのは客とされる。事実，客が見出す雰囲気は，暖炉や内装などの変化や工夫であり，恒久的なものではない。そして，上述したように，新しい従業員までもが変化の一つとして雰囲気に加えられる。

ホテルと客の関係は明確だ。「ホテルの中に入れば，誰でもここの雰囲気をそれぞれに感じる」という総支配人の回答や，「何日かこのホテルに滞在すること。そうすれば，ホテルの雰囲気がどんなものか分かる」というフロ

図 6-11 〝シゴーニュ〟のファサード

左はホテルの A4 判冊子（1999 年）に掲載された写真で，イメージを強調するために加工されていると思われる。右は筆者が撮影した写真で，左からルレ＆シャトー旗，ジュネーヴ旗（左右2本），グラン・ターブル旗，スイス国旗が並んでいる。

ント係員の説明にあったように，客が雰囲気を見出す主役とされる。雰囲気を発見や思い出といった客の経験とする見方も独特で，客は自分の感性と記憶だけで雰囲気を創り出せる。だからこそ，〝ノガ・ヒルトン〟のように客が雰囲気の一部とされることも，〝ボーリヴァージュ〟のように雰囲気が場所に内在していることもない。

　ただし，〝シゴーニュ〟は外部と隔絶している。「扉を越えたときから感じるものが雰囲気」や「ジュネーヴの真っ只中の自分の家」という総支配人のコメントも，街との違いを強調している。実際，雑然としたロンジュマル広場から，赤茶系統の内装のホテルに入ると，大きな変化を感じる。窓から光が溢れるファサードを写した A4 判冊子の写真も，夜の街で客を待つ家を表現している（図 6-11）。おそらく「自分の家」というイメージを出すために，〝シゴーニュ〟だけがシングルルームを置かず，パンフレットに地図も載せていない（表 6-1）。しかも，〝シゴーニュ〟の言う「自分の家」はスイス風の家で，〝ボーリヴァージュ〟のようなジュネーヴとの関係はない。まして，〝ノガ・ヒルトン〟のように国際性の中に組み込むこともしない。

表 6-2　ホテル側からの雰囲気の位置付け

（中心イメージ）	ボーリヴァージュ （外から入る光）	ノガ・ヒルトン （人の多さの熱）	シゴーニュ （暖炉の火）
雰囲気の場所	ロビーとレストラン	ロビー・ レストラン・劇場	ロビーから 部屋・食器まで
建物との関係	過去から建築 内部に最初から ある雰囲気	建築内部の 特定の状態を 示す雰囲気	客と建物内部の 相互作用で 生じる雰囲気
客との関係	客（一般の客）は 雰囲気と 無関係な存在	客は多ければ 多いほど， 雰囲気を構成	客は潜在的な 雰囲気を見出す 主役
街との関係	街と構造的に 不連続で， 想像的に連続	街と構造的に 連続だが，想像的 には不連続	街と構造的に 不連続で，想像的 にも不連続
ホテルが根差す 地理的スケール	ジュネーヴという ローカル	全世界という グローバル	スイスという ナショナル

　ホテルの入口には，スイス国旗，ジュネーヴ州旗，ルレ＆シャトー旗，それにスイス・レストラン協会のグランドターブル旗が立っている。スイスとジュネーヴを等しく扱い，ホテル・レストラン協会との繋がりを重視し，ルレ＆シャトー的な滞在リゾートを自認する〝シゴーニュ〟は，市街地にありながら，実際的にも想像的にも街との不連続性を保っていると考えていい。

□ 雰囲気の巧妙な空間制御

　ジュネーヴというローカルレベルに根ざす〝ボーリヴァージュ〟は場所の固有性，世界企業のグローバルレベルに依拠する〝ノガ・ヒルトン〟は場所の賑わい，スイスというナショナルレベルを重視する〝シゴーニュ〟は場所での発見によって，それぞれ雰囲気を創出している。それとともに，どのホテルも雰囲気を，ホテル内部との建築構造的な関係，客との社会文化的な関係，そして外の街との建築構造的かつ社会文化的な関係から位置づけている（表 6-2）。

　ホテルが示す雰囲気を図式的に描いてみよう（図 6-12）。想像や象徴の面で街と結び付く〝ボーリヴァージュ〟は，その中に入れば客の関与を超える固有の雰囲気が存在し，構造的な障壁の少ない〝ノガ・ヒルトン〟は，館内

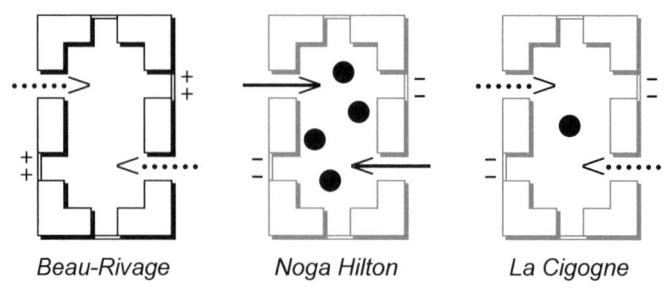

図 6-12　ホテルの雰囲気と空間管理

\# 　左から〝ボーリヴァージュ〟,〝ノガ・ヒルトン〟,〝シゴーニュ〟。外枠の黒色は場所の固有性有り，灰色は場所の固有性無し，矢印の実線は入り易さ，点線は入り難さ，＋印は街との関係あり，－印は関係なし，丸印は客を示す。

では客が雰囲気の構成要素となることを要求される。一方〝シゴーニュ〟は，そこに滞在さえすれば，客の感性で雰囲気を見出せる。すべてのホテルが，どこかに制約を設け，どこかに自由を残している。違うのは，その方針だけだと言える。

　ホテルでは，客を含めたホテル全体が商品となるため，ホテルのイメージに合った客が期待される。客室料金の下限は客層を選ぶ基本的な方法だが，絶対的ではない。事実，3軒の最低料金（表6-1）に大差はない。また，総支配人達が述べたのも，客層というよりは客の振舞いだった。

　ところが，もてなしの場であるホテルは排除的になれない。そこでホテルは，客には曖昧でホテルには柔軟な雰囲気という事象を持ち出す。こうして雰囲気は，客に提供される商品でありつつ，客の振舞いを制約する要素として働く。雰囲気は領域的な役割を持っているのだ。

　そういう意味では「光」,「熱」,「火」も，ジュネーヴの空，街の賑わい，家の温かさのイメージだけでなく，壁で閉ざされた空間を，もてなしのホテルらしく見せるエネルギーと解釈できる。これはまさに，舞台監督であるホテルの総支配人が，登場人物である客の振舞いや，舞台背景であるロビーやレストランのセットを演出していく領域的な行為と言えるのではないか。

　環礁の島一つ全部がホテルであるようなアイランドホテルでは，専用の移動手段・水道・電気・空調・食料が用意され，日の入時に夕食がとれるよう

時刻まで現地時間より早められている[27]）。このようなことは，外部と地続きになった市街地のホテルではありえない。市街地のホテルがどれだけ開放的かは，ホテルのロビーを見れば分かる。ロビーでは人の出入りが絶えず，特別な状況でもないかぎり，宿泊者以外の人間が入っても，即追い出されることはない。

　けれども，開放的なイメージの裏で，ホテルは空間を〈領域化〉することに余念がない。事実，ロビーは多くの人が立ち寄れる場でありながら，同質的な客同士が顔を合わせ，ホテルの質や性格を確かめる場にもなる。そこで，ホテルは街や市民や新しい客への開放性と，滞在客や固定客のための閉鎖性を両立させるため，領域を満たす曖昧で柔軟なもの，すなわち雰囲気に依拠する。曖昧で柔軟であれば，領域的な意図を前面に出さずに済むので，効果は高い。

　したがって，ホテルの雰囲気は，形容詞に左右される無色のものではなく，それ自体で意味を持っていると言える。つまり，ホテルにどんな雰囲気があるかではなく，ホテルでは雰囲気がどう働くかが問題なのだ。雰囲気の意味も，固定されたものではなく，ホテル内部の造り，ホテルの客，ホテル外の街に対して，関係的に決まってくる。ただ，そうだからといって，ホテルの雰囲気をどのようにでも構成される相対的なものと考えてはいけない。ホテルの雰囲気は，個々のホテルの歴史や地勢や建築といった背景の上にある。

　最後に，2008年2月に行なったフロントでのインタビューを思い出したい。フロントを訪れた者は突然の訪問者だった。スタッフは，それをどうホテルの領域の中に消化・吸収するか，その手腕が試される。そこには，当然ホテルの方針も投影される。

　〝ボーリヴァージュ〟のスタッフは，ホテルの概要を説明し，写真撮影に対応し，ホテル雑誌を渡すことで，訪問者を領域内で異化しないようにした。〝シゴーニュ〟のスタッフは，逆に訪問者をサロンでの休息に向わせることで，ホテルの領域に取り込んだ。ちなみに〝ノガ・ヒルトン〟を継いだ〝ケンピンスキー〟でもインタビューを試みた。スタッフは質問に応じたが，忙しく，周囲の雑音も大きく，充分に話を聞けなかった。けれども，これも

また，突然の訪問者をホテルの領域に同化させる応対だったのかもしれない。

参考文献

1) Dean MacCANNELL (1976): *The tourist: a new theory of the leisure class*. Macmillan Press, p.21. ディーン・マキァーネル (2012):『ザ・ツーリスト―高度近代社会の構造分析』（安村克己・須藤 廣・高橋雄一郎・堀野正人・遠藤英樹・寺岡伸悟共訳），学文社．
2) 前掲1) の MacCANNELL (1976), p.101.
3) ジョン・アーリ (2003):『場所を消費する』（吉原直樹・大沢善信監訳），法政大学出版局，pp.214-215.
4) ステファン・ブリトン (1999):「ツーリズム，資本，場所―ツーリズムの批判的な地理学に向けて」（畠中昌教・滝波章弘・小原丈明訳），空間・社会・地理思想 4, pp.127-153.
5) Malika HAMZA (2002): «L'hôtel urbain de demain: design et charme». *Cahier Espaces*, no.75, pp.51-58.
6) Robert WERMES (2007): «La formule Club Med: le succès d'un concept qui a su évoluer». *Cahier Espaces*, no.94, pp.10-15.
7) Thierry ORSONI (2007): «Cap vers l'incomparable! La nouvelle stratégie du Club Med». *Cahier Espaces*, no.94, pp.16-20.
8) Le Robert (1985): *Le grand Robert de la langue française*. tome I, Robert, pp.219-221, p.296, p.650.
9) アラン・コルバン (2002):『空と海』（小倉孝誠訳），藤原書店，p.179.
10) アラン・コルバン (2007):『風景と人間』（小倉孝誠訳），藤原書店，pp.9-52.
11) ロバート・サック (1996):「消費者の世界」（神谷浩夫・岩瀬貴之訳），空間・社会・地理思想 1, pp.86-109.
12) エドワード・レルフ (1999):『都市景観の20世紀―モダンとポストモダンのトータルウォッチング』（高野岳彦・神谷浩夫・岩瀬寛之訳），筑摩書房，pp.242-244.
13) José SEYDOUX (1983): *De l'hospitalité à l'accueil: pour une meilleure approche de l'homme par le tourisme*. Delta & Spes, pp.85-91.
14) Elizabeth WILLIAMSON (1990): *Le jet d'eau de Genève: de Cendrillon à la Princesse des contes de fées*. Slatkine, pp.37-44.
15) Giuliano BROGGINI (1985): «L'image des Alpes dans le paysage genevois. Un cas: les alentours de la gare». *Le Globe: Revue Genevoise de Géographie*, t.125, pp.61-77.
16) ヴォルフガング・シヴェルブシュ (1997):『光と影のドラマトゥルギー―20世紀における電気照明の登場』（小川さくえ訳），法政大学出版局，pp.270-291.
17) Jacques MARGAIRAZ (1990): «Beau-Rivage Genève: des guipures de Sissi à la folie de

Richard Cressac». *L'Amphitrium Romand: Magazine Spécialisé de la Gastronomie, de l'Hôtellerie et du Tourisme*, no.17, pp.22-23.

18) Jean DE SENARCLENS, Nathalie VAN BERCHEM et Jean M. MARQUIS (1993): *L'hôtellerie genevoise*. Société des Hôteliers de Genève. p.77.

19) Robert LANQUAR et Robert HOLLIER (1986): *Le marketing touristique*. PUF, pp.62-64.

20) ガストン・バシュラール (1969):『空間の詩学』（岩村行雄訳），思潮社，pp.64-77.

21) クリスチャン・ノルベルグ=シュルツ (1994):『ゲニウス・ロキ―建築の現象学をめざして』（加藤邦男・田崎祐生訳），住まいの図書館出版局．

22) Centre Georges Pompidou (1995): *Quatre murs, une fenêtre: photographies*. Catalogue de l'exposition, p.5.

23) 高階秀爾 (1983):「社会のなかの「ひとつの眼」―アルジャントゥイユのモネをめぐって」，現代思想 11-2, pp.262-273.

24) Jean-Pierre MARTINET et André ODERMATT (1984): *Recherche d'une stratégie commerciale pour les hôtels des grandes villes de Suisse*. Mémoire de licence, Département d'économie commerciale et industrielle, Faculté des SES, Université de Genève, p.36.

25) ダニエル・ブーアスティン (1964):『幻影の時代―マスコミが製造する事実』（星野郁美・後藤和彦訳），東京創元社，p.110.

26) Christophe BARDINI (1991): «Le plus grand établissement de luxe en Suisse». *L'Amphitrium Romand: Magazine Spécialisé de la Gastronomie, de l'Hôtellerie et du Tourisme*, no.26, pp.11-12.

27) ① Jean-Christophe GAY (2000): «Deux figures du retranchement touristique: l'île-hôtel et la zone franche». *Mappemonde*, no.59, pp.10-16. ② Jean-Christophe GAY (2001): «L'île-hôtel, symbole du tourisme maldivien». *Les Cahiers d'Outre-mer*, no.213, pp.26-52.

終　章

広場で練習するアフリカ系の青年達

□ 切り口としての〈領域化〉

　本書は，〈領域化〉を政治・支配・統制の問題に限定させず，多文化に関してもエスニシティやマイノリティの問題だけに関連させないようにして論じてきた。〈領域化〉が本書の切り口であったとすれば，多文化は本書が扱う素材に当たる。

　切り口としての〈領域化〉は，観光・余暇を扱うために本書が考え出したものだ。そこから分かったことを整理してみたい。第一に，境界を挟む二つの領域では，観光・余暇目的の越境行為の意義は非日常的な枠組みで決まり，必ずしも社会の日常的な在り方を表わすものではない。しかしながら，観光・余暇が作る非日常の枠組みには限界点があり，その限界点に至ると社会の構造が再び表出する。第二に，領域の存在を示すために，特定の場所の領域呼称だけが強調されたり，逆に省略されることがある。これは領域アイデンティティの構築に通じる。第三に，ローカルな領域の問題であっても，リージョナルな領域，さらにはグローバルな領域の問題へ誇張化したり，普遍化する動きがある。もちろん誇張化がマイナスの動き，普遍化がプラスの動きとは言えず，いろいろな面がある。第四に，領域を構築する際，場合によっては，色彩や雰囲気といった曖昧で漠然としたものを使うことが効果的になる。領域は可視的な要素から構成されるように思われがちだが，不可視な要素の役割は小さくない。そして第五に，領域を形成するにあたって，取り込まれるものと捨て去られるものが出てくる。しかしながら，捨て去られるものも，完全に無視されるのではなく，その意味や地理的スケールを変えられ，領域の中に収められることもある。

　多文化についても，改めて述べておこう。多文化，正確には多文化主義と言った方がいいが，これは本来ならば，カナダのように，マイノリティの存在や権利を尊重し，多言語表示や多言語教育を推進するような立場を指す。ところが，フランスに見られるのは，立場ではなく，実態としての多文化だ。多様な人々が暮らす場所，ラテン・ゲルマン・イスラムの要素が混じる地域，北海から地中海まで伸びる風土，平坦な北仏も起伏に富んだ南仏も含む大地といった空間には，多くの可視・不可視の境界がある。境界が作る不連続な空間は〈領域化〉しやすい。しかし，〈領域化〉した空間は，地域に

葛藤や軋轢をもたらすとともに，活力や交流も生み出す。そこで本書では，力学を重視するという意味では動態的な視点に基づき，構造に固定されないという意味では流動的な視点に基づき，観光・余暇に見られる多文化な空間を素材として，〈領域化〉の諸相を考察してきた。各章を振り返ってみたい。その際，各章の内容を要約するのではなく，多文化と〈領域化〉の関わりに絞る。

□ パリ郊外からジュネーヴ国境まで

　第一章では，人々やメディアが語るパリ周辺の領域に注目した。パリ周辺の人々にとって，郊外の領域は，環状道の外側というよりも，大型集合団地が広がる空間を指す。また，写真を撮るという行為への反応は，中心か場末かで違い，場末でもエスニック界隈か否かで異なる。

　では，観光メディアはどうか。中心については，歴史や建築に言及するだけの場合が多いが，場末に対しては，多文化な空間や民衆的な雰囲気を評価し，周縁への旅を好ましい観光経験とする。そうなると，多文化性の強まる郊外への越境は，いっそう勧められるように思われるが，実際はそうではない。郊外に入った瞬間，観光言説は多文化で民衆的な雰囲気の評価を止め，現代的な経済活動，新しく流入した中間層，近代的な工業遺産を記述し始める。もっとも，郊外でもブルジョワ地域は，緑豊かで地方的な雰囲気を出す地域として評価される。つまり，環状道の内と外，郊外の戸建て地区と大型団地地区で，〈領域化〉の様相は異なっている。

　また，場末のベルヴィルを舞台とする映像は，多文化な庶民層に焦点を当て，それを都市開発やブルジョワとの対比で描く。ベルヴィルの範囲は曖昧だが，ベルヴィルの呼称が呼び起こすイメージは明瞭で，〈領域化〉された空間を作り出している。エスニックガイドも，異国性を郊外ではなく，場末に見出す。社会地誌の記述は，場末から郊外への越境よりも，郊外から場末への越境の方を自然な移動とする。さらに，ミシュランの観光道路地図では，パリ郊外92県のブルジョワ地域にビューポイントが集まり，移民系の多い93県や94県では，大きな森があっても，ビューポイントは付けられない。マイノリティとの親和性が高いはずのケバブ・サイトでも，掲載ケバブ

店の密度が高いのは多文化で庶民的な地域だが，ケバブ店へのコメント頻度が多いのはパリ市内の裕福な地域が目立つ．ケバブが社会に定着するほど，ケバブは移民系の空間よりも欧州系の空間との関係をとくにメディアの上では強めていく．

このように多文化的なものが評価されるのは，パリという空間内，つまりパリの場末までに限られる．そしてパリの場末は，ほどよい他者性を与えられて，中心性・都市開発・ブルジョワ性・モニュメントに対置される．ただしその場末も，最近では再開発で多文化性を減らし，以前ほど他者的ではなくなった．この現象と連動して，ボヘミアンなブルジョワ層を意味する「ボボ」が場末に関心を抱くようになり，場末はコスモポリタンな場所として商品化されつつある．

観光・余暇において多文化に対する評価が郊外にまで拡がらないのは，パリの市内と郊外が厳然と区分され，それぞれが〈領域化〉しているからだろう．ところが郊外の町でも，例外的に，モントルゥイユはその多文化性ゆえに肯定され，逆にヌイイ＝シュル＝セーヌはそのブルジョワ性ゆえに否定される．これは，パリ的な空間が部分的に環状道から溢れだし，郊外の一部に及んでいるからだと考えられる．そういう意味で，環状道はパリと郊外を分ける絶対的な境界ではない．

第二章では，暴動の激しさとプロサッカー選手の多さで知られるオルネ＝スゥ＝ボワの3000団地を取り上げた．郊外団地シテは移民系の領域とされるが，人々はそのシテをどう捉えているのか，余暇活動のサッカーを中心に探ってみた．

1998年のW杯サッカーで多文化なフランスチームは優勝し，社会統合の見本だと持ち上げられた．ところが，2006年のW杯では，より多文化になったチームが準優勝したにもかかわらず，多文化なフランスに期待する声は激減し，欧州系と移民系の対立が指摘された．実際，マジョリティ側のメディアは，多文化なフランスチームの活躍と民衆の喜びをナショナルな熱い雰囲気として歓迎するように書きながら，同時に移民系中心のつかの間のローカルな現象と論じることで水を差した．一方，シテでは，移民系の地元メディアが団地内の熱い雰囲気を好意的に語り，それがローカルに留まら

ず，フランス全土の熱気に通じているとした。それでも大勢としては，1998年から2006年の間に，多文化という価値観はマジョリティによって社会全体のものから移民系中心のものに縮小されてしまったと言える。

シテ側も，フランスというナショナルな存在に協調的とは限らない。団地内の落書き，インターネットの書き込み，ラップのミュージックビデオを見れば，フランスや欧州的なものへの領域的な反発が分かる。それは，セネガル，モロッコ，アルジェリア，トロッコといったフランス以外の国名に親近感を示し，セーヌ＝サンドニ県，オルネ＝スゥ＝ボワ市，大型郊外団地，アパート区画などの領域にシテ独自の俗称を与える行為に表われている。シテの人々の領域アイデンティティは相当に強いと言える。

移民系と欧州系の対立や乖離は，シテに対して援護的に見えるような場合でさえも，巧妙に組み込まれている。ボンディ・ブログは社会の不公正を取り上げるメディアだが，その記者が欧州系か移民系かで，3000団地を訪問した際の雰囲気の伝え方が異なる。それは，記者個人の感じ方や書き方の差ではなく，記者がいつどこでシテの何を取材するかという事前に準備された行動の差だけに意味が深い。また，3000団地の文化施設カップでは，社会対立の融和や団地の環境向上を目的として，いろいろな催し物が開催されるが，内容や意図，対象者，アクセス方法，プログラムの進め方などによって，移民系と欧州系の時空間が完全に別個のものとして存在することさえある。

こうした中で，フランス的なものとの融和を目指すサッカー関係者が3000団地にいる。サッカーコーチをしているマリ系のイサガ氏で，サッカークラブの指導やフットサルクラブの設立に関わってきた。イサガ氏にとって，3000団地の選手やクラブが，多文化的なのは自明のことであり，むしろ重要なのは，シテにおいてサッカーがどうあるべきかだ。移民系か欧州系かを問わず，メディアによって象徴化されている「ベトン」というサッカー中心地についても，イサガ氏は冷静に，「過去のベトン」と「ベトンのような狭い空間」とを区別する。すなわち前者については，シテの路上サッカー文化を作り上げた場として個別的に捉え，後者についてはフットサルと同じく，狭いスペースでボールを奪い合うなど，現代サッカーのスタイルを

習得する場として一般的に位置づける。さらに言えば，イサガ氏は，3000団地のクラブよりも，コミュンレベルで統一した強力なクラブが誕生することを望んでおり，その姿勢にも，〈領域化〉する空間のスケールをできるだけ大きくしておきたいという考えが見出せる。シテ独自の多文化性を尊重しつつも，シテをフランス社会やグローバル世界の中に普遍化することが，イサガ氏の追求する道だと思われる。

　第三章では，プロヴァンス地方の残丘に立地するセヨンの再生について考察した。セヨンは，観光地の多い南仏の丘上集落の中では無名であり，もちろん「フランスで最も美しい村連合」にも属していない。かといって，余暇と無縁なわけでもない。1950年代までの過疎農村セヨンを1960年代後半以降に生き返らせたのは，建築上の改良と外部の人々の流入だった。ただし，建築上の改良が20世紀初頭のことで間接的な理由であるのに対して，外部の人々の流入は1960年代後半以降で直接的な理由になっている。

　セヨンに来た人々の多くは，プロヴァンス都市部出身の退職者や別荘滞在者だが，村で最も地中海的な景観を残す地区には，デンマーク人やスウェーデン人の別荘がある。昔から住んでいる村人は，別荘を保有する北欧人を，村のアイデンティティと伝統的な建築を壊す存在として反発的に見るが，そうした多文化な人々がいなければ，セヨンの存続は危うかったかもしれない。

　事実，もっと観光地化した丘上集落になると，相当な数の外国人が別荘を持っていたり，退職後の住居を構えたりしている。そうした外国人の出身先は，ベルギー，スイス，ドイツ，オランダ，英国，デンマーク，スウェーデンなど，欧州北部の国々が多い。欧州北部の人々には，太陽が溢れ，青空が広がるような地中海地域という領域への憧れが強い。英国人のピーター・メイルがプロヴァンスの丘上集落を世界的に有名にしたことは事実だが，メイルの借りた家が「マス」と呼ばれる孤立宅の農家で，谷あいにあったことはあまり知られていない。中心集落である丘上集落の方が注目を集める理由は，カフェ・レストラン・ホテル・土産物屋などの観光機能を集めやすいからだけでなく，丘上にある集落の方が魅惑的な地中海農村のイメージに合致するからだろう。メイルが〈領域化〉したのはマスだったのに，観光客が

〈領域化〉したのは丘上集落だったことは，作品やメディアがそのままツーリストの行動を規定するのではないことを示している。

　1960年代から1980年代にかけて，丘上集落の再生に関する研究は多かった。そこでは，農村的な環境に都市的な住民が流入する「都鄙化」の現象が繰り返し指摘された。しかしながら，今日の丘上集落を目の前にすると，地中海的な景観に，欧州北部の人々が流入するという「多文化」化の現象が生じていると言ってもいいのではないか。

　第四章では，ラングドック地方の陸繋島にある港町セットの観光戦略を論じた。1666年の港建設で誕生した町は，歴史的に過去と断裂し，地理的に周囲と隔絶している。セット市当局と観光局は，観光地化を進める中で，この孤立性を領域として利用するようになった。地形的に珍しい陸繋島にあり，運河が張り巡らされた町は，それだけで観光資源を備えているが，さらに観光地化の過程で，取り込むもの，捨て去るものを分けた。

　このことについて，とくに多文化に関わらせて述べれば，セットは，マグレブ的要素やスペイン的要素を切り捨て，イタリア的要素や地中海的要素を抜き出したことになる。セットには，19世紀後半に経済的に困窮していたイタリア南部の漁民が移民として流れ込んだ歴史がある。しかも，そうした移民は，カルチエ=オーと呼ばれる傾斜面地の地区に住み付いた。現在そこは，もはや昔ながらの漁民地区ではないが，それでも地中海を臨む斜面に低層の簡素な家屋が並び，雑然と洗濯物が干されたりしているので，「小ナポリ」と呼ばれる。

　他方，運河が縦横に張り巡らされた港町は，アドリア海に浮かぶヴェネツィアと似たような立地や景観を有している。また1980年代後半に，イタリア視察旅行でカラフルなイタリアの建物を目にした当時のセット市長は，そこから着想を得て，運河沿いと市役所前広場にあったくすんだ家々の壁を，黄色や緑，オレンジ色やバラ色に塗ってカラフルにした。その結果，とくに運河沿いの地区はカラフルな家が水に映え，「小ヴェネツィア」と呼ばれている。

　この他，イタリア移民を生み出したイタリア南部の町との姉妹都市協定や，それを契機としたイタリア祭りの開催など，異文化としての「イタリ

ア」がセットの政策や観光化に次々と取り入れられている。そして，「セット―ナポリ/ヴェネツィア―イタリア―地中海地域―コスモポリタンな世界」という変わった表象の軸が成立する。

　セットの住民は，三分の一がフランス人としてのセット人，三分の一がイタリア系移民，三分の一がマグレブ系移民とされるが，実際はスペイン系移民も少なくない。なぜスペインとマグレブは外され，イタリアだけが強調されるのか。そもそもラングドックはスペイン・カタルーニャ文化の影響の強い地域だが，そうした中でイタリア的な側面を押し出すことは，歴史の浅いセットが場所の特徴を創り出すのに好都合と言える。実際，写真加工によって陸繋島を完全な孤島に変えたり，くすんだ壁をカラフルな壁にしたり，カラフルなロゴを町中に溢れさせることが，なんの躊躇もなくできる町にとって，フランスの中に「イタリア」の領域を作ることは容易だろう。それでも，スペインやマグレブを完全に無視するわけにはいかない。そこで，この二つをより大きな地中海地域に吸収させ，コスモポリタンという無国籍性に変えてしまうのだ。

　第五章では，大きな境界である国境の問題を扱った。国境線が走るジュヌヴォワ地域は，多言語を認めるスイスの中でも国際性が際立って高いジュネーヴと，多文化なフランスの辺境ではあるものの多様な人々が暮らす近隣フランスから構成されている。

　多くの観光研究が述べるように，日常生活圏を離れ，ある境界線を越えて非日常的な別世界を味わうことは，観光の動機の一つだろう。そうならば，国境間地域では観光目的の越境移動が頻繁に見られるはずだ。そしてまた，国境間地域のメディアは越境行動を観光経験として積極的に提示するはずだ。

　しかし，ジュヌヴォワ地域を扱うメディアでは，国境を越える移動が観光行動として宣伝されることはまずないし，実態として国境付近の場所が観光地化していることもない。むしろ越境する人には，近隣フランスに居住し，ジュネーヴへ通勤するフロンタリエが多く，国境付近の特徴的な景観は国境税関や国境警備隊によって代表される。そのフロンタリエにしても，仕事をしている間はジュネーヴに通っても，退職後はフランスだけに生活圏を限る

ことも少なくない。

　確かに，ジュネーヴ人はレクリエーション目的で近隣フランスに越境し，近隣フランスの人々は嗜好品の買物や演劇・音楽会の鑑賞のためにジュネーヴ中心街へ越境する。このように，それぞれがレジャー的な意味合いを持って国境を越えていることは間違いない。しかしながら，ジュネーヴ人にとっては，越境自体ではなく，サレーヴ山などの自然環境を体感することが重要なのであり，また近隣フランスのフランス人にとっても，越境行為ではなく，ジュネーヴ中心街こそが魅力を作り出している。

　ただし，ジュネーヴ中心街と近隣フランスを，パリと郊外のような関係で捉えるのは適切でない。そもそも，ジュネーヴはジュヌヴォワ地域でこそ中心地だが，スイス連邦にあっては辺境の地だ。一方，近隣フランスはフランス国内では周縁の土地だが，近隣フランスの背後にあるフランスという国は欧州の中心を占める。さらに，ジュネーヴは自地域中心の視点でフランスを「近隣フランス」と呼ぶが，フランスもまた，「エルムート」の一件に見出せるように，ジュネーヴをスイス内のマジョリティである独語圏スイスと同一視し，ジュネーヴ人を独語圏スイス人と同列に捉える。しかもジュネーヴと近隣フランスは，買物行動，通勤移動，住居購入などにおいて複雑な流動を示し，相互補完的な関係にある。したがって，パリと郊外のような関係に置かれているわけではない。

　では，現実は国際的で多文化なジュヌヴォワ地域において，多文化性はどのような点で強調されるのだろうか。その一例はカルージュの町だ。もともとカルージュは，プロテスタントのジュネーヴ共和国ではなく，カトリックのサヴォワ公国を継承するサルディニア王国の領域にあったので，街の景観はピエモンテ風で，文化的にもカトリックの要素を含んでいる。ジュネーヴ人は，ジュネーヴ州内にあるこの町を，多少イタリア風の異文化的な場所として肯定的に捉える。けれども，同時にジュネーヴ人は，近隣フランスのアンヌマスにできる予定のモスクを，ジュネーヴの近くにできる異文化の宗教施設であるかのように批判的に受け取る。今やジュヌヴォワ地域では，カトリックとプロテスタントの違いよりも，キリスト教とイスラム教の違いの方が大きい。それは「多文化」化が進んだ証拠だが，同時に空間の〈領域化〉

も対立的な形で深まっていることを示す．2002 年のスイス=EU 二国間協定による移動の自由化も，かえってフランスとジュネーヴの緊張を高めている部分がある．国境は透過的なときよりも，障壁となって諸領域が相互に相手が持っていないものを提供しあえるときこそ融合的になると，逆説的に言えるのではないか．

　第六章では，レマン湖岸のジュネーヴ市街地に立地するホテルの微細な〈領域化〉戦略に焦点を当てた．とくに，19 世紀開業の伝統ある〝ボーリヴァージュ〟，国際資本が経営する大型チェーンの〝ノガ・ヒルトン〟，小さいが個性的なデザインを持つ〝シゴーニュ〟の三軒を比較した．

　これら三軒のホテルは，館内の同質性を高め，空間的な管理を強固にするために，雰囲気という曖昧で漠然としたものを用いる．が，ここでは，各ホテルが創出する雰囲気に，どういった形で，国際的なもの，多文化的なもの，そして異文化的なものが反映されているかを振り返る．

　〝ボーリヴァージュ〟は，ホテルの姿勢を可視化するため，ジュネーヴ州旗だけを建物の屋上に高々と揚げる．それとともに，オーストリア皇妃シシィにまつわる悲劇的な出来事に言及し，近隣フランスのサレーヴ山が眺められることを強調し，フランスからフランス料理のシェフを招いていることを説明する．したがって，ジュネーヴというローカルな場所に軸を置きつつも，フランスやオーストリアとの結び付きもあることを示している．〝ボーリヴァージュ〟は，ローカリズムとコスモポリタニズムという両極を調合するホテルと考えられる．

　〝ノガ・ヒルトン〟は，設備が充実していることを前面に出す．このホテルは，「小さな町」という言い方が示すように，街中のような賑わいを重視する．しかし，その「小さな町」は「小アメリカ」であって，「小ジュネーヴ」ではない．〝ノガ・ヒルトン〟にとって，ジュネーヴは重要ではなく，アメリカを中心としたグローバルな次元が目標とされる．その証拠に，ホテルが正面に出す旗は，ヒルトングループの社旗，ジュネーヴ州旗，スイス国旗，EU 旗の四本であり，国際資本と EU という大きな空間スケールのものが半分を占める．

　〝シゴーニュ〟はスイス的な内装を取り入れたり，フランス発祥のホテル

連盟に所属していることを自負する。建物は，商業地区の広場において，他の建物の間に埋もれるようにして立っている。その姿は，ホテルというより，大きめの家と言ってよく，館内に入ると，ロビーの暖炉がいっそう家らしいイメージを客に植え付ける。ホテルの玄関上に掲げられるのは，スイス国旗，ジュネーヴ州旗，フランスのルレ＆シャトー旗，スイス・レストラン協会旗であって，地理的な領域の旗とホテル＝レストラン協会の旗が半々になっている。

□ 多文化と〈領域化〉

　以上のように，本書ではパリ，ミディ，ジュヌヴォワを対象として多文化と〈領域化〉の様相を見てきた。最後に，両者の関わりについて，簡潔にまとめておきたい。

　多民族を抱えるフランスはもともと多文化主義を共同体主義として拒否し，多言語主義を採るスイスにおいても近年は多文化主義に対する疑問が出ている。しかし，フランスもスイスも多文化な現実から目を逸らすことはできない。もちろん，古い国民国家に戻ることもできない。そこで，多文化に付随する領域的な側面を排除して，境界の無い普遍的なコスモポリタニズムを表明するという方法が考えられる。各章を通して，多文化主義の代わりにコスモポリタニズムの語がところどころに出てきたように思う。それは，多様な領域が混在する多文化主義でもなく，かといって伝統や文化を無視する新自由主義でもない。

　けれども，コスモポリタニズムもまた，多文化的なものを混交文化のイメージで商品化し，場所の個性や多様性を消滅させてしまう。領域があってこそ，人々は文化を維持し，地域を形成できるのではないか。空間の〈領域化〉をナショナリズムに還元することなく，しかし新自由主義によって領域を無化するような方向に進めるのでもなく，また狭い場所で完結する共同体主義に引き返すのでもなく，かといって非現実なコスモポリタニズムを目指すのでもなく，領域を尊重しつつ，領域を自由に越えるような発想や感覚，行動や経験が求められている。

仏語圏地名リスト

各章の仏語圏地名を「カナ（地域）仏語 … 掲載章」で示した。「0」は序章。カナは現地発音に近づけたが、日本語として定着している場合はそれを優先した。また、仏語では冒頭の冠詞は除いて地名を「-」で結ぶが、本書のカナでは冠詞も含めて「=」で結んだ。

[ア行]

アスピラン=エルベール河岸通り（セット）le quai Aspirant-Herber … 4
アヌシィ（74県）Annecy … 5
アルヴ川（74県＋ジュネーヴ州）l'Arve … 5
アルクゥイユ（94県）Arcueil … 1
アルザス地方/地域圏（北フランス）l'Alsace … 0
アルジャン川（83県）l'Argens … 3
アルデッシュ県/07県（南フランス）le département de l'Ardèche … 6
アルフォールヴィル（94県）Alfortville … 1
アルプ=マリティム県/06県（南フランス）le département des Alpes-Maritimes … 3
アルプス（北フランス＋南フランス＋スイス・ロマンド）les Alpes … 5
アン県/01県（北フランス）le département de l'Ain … 5
アンギャン=レ=バン（95県）Enghien-les-Bains … 1
アンティーブ（06県）Antibes … 0
アンティル（フランス海外領土）les Antilles … 1, 2
アンヌマス（74県）Annemasse … 0, 5
アンヌマス郡（74県）le canton d'Annemasse … 5
アンリ=バルビュス通り（ラ=クルヌーヴ）l'avenue Henri-Barbusse … 2
アンリ=プルシャス通り（イヴリ=シュル=セーヌ）la rue Henri-Pourchasse … 1
アンリ=マティス通り（オルネ=スゥ=ボワ）la rue Henri-Matisse … 2

イヴリィ港湾地区（イヴリィ=シュル=セーヌ）le quartier Ivry-Port … 1
イヴリィ=シュル=セーヌ（94県）Ivry-sur-Seine … 1
イヴリィ通り（パリ13区）l'avenue d'Ivry … 1
イヴリンヌ県/78県（北フランス）le département des Yvelines … 1
イギリス公園（ジュネーヴ）le jardin Anglais … 6
イシィ=レ=ムリノ（92県）Issy-les-Moulineaux … 1
イタリー通り（パリ13区）l'avenue d'Italie … 1
イタリー広場（パリ13区）la place d'Italie … 1
イル=ド=フランス地方/地域圏（北フランス）l'Île-de-France … 0, 1, 2
イルの中州（ジュネーヴ）l'Île … 6

ヴァール県/83県（南フランス）le département du Var … 3
ヴァル=ディゼール（74県）Val-d'Isère … 5
ヴァル=ド=マルヌ県/94県（北フランス）le département du Val-de-Marne … 1, 2

ヴァル=ドワーズ県／95県（北フランス）le département du Val-d'Oise … 1, 2
ヴァレ街道（アンヌマス）la route des Vallées … 5
ヴァレ州（スイス・ロマンド）le canton du Valais … 5
ヴァンヴ（92県）Vanves … 1
ヴァンセンヌ（93県）Vincennes … 1
ヴァンセンヌの森（75県）le bois de Vincennes … 1
ヴィクトワール広場（パリ1＋2区）la place des Victoires … 1
ヴィラレ=ジョワイユーズ通り（セット）la rue Villaret-Joyeuse … 4
ヴィリエ=ル=ベル（95県）Villiers-le-Bel … 2
ヴィルゥールバンヌ（69県）Villeurbanne … 1
ウィルソン波止場（ジュネーヴ）le quai Wilson … 6
ヴィルパント（93県）Villepinte … 2
ヴィル=ダヴレ（92県）Ville-d'Avray … 1
ヴィル=ラ=グラン（74県）Ville-la-Grand … 5
ヴィレット・ドック（パリ19区）le bassin de la Villette … 1
ヴェール=ギャラン地区（トランブレ=アン=フランス）le quartier du Vert-Galant … 2
ヴェズナ地区（コロンジュ＋コロンジュ=ベルリーヴ）Vésenaz … 5
ヴェニスュー（69県）Vénissieux … 2
ヴェリエ（ジュネーヴ州）Veyrier … 5
ヴェリエ国境税関（74県＋ジュネーヴ州）la douane de Veyrier … 5
ヴェリズィ=ヴィラクブレ（92県）Vélizy-Villacoublay … 1
ヴェルサイユ（78県）Versailles … 1
ヴェルニエ（ジュネーヴ州）Vernier … 5
ヴォー州（スイス・ロマンド）le canton de Vaud … 5
ヴォクリューズ県／84県（南フランス）le département du Vaucluse … 3, 4
ヴォワロン山（74県）les Voirons … 5
海辺の墓地（セット）le Cimetière Marin … 4
ヴュアシュ山（74県）le Vuache … 5
ヴロ（13県）Velaux … 3

エヴィアン（74県）Évian-les-Bains … 3
エズ（06県）Èze … 3
エソンヌ県／91県（北フランス）le département de l'Essonne … 2
エタン団地（オルネ=スゥ=ボワ）la cité des Étangs … 2
エタン=ド=ベール地域（13県）l'Étang de Berre … 3
エドガー=ドゥガ通り（オルネ=スゥ=ボワ）la rue Edgard-Degas … 2
エトランビエール（74県）Étrembières … 5
エパニィ（74県）Épagny … 5
エマウス団地（オルネ=スゥ=ボワ）la cité Emmaüs … 2
エロー県／34県（南フランス）le département de l'Hérault … 4

オーヴィーヴ界隈（ジュネーヴ）le quartier des Eaux-Vives … 5
オーヴェルニュ地方（南フランス）l'Auvergne … 4

オート本通り（セット）la Grande rue Haute … 4
オート=サヴォワ県／74県（北フランス）le département de la Haute-Savoie … 5
オー=ド=セーヌ県／92県（北フランス）le département des Hauts-de-Seine … 1, 2
オギュスト=ルノワール通り（オルネ=スゥ=ボワ）la rue Auguste-Renoir … 2
オバーニュ（13県）Aubagne … 3
オベルヴィリエ（93県）Aubervilliers … 1
オベルヴィリエ通り（パリ18＋19区）la rue d'Aubervilliers … 1
オベルカンプフ通り（パリ11区）la rue Oberkampf … 1
オランピアード地区（パリ13区）le quartier des Olympiades … 1
オルネ=スゥ=ボワ（93県）Aulnay-sous-Bois … 0, 1, 2

[カ行]
ガイヤール（74県）Gaillard … 5
カイユの丘（パリ13区）la Butte-aux-Cailles … 1
カシス（13県）Cassis … 2
カション（93県）Cachan … 2
カビリア（アルジェリア）la Kabylie … 0
カブリエス（13県）Cabriès … 3
カラ街道（プルザンジュ）la route de Carra … 5
カラ国境税関（74県＋ジュネーヴ州）la douane de Carra … 5
カラのアモ（プルザンジュ）le hameau de Carra … 5
カルージュ（ジュネーヴ州）Carouge … 5
カルチエ=オー（セット）le Quartier Haut … 4
カルチエ=ラタン（パリ5＋6区）le Quartier Latin … 0
ガレンヌ通り（セット）la rue Garenne … 4
ガロンヌ川（南フランス）la Garonne … 4
カン（14県）Caen … 0, 2
カンヌ（06県）Cannes … 1

ギアナ（フランス海外領土）la Guyane … 2
北地区（オルネ=スゥ=ボワ）le quartier Nord … 2
旧市街（ジュネーヴ）la Vieille Ville … 5, 6
境界石の小道（プルザンジュ）le chemin des Bornes … 5
共和国広場（パリ3＋10＋11区）la place de la République … 1
近隣フランス（01県＋74県）la France voisine … 5

グアドルプ（フランス海外領土）la Guadeloupe … 1, 2
グット=ドール界隈（パリ18区）le quartier de la Goutte-d'Or … 0, 1
グニョン（71県）Gueugnon … 2
グラン=サレーヴ山（74県＋ジュネーブ州）le Grand Salève … 5
クリシィ=シュル=セーヌ（92県）Clichy-sur-Seine … 1
クリシィ=スゥ=ボワ（93県）Clichy-sous-Bois … 2
グリニィ（91県）Grigny … 2

クリューズ（74県）Cluses … 5
グルネル界隈（パリ15区）le quartier de Grenelle … 2
グルノーブル（38県）Grenoble … 0
クレテイユ（94県）Créteil … 0, 1
グロ=ソル団地（オルネ=スゥ=ボワ）la cité du Gros-Saule … 2

ケベック（カナダ）le Québec … 0

コート=ダジュール地方（83県＋06県）la Côte-d'Azur … 0, 3, 4, 5, 6
コート=ドール地方（21県）la Côte-d'Or … 0
コルシカ島（南フランス）la Corse … 4
ゴルド（84県）Gordes … 3
コルニエール国境税関（74県＋ジュネーヴ州）la douane de Cornières … 5
コルニヨン=コンフ（13県）Cornillon-Confoux … 3
コロニィ（ジュネーヴ州）Cologny … 5
コロンジュ=ベルリーヴ（ジュネーヴ州）Collonge-Bellerive … 5
コロンジュ=ラ=ルージュ（19県）Collonges-la-Rouge … 4
コントレスカルプ広場（パリ5区）la place de la Contrescarpe … 1

[サ行]
サヴォヌリィ橋（セット）le pont de la Savonnerie … 4
サヴォワ地方（北フランス＋南フランス）la Savoie … 0, 5, 6
サルセル（95県）Sarcelles … 1
サレーヴ山（74県＋ジュネーブ州）le Salève … 5, 6
サンクレール山（セット）le Mont Saint-Claire … 4
サンジェルマン=デ=プレ界隈（パリ6区）le quartier Saint-Germain-des-Prés … 0, 1
サンジェルヴェ（74県）Saint-Gervais-les-Bains … 5
サンジャシャリ（83県）Saint-Zacharie … 3
サンジャン=ド=ゴンヴィル（01県）Saint-Jean-de-Gonville … 5
サンジュリアン（74県）Saint-Julien-en-Genevois … 5
サンジュリアン郡（74県）le canton de Saint-Julien-en-Genevois … 5
3000団地／3000地区（オルネ=スゥ=ボワ）la cité des 3000 / le quartier des 3000 … 1, 2
サントゥアン（93県）Saint-Ouen … 1
サンドニ（93県）Saint-Denis … 1, 2
サンドニ運河（パリ19区＋オベルヴィリエ）le canal Saint-Denis … 1
サントロペ（83県）Saint-Tropez … 0
サンマクシマン（83県）Saint-Maximin-la-Sainte-Baume … 3
サンマンデ（94県）Saint-Mandé … 1
サンルイ島（パリ4区）l'île Saint-Louis … 1
サンルイ防波堤（セット）le môle Saint-Louis … 3

ジェクス（01県）Gex … 5
ジェクス郡（01県）le canton de Gex … 5

ジェクス地方（01県）le pays de Gex … 5
ジェネラル=ギザン湖岸通り（ジュネーヴ）le quai du Général-Guisan … 6
ジェネラル=デュラン河岸通り（セット）le quai du Général-Durand … 4
シエルヌのアモ（ヴェリエ）le hameau de Sierne … 5
シェンヌ=トネ（ジュネーヴ州）Chêne-Thônex … 5
シェンヌ=ブール（ジュネーヴ州）Chêne-Bourg … 5
シャトー=ルージュ界隈（パリ18区）le quartier Château-Rouge … 1
シャトネ=マラブリィ（92県）Châtenay-Malabry … 1
シャブレ地域（74県）le Chablais … 5
シャモニー（74県）Chamonix … 5
シャルル=ドゴール橋（パリ13＋12区）le pont Charles-de-Gaulle … 1
シャロントン=ル=ポン（94県）Charenton-le-Pont … 1
シャロンヌ界隈（20区）le quartier de Charonne … 1
シヤン（83県）Sillans … 3
シャンゼリゼ通り（パリ8区）l'avenue des Champs-Élysées … 1, 2
ジャン=ピエール=タンボー通り（パリ11区）la rue Jean-Pierre-Timbaud … 1
ジョンティイ（94県）Gentilly … 1
ションペル界隈（ジュネーヴ）le quartier de Champel … 5
ジュアン=レ=パン（06県）Juan-les-Pins … 0
11月11日通り（オルネ=スゥ=ボワ）la rue du 11-Novembre … 2
ジュヌヴォワ地域（ジュネーヴ州＋74県＋01県）le Genevois … 0, 5
ジュヌヴォワ・オー=サヴァイヤール地域（ジュネーヴ州＋74県）
　　　le Genevois haut-savoyard … 5
ジュネーヴ（ジュネーヴ州）Genève … 0, 5, 6
ジュネーヴ湖（スイス・ロマンド）le lac de Genève … 5
ジュネーヴ州（スイス・ロマンド）le canton de Genève … 0, 5
ジュネーヴ通り（トネ＋ガイヤール）la rue de Genève … 5
ジュネーヴ盆地（ジュネーヴ州＋74県＋01県）le bassin de Genève … 5
ジュラ山地（01県）le Jura … 5
ジュリアン=ラクロワ通り（パリ20区）la rue Julien-Lacroix … 1

ストラスブール（67県）Strasbourg … 0

セーヌ川（北フランス）la Seine … 1
セーヌ=エ=マルヌ県／77県（北フランス）le département de la Seine-et-Marne … 1, 2
セーヌ=サンドニ県／93県（北フランス）le département de la Seine-Saint-Denis … 1, 2
セヴラン（93県）Sevran … 2
セット（34県）Sète … 0, 4
セット運河（セット）le canal de Sète … 4
セブ階段（セット）l'escalier de Cèbe … 4
セヤン（83県）Seillans … 3
セヨン=スルス=ダルジャン（83県）Seillons-Source-d'Argens … 0, 3
セルヴェット界隈（ジュネーヴ）le quartier de la Servette … 5

ソー（92県）Sceaux … 1
ソー公園（ソー）le parc de Sceaux … 1
ソショー（25県）Sochaux … 2
ソフロワ通り（パリ17区）la rue Sauffroy … 1

[タ行]
ダゲール通り（パリ14区）la rue Daguerre … 1

チュイルリー公園（パリ1区）le jardin des Tuileries … 1

ディヴォンヌ=レ=バン（01県）Divonne-les-Bains … 5
ティール通り（ジュネーヴ）la rue du Tir … 5
デノワイエ通り（パリ20区）la rue Dénoyez … 1
テルタス通り（ジュネーヴ）la rue de la Tertasse … 5

トー湖（34県）l'étang de Thau … 4
トー地域（34県）le pays de Thau … 4
トゥーロン（83県）Toulon … 0, 3
ドゥグレ=ド=プル連絡路（ジュネーヴ）le passage des Degrés-de-Poules … 5
ドゥドヴィル通り（パリ18区）la rue Doudeauville … 1
ドゥフォ広場（アンヌマス）la place Jean-Deffaugt … 5
トゥルーズ（31県）Toulouse … 0, 2, 4
トゥレット=シュル=ルゥ（06県）Tourrettes-sur-Loup … 3
トネ（ジュネーヴ）Thônex … 5
トノン=レ=バン（74県）Thonon-les-Bains … 5
ドラギニャン（83県）Draguignan … 3
ドランシィ（93県）Drancy … 2
トランブレ=アン=フランス（93県）Tremblay-en-France … 2
トレーズ=アルブル（コロンジュ=スゥ=サレーヴ）les Treize Arbres … 5
トロワネ（ジュネーヴ州）Troinex … 5
ドンフェール界隈（パリ14区）le quartier Denfert-Rochereau … 1

[ナ行]
ナンテール（92県）Nanterre … 1
ナント（44県）Nantes … 0
ナルボンヌ（11県）Narbonne … 4

ニース（06県）Nice … 0, 3, 4, 6
ニヨン（ヴォー州）Nyon … 5
ニヨン地区（ヴォー州）le district de Nyon … 5

ヌーヴ広場（ジュネーヴ）la place Neuve … 5
ヌイイ=シュル=セーヌ（92県）Neuilly-sur-Seine … 1

ヌフ橋（パリ1＋6区）le pont Neuf … 1

ネルソン=マンデラ橋（イヴリィ=シュル=セーヌ＋シャロントン）
　　les ponts Nelson-Mandela … 1

ノール地方（北フランス）le Nord … 2, 4

[ハ行]
　パイエルヌ（ヴォー州）Payerne … 5
　パキ界隈（ジュネーヴ）le quartier des Pâquis … 6
　パキ防波堤（ジュネーヴ）la jetée des Pâquis … 5, 6
　バスク地方（南フランス）le pays Basque … 0
　バスティーユ広場（パリ4＋11＋12区）la place de la Bastille … 1, 2
　バスティア（2B県）Bastia … 4
　バス=プロヴァンス地方（南フランス）la Basse-Provence … 3
　バニョレ（93県）Bagnolet … 1
　バラ通り（モントルゥイユ）la rue Bara … 1
　バラニィ団地（オルネ=スゥ=ボワ）la cité Balagny … 2
　パリ（75県）Paris … 0, 1, 2, 3, 4, 5, 6
　パリ通り（シャロントン）la rue de Paris … 1
　パリ通り（モントルゥイユ）la rue de Paris … 1
　パリのアモ（セヨン=スルス=ダルジャン）le hameau de Paris … 3
　バリエール通り（ジュネーヴ）la rue des Barrières … 5
　バルジェム（83県）Bargème … 3
　バルビゾン（77県）Barbizon … 6
　バルブラン地区（セヨン=スルス=ダルジャン）le Barbourin … 3
　バルブラン広場（セヨン=スルス=ダルジャン）la place Barbourin … 3
　バルベス界隈（パリ18区）le quartier de Barbès … 1
　パレ=ロワイヤル界隈（パリ1区）le quartier du Palais-Royal … 1
　パンタン（93県）Pantin … 1

　ピエラ=ボシェ国境税関（74県＋ジュネーヴ州）la douane de Pierre-à-Bochet … 5
　ビオット（06県）Biot … 3
　ピガール界隈（パリ9＋18区）le quartier Pigalle … 1
　ビュット=ルージュ団地（シャトネ=マラブリィ）la cité de la Butte-Rouge … 1
　ピレネー（南フランス）Les Pyrénées … 0

　ブール=ド=フール広場（ジュネーヴ）la place du Bourg-de-Four … 5
　フィランジュ（74県）Fillinges … 5
　フェット広場（パリ19区）la place des Fêtes … 1
　フェルナン=ダヴィッド通り（ヴィル=ラ=グラン）la rue Fernand-David … 5
　フェルネ（01県）Ferney-Voltaire … 5
　フェルネ郡（01県）le canton de Ferney-Voltaire … 5

フォク=サンフゥ（83県）Fox-Amphoux … 3
フォシニィ地域（74県）le Faucigny … 5
フォブール=サンドニ通り（パリ10区）la rue du Faubourg Saint-Denis … 1
フォロン川（74県＋ジュネーヴ州）le Foron … 5
フォンテヌブローの森（77県）la forêt de Fontainebleau … 6
ブッシュ=デュ=ローヌ県 / 13県（南フランス）
　　le département des Bouches-du-Rhône … 3
プティ=イヴリィ地区（イヴリィ=シュル=セーヌ）le quartier du Petit-Ivry … 1
プティ=カラ（プルザンジュ）le Petit-Carra … 5
プティ=サレーヴ山（74県＋ジュネーヴ州）le Petit Salève … 5
プティット=エキュリ通り（パリ10区）la rue des Petites-Écuries … 1
ブランキ団地（ボンディ）la cité Blanqui … 2
フランドル通り（パリ19区）l'avenue de Flandre … 1
プランパレ（ジュネーヴ）Plaine de Plainpalais … 5
プリエール（83県）Pourrières … 3
フリブール（フリブール州）Fribourg … 5
プルザンジュ（ジュネーヴ州）Presinge … 5
ブルゴーニュ地方 / 地域圏（北フランス）la Bourgogne … 0
ブルターニュ地方 / 地域圏（北フランス）la Bretagne … 0, 4
プレヴサン（01県）Prévessin … 5
プレザンス=ペルヌティ界隈（パリ14区）le quartier Plaisance-Pernety … 1
ブローニュの森（75県）le bois de Boulogne … 1
ブローニュ=ビヨンクール（92県）Boulogne-Billancourt … 1
プロヴァンス地方（南フランス）la Provence … 0, 3, 4

ベェ（07県）Baix … 6
ベビー・プラージュ（ジュネーヴ）Baby Plage … 5
ペヨン（06県）Peillon … 3
ベルヴィル大通り（パリ11＋20区）le boulevard de Belleville … 1
ベルヴィル界隈（パリ20区）le quartier de Belleville … 0, 1
ベルヴィル通り（パリ19＋20区）la rue de Belleville … 1
ベルガルド（01県）Bellegarde-sur-Valserine … 5
ベルグ河岸通り（ジュネーヴ）le quai des Bergues … 6
ペルピニャン（66県）Perpignan … 4, 5
ペリフェリック環状道（75県）le Périphérique / le Boulevard périphérique … 0, 1

ボセ（74県）Bossey … 5
ボニエ通り（パリ14区）la rue Beaunier … 1
ボニュゥ（84県）Bonnieux … 3
ボビニィ（93県）Bobigny … 1, 2
ボルドー（33県）Bordeaux … 0
ポルト=デ=リラ（パリ19＋20区）la porte des Lilas … 1
ポルト=ド=フランス広場（ガイヤール）la place de la Porte-de-France … 5

ポルト=ド=モントルゥイユ（パリ20区）la porte de Montreuil … 1
ポルト=ドルレアン（パリ14区）la porte d'Orléans … 1
ボルム=レ=ミモザ（83県）Bormes-les-Mimosas … 3
ポロンソー通り（パリ18区）la rue Polonceau … 1
ポワソニエ通り（パリ18区）la rue des Poissonniers … 1
ポワント=クルト地区（セット）la Pointe Courte … 4
ボンディ（93県）Bondy … 2
ポンピドゥ広場（パリ4区）la place Georges-Pompidou … 0
ボンヌイユ=シュル=マルヌ（94県）Bonneuil-sur-Marne … 1
ボンヌヴィル（74県）Bonneville … 5

[マ行]
摩天楼地区（ヴィルゥールバンヌ）les Gratte-ciel … 1
マラコフ（92県）Malakoff … 1
マリオ=ルスタン本通り（セット）la grand'rue Mario-Roustan … 4
マルセイユ（13県）Marseille … 0, 2, 3, 4
マルチニク（フランス海外領土）la Martinique … 1
マルヌ川（北フランス）la Marne … 1
マレ界隈（パリ3＋4区）le quartier du Marais … 0, 1
マンゲット団地（ヴェニスュー）la cité des Minguettes … 2
マントン（06県）Menton … 4, 6

ミディ運河（南フランス）le canal du Midi … 4
ミュエット団地（ドランシィ）la cité de la Muette … 1
ミルミル団地（オルネ=スゥ=ボワ）la cité des 1000-1000 … 2

ムジェーヴ（74県）Megève … 5
ムフタール通り（パリ5区）la rue Mouffetard … 1
ムラン（77県）Melun … 2
ムラン通り（セット）la rue du Moulin … 3

メゾン=ラフィット（78県）Maisons-Laffitte … 1
メニルモントン界隈（パリ20区）le quartier de Ménilmontant … 1
メニルモントン広場（パリ20区）la place de Ménilmontant … 1
メネルブ（84県）Ménerbes … 4
メラン（ジュネーヴ州）Meyrin … 5
メリジエ団地（オルネ=スゥ=ボワ）la cité des Merisiers … 2

モニデ国境税関（74県＋ジュネーヴ州）la douane de Mon-Idée … 5
モヌティエ=モルネ（74県）Monnetier-Mornex … 5
モワルシュラ国境税関（74県＋ジュネーヴ州）
　　la douane de Moëllesulaz（仏）/ Moillesulaz（瑞）… 5
モントルー（ヴォー州）Montreux … 6

モントルゥイユ（93県）Montreuil … 1
モンパルナス大通り（パリ 6 + 14 区）le boulevard du Montparnasse … 1
モンパルナス界隈（パリ 14 区）le quartier du Montparnasse … 0, 1
モンブラン河岸通り / 波止場（ジュネーヴ）le quai du Mont-Blanc … 6
モンブラン山（74 県）le Mont-Blanc … 0, 5, 6
モンプリエ（34 県）Montpellier … 4
モンマルトルの丘（パリ 18 区）la butte Montmartre … 1
モンモランシィ（95 県）Montmorency … 1
モンリュソン（03 県）Montluçon … 4
モンルージュ（92 県）Montrouge … 1
モンルポ公園（ジュネーヴ）le parc Mon-Repos … 6
モンロン山（01 県）le Montrond … 5

[ヤ行 / ラ行]
4000 団地（ラ=クルヌーヴ）la cité des 4000 … 2

ラ=ヴェルリ地区（セヨン=スルス=ダルジャン）La Verrerie … 3
ラ=ガスク地区（セヨン=スルス=ダルジャン）La Gasque … 3
ラ=カステランヌ地区（マルセイユ）la cité de la Castellane … 2
ラ=クリュザ（74 県）La Clusaz … 5
ラ=クルヌーヴ（93 県）La Courneuve … 0, 1, 2
ラ=グロンジュ公園（ジュネーヴ）le parc de La Grange … 6
ラ=プレンヌ地区（サンドニ）La Plaine … 1
ラ=ロッシュ=シュル=フォロン（74 県）La Roche-sur-Foron … 5
ラコスト（84 県）Lacoste … 3
ラングドック地方（南フランス）le Languedoc … 0, 3, 4, 5
ランシィ（ジュネーヴ州）Lancy … 5

リール（59 県）Lille … 0, 4
リオン湾（南フランス）le golfe du Lion … 4
リケ通り（パリ 19 区）la rue Riquet … 1
リベルテ広場（ヴィル=ラ=グラン）la place de la Liberté … 5
リムザン地方（南フランス）le Limousin … 4
リュ=バス界隈（ジュネーヴ）le quartier des Rues Basses … 5, 6
リュクサンブール公園（パリ 6 区）le jardin du Luxembourg … 1
リュブロン山地（84 県）le massif du Luberon … 4
リヨン（69 県）Lyon … 0, 1, 2, 5
リラ（93 県）Lilas … 1

ル=カステレ（83 県）Le Castellet … 3
ル=クレムラン=ビセートル（94 県）Le Kremlin-Bicêtre … 1
ル=シャーブル（74 県）Le Châble … 5
ル=ジョンキエ地区（セヨン=スルス=ダルジャン）Le Jonquier … 3

ル=パレ地区（クレテイユ）Le Palais … 1
ル=プレ=サンジェルヴェ（93県）Le Pré-Saint-Gervais … 1
ル=ブラン=メニル（93県）Le Blanc-Mesnil … 2
ルアーヴル（76県）Le Havre … 0
ルヴァロワ=ペレ（92県）Levallois-Perret … 1
ルシヨン（84県）Roussillon … 3, 4
ルソー島（ジュネーヴ）l'île Rousseau … 6
ルルマラン（84県）Lourmarin … 3

レ=ボー=ド=プロヴァンス（13県）Les Baux-de-Provence … 6
レアール界隈（パリ1区）le quartier des Halles … 1
レオン=ブルム広場（セット）la place Léon-Blum … 4
レニエ（74県）Reignier … 5
レマン湖（74県＋ジュネーヴ州＋ヴォー州＋ヴァレ州）le lac Léman … 0, 5, 6
レンヌ（35県）Rennes … 2

ローザンヌ（ヴォー州）Lausanne … 2, 5
ローズ=デ=ヴォン地区（オルネ=スゥ=ボワ）le quartier de la Rose-des-Vents … 2
ローヌ=アルプ地方／地域圏（北フランス）le Rhône-Alpes … 5
ローヌ川（北フランス＋南フランス）le Rhône … 3, 5, 6
ローヌ河谷（北フランス＋南フランス）la vallée du Rhône … 3
ロベール=ウィッチ通り（イヴリィ=シュル=セーヌ）la rue Robert-Witchitz … 1
ロマンヴィル（93県）Romainville … 1
ロリアン（56県）Lorient … 2
ロリス（84県）Lauris … 3
ロワイヤル運河（セット）le Canal Royal … 4
ロワシー=アン=フランス（95県）Roissy-en-France … 2
ロンジュマル広場（ジュネーヴ）la place Longemalle … 6

　　　　　　　あ と が き

　本書のカバーを飾る写真について，少しばかり説明しておきたい。横長の三枚のカラー写真のことだ。
　上段の写真には，オルネ3000地区のガリオンの建物が映っている。建物の外側に取り付けられた階段は黄色になっているが，これは2010年3月に，「レッツ・カラー」というプロジェクトで塗られたものだ。黄色はモノトーンの郊外団地に温かみを与えるが，単に色を塗るだけでなく，シテの有志グループが色塗り作業を協同で行なったことに意味があった。
　中段のレストランの写真は，パリ東郊のモントルゥイユで撮った。フランス，とくにパリ周辺では，交差路の鋭角の隅に建物があることが多く，そこがカフェやレストランになっている場合も珍しくない。かつてロベール・ドアノーがパリ北郊のサンドニで撮った〝Au Bon Coin〟（街角の店といった意味）という名の店はとても分かりやすいし，今でもあちこちにある。
　下段の写真は，パリの左岸14区のモンパルナス界隈にあるゲテ・コマーシャルセンターだ。写真にロゴが見える「ゴースポール」はスポーツ用品店，「ル・ポワン」は週刊誌の編集部，「ダーティ」は電化製品店，「タチ」は衣料品店で，いずれも庶民向けと言っていい。伝統を守ることに熱心なフランスにおいても，現代消費社会を象徴する場には大勢の人が訪れる。

　本書の刊行には，独立行政法人日本学術振興会の平成25年度科学研究費補助金・研究成果公開促進費（学術図書）の助成を受けた。助成を受けられたことと，こうした制度があることに謝意を表したい。
　また，原稿作成や校正の段階で，九州大学出版会編集部の奥野有希さんには，文章表現や章節構成を中心にたくさんのご指摘やご指示を戴いた。ここ

にお礼申し上げたい．本書に掲載した図版や写真は，断り書きのない限り，すべて筆者が作成し，撮影している．地域を描写する際に図版や写真は重要な役割を果たすので，こうした図像のレイアウトなどについて，筆者の要望を聞き入れて下さった点でも，奥野さんには大変感謝している．

　本書の内容に関係する部分では，直接的，間接的に，いろいろな方のお世話になった．アリアンス・フランセーズ・パリ校で仏語を学び始めたとき，よく気に留めてくれたオランダ系のモニック先生，教室の仲間でパリや郊外を一緒にふらついたシンガポール出身のチャウキさん，偶然から友人になった建築遺産関係のドゥニさん，ジュネーヴ留学時にお世話になったバイイ先生，サッカー仲間だったローザンヌ出身のフロリアンさん，アルゼンチン出身のリカルドさん，ベルギー出身のジャンさん，イタリア出身のアントニオさん，学生会館の部屋で音楽などの雑談をよくしたコートジヴォワール出身のジョザファさん，さらにパリ在外研究時に観光研究でお世話になったゲェ先生，郊外のシテで話をしてくれたマリ系のイサガ氏に，とりわけお礼を述べたい．この他，フランスやスイス仏語圏で出会った多くの方々にも感謝申し上げる．

　大変だったが，本書は全力で作り上げた．そうした本書を，自分に大きな影響を与えたパリとジュネーヴへの報告としたい．

（筆者記）

著者紹介
滝波章弘（たきなみ あきひろ）
慶應義塾大学文学部を卒業，京都大学文学研究科で博士取得。高知大学人文学部助教授を経て，現在は首都大学東京都市環境学部准教授。アリアンス・フランセーズ・パリ校で仏語，ジュネーヴ大学で専門を学び，パリ第12大学ほかで研修。関心は，欧州などの仏語圏と現代日本の諸地域の地域文化や風景風土や空間表象。

〈領域化〉する空間
多文化フランスを記述する

2014年3月31日 初版発行

著 者　滝　波　章　弘
発行者　五十川　直　行
発行所　一般財団法人　九州大学出版会
　　　　〒812-0053 福岡市東区箱崎7-1-146
　　　　　　　　　　　　　　　九州大学構内
　　　　電話　092-641-0515（直通）
　　　　URL　http://kup.or.jp/
　　　　印刷・製本／大同印刷㈱

Ⓒ Akihiro Takinami 2014　　　ISBN978-4-7985-0119-2